Q版人物
绘制技法

杨建军 ◎ 编著

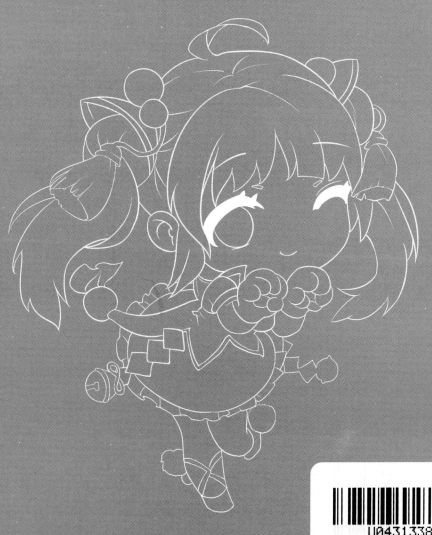

清華大学出版社
北京

内 容 简 介

本书结合当前主流动漫产品设计的理念，按照从简到繁、由浅入深、从局部到整体的绘制思路，逐步讲解 Q 版人物的设计思路、空间结构透视原理、卡通风格明暗色调绘制、卡通场景上色绘制技巧等完整流程，帮助读者在最短的时间完成由入门到精通、由初级进阶高级的晋升过程，并熟练掌握动漫场景的绘制技巧及绘制流程，成为合格的动漫场景设计师。

本书结构清晰、语言简练、案例丰富实用、画面品质精美，面向初级、中级动漫爱好者，适合作为自由漫画爱好者、卡通场景设计者、二维动画场景设计者、游戏原画设计者等的学习教程，也可作为各类动漫培训学校、艺术职业学校、各类大专院校等动漫专业的辅助教材。

本书封面贴有清华大学出版社防伪标签，无标签者不得销售。

版权所有，侵权必究。举报：010-62782989，beiqinquan@tup.tsinghua.edu.cn

图书在版编目（CIP）数据

Q 版人物绘制技法 / 杨建军编著 . —北京：清华大学出版社，2020.9
ISBN 978-7-302-56368-6

Ⅰ . ① Q… Ⅱ . ①杨… Ⅲ . ①动画－人物画技法 ②漫画－人物画技法 Ⅳ . ① J218.7 ② J218.2

中国版本图书馆 CIP 数据核字 (2020) 第 167187 号

责任编辑：张彦青
封面设计：李　坤
责任校对：王明明
责任印制：丛怀宇

出版发行：清华大学出版社
网　　址：http://www.tup.com.cn，http://www.wqbook.com
地　　址：北京清华大学学研大厦 A 座
邮　　编：100084
社 总 机：010-62770175
邮　　购：010-62786544
投稿与读者服务：010-62776969，c-service@tup.tsinghua.edu.cn
质 量 反 馈：010-62772015，zhiliang@tup.tsinghua.edu.cn

印 装 者：北京嘉实印刷有限公司
经　　销：全国新华书店
开　　本：185mm×260mm　　印　张：20.75　　字　数：500 千字
版　　次：2020 年 11 月第 1 版　　印　次：2020 年 11 月第 1 次印刷
定　　价：78.00 元

产品编号：080610-01

前言

动漫产业作为文化艺术及娱乐产业的重要组成部分,具有广泛的影响力和潜在的发展力。

动漫行业是非常有潜力的朝阳产业,科技含量比较高,同时也是现今精神文明建设中一项重要的内容,在国内外都受到了高度的重视。

进入21世纪,我国政府开始大力扶持游戏和动漫行业的发展,2015年国家新闻出版总署批准了北京、成都、广州、上海等16个"国家级动漫产业发展基地"。根据《国家动漫游戏产业振兴计划》草案,今后我国还要建设一批国家级动漫游戏产业振兴基地和产业园区,孵化一批国际一流的民族动漫企业。

国家对动漫企业给予了大力支持,如支持建设若干教育培训基地,培养、选拔和表彰民族动漫产业紧缺人才;完善文化经济政策,引导激励优秀动漫和电子产品的创作;建设若干国家数字艺术开放实验室,支持动漫产业核心技术和通用技术的开发,支持发展外向型动漫产业,争取在国际动漫市场占据一席之地。

包括动漫在内的数字娱乐产业的发展是一个文化继承和不断创新的过程。中华民族深厚的文化底蕴为中国发展数字娱乐及创意产业奠定了坚实的基础,并提供了广泛而丰富的题材。

动漫新文化的产生,源自新兴数字媒体的迅猛发展。这些新兴媒体的出现,为新兴流行艺术提供了新的工具和手段、材料和载体、形式和内容,带来了新的观念和思维。

目前,动漫已成为一种新的理念,包含新的美学价值、新的生活观念,主要表现在人们的思维方式上,它的核心价值是给人们带来了欢乐,它的无穷魅力在于天马行空的想象力。动漫精神、动漫游戏产业、动漫游戏教育构成了富有中国特色的动漫创意文化。

与动漫产业发达的欧美、日韩等国家和地区相比,我国的动漫产业仍处于一个文化继承和不断尝试的过程中。尽管中华民族深厚的文化底蕴为中国发展数字娱乐及动漫等创意产业奠定了坚实的基础,并提供了丰富的艺术题材,但从整体看,中国动漫及创意产业面临着诸如专业人才缺乏、原创开发能力欠缺等一系列问题。

一个产业从成型到成熟,人才是发展的根本。面对国家文化创意产业发展的需求,只有培养和选拔符合新时代的文化创意产业人才,才能不断提高我国动漫产品在国际动漫市场的影响力和占有率。针对这种情况，目前全国有数百所高等院校新开设了数字媒体、数字艺术设计、平面设计、工程环艺设计、影视动画、游戏程序开发、美术设计、交互多媒体、新媒体艺术设计和信息艺术设计等专业。我们在科学的市场调查基础上，根据动漫企业的用人需要，针对高校的教育模式以及学生的学习特点，推出了这套动漫系列教材。

　　本系列教材案例编写人员都是来自各知名游戏、影视相关企业的技术精英骨干，拥有大量的项目实际研发成果，对一些深层的技术难点有着比较独特的分析和技术解析。由于编者水平所限，书中难免有所疏漏，敬请不吝指正。

编　者

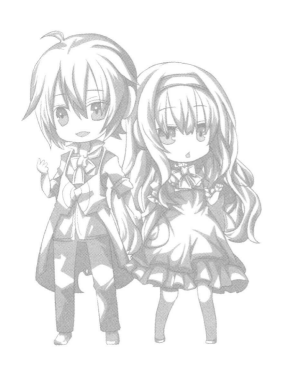

章目录 |

第1章 | Q版人物设计概述 / 1

第2章 | 线稿草图绘制 / 62

第3章 | 五官表情绘制技法 / 94

第4章 | 脸型与头发绘制技法 / 126

第5章 | Q版人物四肢的绘制技法 / 149

第6章 | Q版人物肢体动作的表现 / 174

第7章 | 人物服饰造型设计 / 218

第8章 | Q版人物造型设计 / 254

第9章 | 人物上色技法 / 287

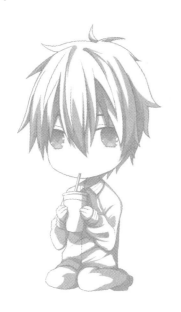
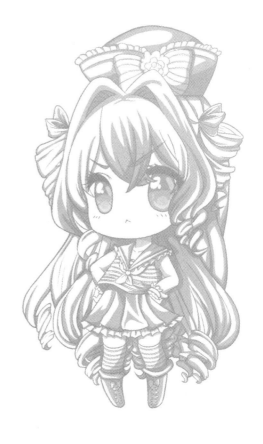

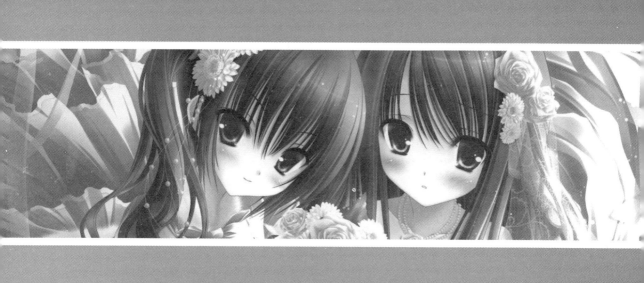

目录

第1章 Q版人物设计概述 / 1

- 1.1 漫画人物的分类 / 2
  - 1.1.1 写实漫画 / 3
  - 1.1.2 少年漫画 / 3
  - 1.1.3 Q版漫画 / 4
- 1.2 漫画人物的造型 / 4
- 1.3 绘画软件 / 6
- 1.4 Photoshop软件简介 / 7
  - 1.4.1 Photoshop 的工作界面 / 7
  - 1.4.2 菜单栏 / 8
  - 1.4.3 工具箱 / 11
  - 1.4.4 工具选项栏 / 13
  - 1.4.5 面板 / 14
  - 1.4.6 图像窗口 / 14
  - 1.4.7 状态栏 / 14
- 1.5 SAI软件简介 / 15
  - 1.5.1 SAI的操作界面 / 15
  - 1.5.2 菜单栏 / 16
  - 1.5.3 快捷工具栏 / 17
  - 1.5.4 导航器 / 18
  - 1.5.5 色彩面板 / 18
  - 1.5.6 工具面板 / 18
  - 1.5.7 图层面板 / 19
  - 1.5.8 主视窗 / 19
  - 1.5.9 视图选择栏 / 19
  - 1.5.10 状态栏 / 20
- 1.6 SAI 2 软件的基本操作 / 20
  - 1.6.1 创建与打开文件 / 20
  - 1.6.2 文件的保存 / 22
  - 1.6.3 色彩的选择 / 24
  - 1.6.4 工具面板 / 26
- 1.7 图层的基本功能 / 33
  - 1.7.1 图层面板中的各项功能 / 33
  - 1.7.2 创建图层 / 35
  - 1.7.3 复制与重命名图层 / 36
  - 1.7.4 隐藏图层与改变图层顺序 / 37
  - 1.7.5 链接图层 / 38
  - 1.7.6 转写与合并图像 / 38
  - 1.7.7 清除图层 / 39
  - 1.7.8 创建与合并图层组 / 40
  - 1.7.9 填充图层 / 42
- 1.8 SAI 2 图层的高级功能 / 43
  - 1.8.1 图层的不透明度 / 43
  - 1.8.2 辅助着色 / 43
  - 1.8.3 选区的应用 / 46
- 1.9 SAI绘制案例 / 48
  - 1.9.1 漫画人物线稿绘制 / 48
  - 1.9.2 人物阴影效果绘制 / 55

第2章 线稿草图绘制 / 62

- 2.1 线稿草图实例——拿礼物的女孩 / 63
- 2.2 线稿草图实例——提灯笼的小狐狸 / 70

2.3 线稿绘制实例——伸手的小男孩 / 79

2.4 线稿绘制实例——摆pose的男孩 / 86

第3章 五官表情绘制技法 / 94

3.1 人物五官绘制 / 95
    3.1.1 眼睛的绘制 / 95
    3.1.2 眉毛的绘制 / 96
    3.1.3 鼻子的绘制 / 97
    3.1.4 嘴部的绘制 / 98
    3.1.5 耳朵的绘制 / 99

3.2 五官在脸部的定位 / 101
    3.2.1 耳朵在头部的位置 / 101
    3.2.2 眼、鼻、嘴在头部的位置 / 102

3.3 人物表情绘制技法 / 102

3.4 表情绘制案例 / 104
    3.4.1 楚楚可怜人物表情绘制案例 / 105
    3.4.2 害羞脸红人物表情绘制案例 / 111
    3.4.3 俏皮可爱人物表情绘制案例 / 118

第4章 脸型与头发绘制技法 / 126

4.1 人物头部绘制技法 / 127
    4.1.1 头部形状的绘制 / 127
    4.1.2 骨骼与头部的绘制 / 128

4.2 不同角度头部的形状绘制 / 129

4.3 Q版人物脸部造型绘制 / 130
    4.3.1 圆脸绘制案例 / 130
    4.3.2 三角脸绘制案例 / 131
    4.3.3 方脸绘制案例 / 132
    4.3.4 鹅蛋形脸绘制案例 / 133

4.4 头发的生长规律 / 134

4.5 头发的用线 / 135

4.6 人物头发案例绘制 / 135
    4.6.1 短发女生绘制案例 / 136
    4.6.2 长发人物绘制案例 / 136
    4.6.3 卷发人物绘制案例 / 137
    4.6.4 束发人物绘制案例 / 138
    4.6.5 长卷发人物绘制案例 / 139

第5章 Q版人物四肢的绘制技法 / 149

5.1 人体的基本结构 / 150

5.2 身体各部位的绘制方法 / 151
    5.2.1 手的绘制方法 / 151
    5.2.2 脚的绘制方法 / 154
    5.2.3 手臂的绘制方法 / 157
    5.2.4 腿的绘制方法 / 161
    5.2.5 躯干的绘制方法 / 164

5.3 角色造型案例 / 167

第6章　Q版人物肢体动作的表现 / 174

6.1　基础动作 / 175
    6.1.1　人物站姿绘制案例 / 175
    6.1.2　人物坐姿绘制案例 / 182
    6.1.3　人物跑姿绘制案例 / 188

6.2　日常动作表现 / 194
    6.2.1　运球动作绘制 / 194
    6.2.2　唱歌动作绘制 / 202
    6.2.3　持剑人物动态绘制 / 209

第7章　人物服饰造型设计 / 218

7.1　人物服装的基础知识 / 219
    7.1.1　衣服褶皱的分类 / 219
    7.1.2　衣服褶皱的应用 / 220

7.2　各种服饰造型案例 / 221
    7.2.1　军装绘制案例 / 221
    7.2.2　休闲装绘制案例 / 227
    7.2.3　嘻哈装绘制案例 / 237
    7.2.4　小礼服绘制案例 / 245

第8章　Q版人物造型设计 / 254

8.1　运动校服男孩造型设计 / 255
    8.1.1　线稿设计 / 255
    8.1.2　明暗色调的绘制 / 259

8.2　兔耳女孩造型设计 / 262
    8.2.1　线稿设计 / 262
    8.2.2　明暗色调的绘制 / 266

8.3　猫少女造型设计 / 269
    8.3.1　线稿设计 / 269
    8.3.2　明暗色调的绘制 / 273

8.4　情景绘画案例 / 277
    8.4.1　情景画分析 / 278
    8.4.2　明暗色调的绘制 / 278

第9章　人物上色技法 / 287

9.1　上色技法基础知识 / 288
    9.1.1　三原色 / 288
    9.1.2　补色和同色 / 289
    9.1.3　冷色调和暖色调的对比 / 289

9.2　运动校服男孩上色案例 / 291

9.3　猫少女上色案例 / 295

9.4　情景画上色案例 / 303

Q版人物
绘制技法

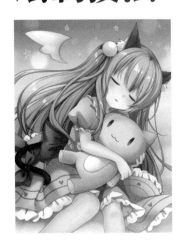

Q版人物绘制技法

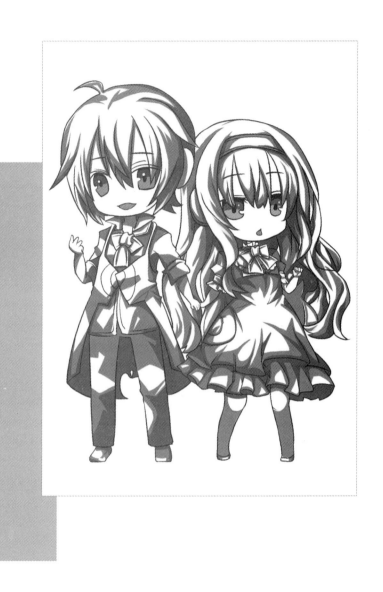

第1章 | Q版人物设计概述

本章主要介绍Q版漫画人物的分类、造型，绘制漫画的传统工具和数码工具，以及数码绘制工具Photoshop、SAI的操作界面、主要功能和常用快捷键。然后通过学习漫画人物结构造型设计，将真人转为漫画人物等绘制技巧，快速上手，掌握Q版人物造型的绘制方法。

1.1 漫画人物的分类

漫画是一种艺术形式，是用简单而夸张的手法来描绘生活或时事的图画。常采用夸张、比喻、象征等手法，讽刺、批评或歌颂某些人和事，具有较强的社会性。也有纯娱乐的作品，娱乐性质的作品往往分为搞笑型和人物创造两种。

漫画的原意是"绘画速写用的厚纸"，速写绘画往往是简练而夸张的，而漫画的特点即是简练且夸张。

最为出名的漫画为日本漫画，日本是漫画大国、漫画强国，也是世界最早发展漫画产业的国家。其种类繁多，按受众对象从幼儿到成人，按题材从学习、幽默、讽刺类到政治、经济、科教类再到科幻、冒险、战争类等数不胜数。日本漫画体制已基本稳定，并形成了一套较为完善的系统。每年，日本都会举行各种漫画欣赏和漫画巡展，为读者展示更多优秀的漫画作品以及发掘培养一批新的漫画人才。漫画的出版也从最初的报纸、杂志发展到了租界版、单行本、单行本完全版、精装版、文库版等多种出版形式。"漫画"一词源于拉丁文Caricatura，意思是"夸张或者极度夸张，一种特殊的技巧，使用简练的表达方式进行暗示。"在读图时代，漫画作品因为具有笔触简练，篇幅短小，在内容和形式上具有讽刺、幽默和诙谐的味道并蕴含着深刻寓意，而获得广大消费者的认可。

漫画既是讽刺与幽默的艺术，也是悖谬和逆向思维的艺术，漫画最大的艺术特点是，它以丑的形态开始，却以获得美的愉悦结束，因此也有人称漫画为审丑艺术。众所周知，美与丑是相对立的，但是它们又可以互为转化。生活中的丑和艺术中的丑是不同的概念并有本质上的区别。在现实生活中，邪恶的思想和丑陋的行为有时会隐藏在美的外表中，当丑暴露无遗时，人们就会对其美丽的外表产生厌恶之感，因此美转化为丑。而艺术的丑是艺术家通过对事物主体进行艺术加工和刻画，以丑的形态出现，人们对这种丑的形态加以分析和判断，通过对丑的否定而达到对美的肯定，因此，产生漫画艺术的审美情趣。无论现实生活中的丑还是艺术中的丑，虽然它们的外部形态并没有发生变化，但它们却在人们的观念中发生了质的变化，美的转化为丑的，丑的却变成美的，这种美与丑的转变便是人们思维过程的变化。

漫画人物的分类有很多种，一般按照性格、年龄、画风等来划分，并结合不同的民族风格特点进行区分。

本书以写实漫画、少年漫画和Q版漫画来介绍漫画人物的分类。

1.1.1 写实漫画

写实类型的漫画题材都直接源自于生活,通过漫画的表现形式来谱写生活的点滴,是生活的真实写照。

日本漫画家主体的画风十分写实,人物的造型、道具、场景都是典型的一丝不苟的风格。写实漫画作品还惯用强烈的明暗对比来表现场景,使画面呈现真实而华丽的效果,如图1-1所示。

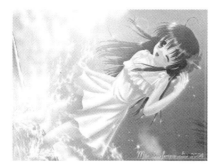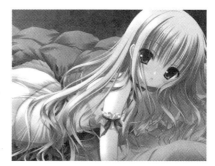

图1-1

1.1.2 少年漫画

少年漫画是目前主流的漫画类型,面向少年读者。少年漫画占据了大部分市场,很多少年漫画杂志都是按周发行。现在少年漫画的忠实读者主要是青少年和一些成年人等。

少年漫画,在中国漫画的发展中也得到了全面的发展,特别是在教育领域得到广泛的应用,如图1-2所示。

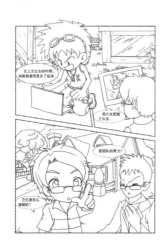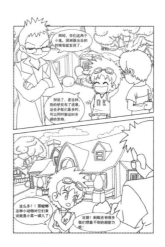

图1-2

1.1.3 Q版漫画

在漫画中存在着一群很可爱的人物造型，他们虽然性格迥异、外形和年龄不同，但都有一个共同的特点——Cute，Cute 俗称 Q，意思是可爱的、伶俐的、漂亮的、逗人喜爱的，但也有解释为装腔作势的、做作的等。这样的人物类型被称作"Q版"，以包子脸和矮个子的可爱形象著称。Q版人物的绘制技法很适合初学者学习，比正常头身人物的绘制更容易掌握。Q版角色的身高在 2～5 头身之间，有时会出现 1 头身的特别表现；在外形上简化了人体的关节结构，变得更加圆润与俏皮。

Q版人物在很多产品设计中深得人们的喜爱，形成了独特的艺术风格，简洁概括的造型及色彩构成突显了 Q 版人物的性格特点及职业特性，如图1-3 所示。

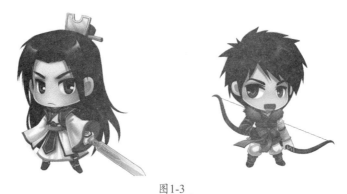

图1-3

1.2 漫画人物的造型

人物造型设计是指根据剧中人物的身份、年龄、性格、民族、职业等特点，对角色的外部形象造型进行设计，主要是对人物的头、面部进行造型设计，如图1-4 所示。

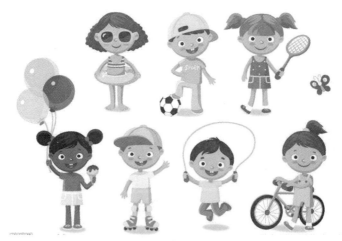

图1-4

幼儿：幼儿的五官都集中在脸的下半部分，胖乎乎、圆墩墩的，头显得特别大，宽额头，看不到脖子，身长是等分，脚比较短。

小孩：运用夸张的手法表现眼睛、口、鼻、眉毛及耳朵的结构。眼睛的位置在脸部1/2以下的部位，下巴的曲线是圆的，眼睛和眉毛的位置距离远，有比较鲜明的个性特征。

男性：眼睛在脸部2/3的部位。眼睛细细的，口、鼻较大，下巴的线条较粗犷，如果眉毛粗一点则显得比较有男人味。线条有力，肩膀较宽，胸部成扇形，腰比肩窄，脖子较粗，整体服饰设计比较宽松，动态设计相对女性更为夸张，如图1-5所示。

老人：老年人脸部的骨骼较为凸出，女人稍微丰满些，口、眼、鼻四周都有明显的皱纹，肩部较窄，若再拄着拐杖就更显老了，如图1-6所示。

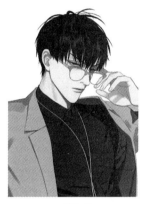 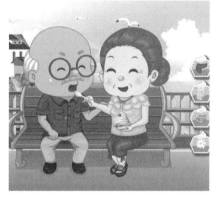 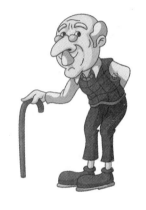

图1-5　　　　　　　　　　　图1-6

女性：身体结构造型简洁概括，服饰造型有比较鲜明的个性特征，脸部形象特征突出，眼睛大致在脸部1/2的位置。大大的眼睛，唇、眉、下巴的线条越柔和越有女人味。肩部略斜，整体成曲线形，腰部很细，胸部隆起，臀部较大，脚踝较细，如图1-7所示。

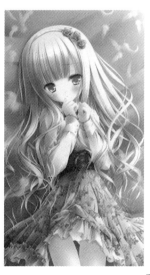 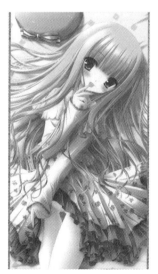

图1-7

情景漫画：情景漫画是根据剧情需要，对美少女及美少男人物进行组合，用背景环境突出男性整体块面分明的结构造型及女性娇柔可爱的结构造型，如图1-8所示。

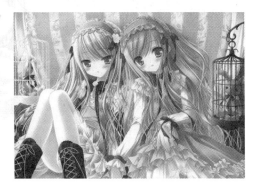 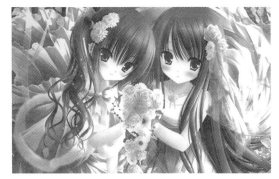

图1-8

1.3 绘画软件

　　Photoshop 是目前最流行的图像处理软件之一，拥有强大的图像处理功能，也可进行漫画绘图，其界面如图1-9所示。

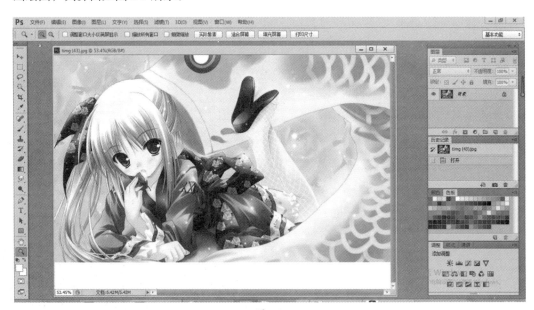

图1-9

　　Painter 是顶级的仿自然绘画软件，自带多种仿自然画笔，可以绘制出绚丽多彩的图案，是绘画者的首选软件之一，其界面如图1-10所示。

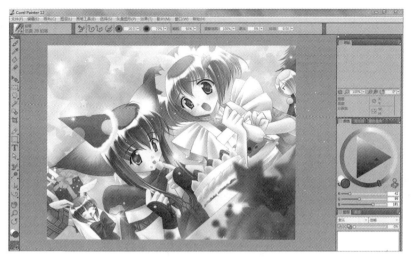

图1-10

SAI 是一款小型的绘画软件,许多功能更加人性化,可以任意旋转、翻转画布,缩放时有抗锯齿效果,绘制出来的线条流畅且有修正功能,其界面如图 1-11 所示。

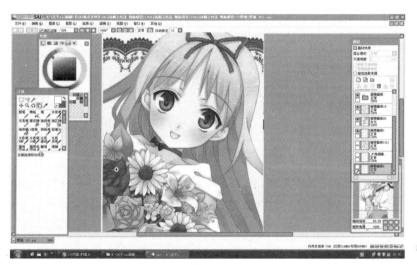

图1-11

1.4 Photoshop软件简介

下面介绍 Photoshop 软件中的工具、面板和其他常用功能。

1.4.1 Photoshop的工作界面

Photoshop 的工作界面非常系统化,便于操作和理解,同时也易于被人们接受,主要由菜单栏、工具箱、状态栏、面板和工具选项栏等几个部分组成,如图 1-12 所示。

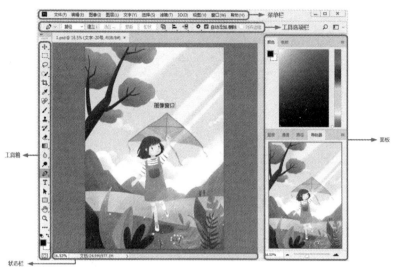

图1-12

1.4.2 菜单栏

Photoshop CC 工作界面上共有 11 个主菜单，如图 1-13 所示，每个菜单都包含相同类型的命令。例如，【文件】菜单中包含的是用于设置文件的各种命令，【滤镜】菜单中包含的是各种滤镜。

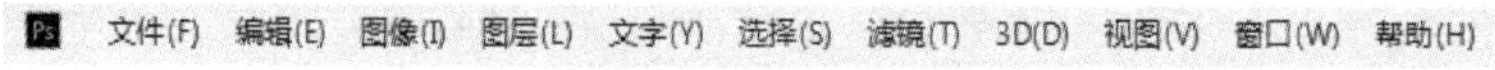

图1-13

单击菜单的名称即可打开菜单。在菜单中，不同功能的命令之间用分隔线进行分隔，带有黑色三角标记的命令表示还包含下拉菜单，将鼠标指针移动到这样的命令上，即可显示下拉菜单，如图 1-14 所示。

选择菜单中的一个命令便可以执行该命令，如果命令后面附有快捷键，则无须打开菜单，直接按下快捷键即可执行该命令。例如，按 Alt+Ctrl+I 快捷键可以执行【图像】|【图像大小】命令，如图 1-15 所示。

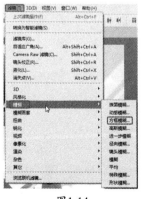

图1-14

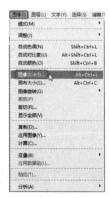

图1-15

有些命令旁边有一个字母，要通过快捷方式执行这样的命令，可以按下 Alt 键 + 命令旁边的字母。使用字母执行命令的操作方法如下：

01 打开一个图像文件，按住 Alt 键，然后按 E 键，打开【编辑】下拉菜单，如图 1-16 所示。

02 按 L 键，即可打开【填充】对话框，如图 1-17 所示。

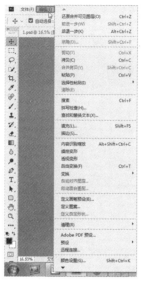
图 1-16

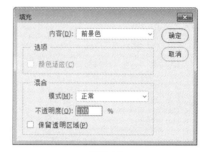
图 1-17

如果一个命令的名称右边带有…符号，表示执行该命令时将打开一个对话框，如图 1-18 所示。

如果菜单中的命令显示为灰色，则表示该命令在当前状态下不能使用。

Photoshop 中常用的菜单说明如下。

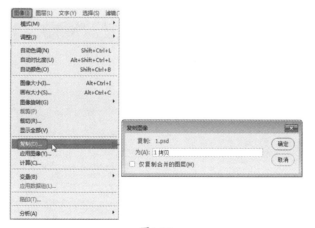
图 1-18

1 文件菜单

文件菜单主要包含创建文件，设置文件的基础参数，存储及导入导出文件，批处理图片，置入图片，打印文件等功能，如图 1-19 所示。

2 编辑菜单

编辑菜单主要结合工具箱对当前绘制的画面进行剪切、拷贝、填充、描边等操作,对整体画面进行形态编辑及图案定义设置,特别是对画面的参数进行精确设置,如图1-20所示。

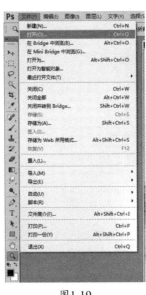

图1-19　　　　图1-20

3 图像菜单

图像菜单主要用于对图片色彩的饱和度、纯度、色彩冷暖等进行细节的调整,可以运用亮度/对比度、色阶、曲线及曝光度等命令进行编辑调整,如图1-21所示。

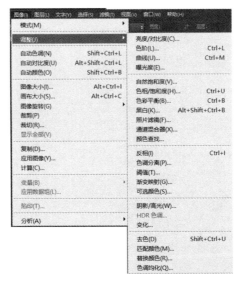

图1-21

4 滤镜菜单

滤镜菜单主要用于对画面进行一些特殊的效果处理。滤镜库预置了很多种肌理纹理的转换模块，风格化滤镜为画面预置了几种特殊的纹理效果，模糊滤镜重点突出对整体画面模糊特殊效果的处理。滤镜也是 Photoshop 处理图片特殊表现最为丰富的智能模块。滤镜菜单如图 1-22 所示。

5 窗口菜单

窗口菜单主要集中了各个控制面板，控制面板可以细分为 24 个：导航器、动作、段落、段落样式、仿制源、工具预设、画笔、画笔预设、历史记录、路径、色板、时间轴、属性、调整、通道、图层、图层复合、信息、颜色、样式、直方图、注释、字符、字符样式。

窗口菜单如图 1-23 所示。

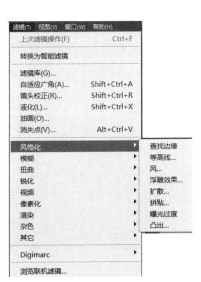

图 1-22

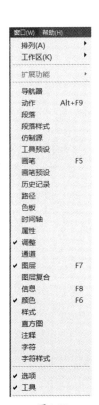

图 1-23

1.4.3 工具箱

第一次启动应用程序时，工具箱将出现在屏幕的左侧，可通过拖动工具箱的标题栏来移动它。通过选择【窗口】|【工具】命令，用户也可以显示或隐藏工具箱。Photoshop CC 的工具箱如图 1-24 所示。

单击工具箱中的一个工具即可选择该工具，将光标停留在一个工具上，会显示该工具的名称和快捷键，如图1-25所示。右下角带有三角形标志的工具表示这是一个工具组，在这样的工具上按住鼠标左键可以显示隐藏的工具，如图1-26所示；将光标移至隐藏的工具上然后放开鼠标，即可选择该工具。

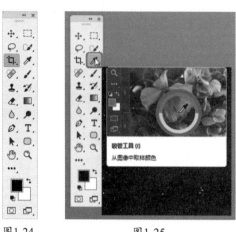
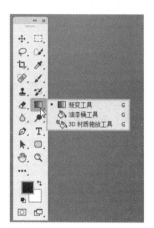

图1-24　　　　　　　　图1-25　　　　　　　　图1-26

工具箱中的常用工具说明如下。

1 选择工具组

矩形选框工具：选择该工具可以在图像中创建矩形选区。按住Shift键拖动鼠标，可以创建正方形选区。

移动工具：移动选区中的图像，如果没有建立选区，则移动的是整幅图像。

套索工具：用这个工具可以建立自由形状的选区。

魔棒工具：这个工具以颜色近似度作为选择的依据，适合选择大面积颜色相近的区域。如果想选定不相邻的区域，按住Shift键单击其他区域，可以扩大选区。

裁切工具：可用来切割图像。选择使用该工具后，先在图像中建立一个矩形选区，然后通过选区边框上的控制句柄（边线上的小方块）来调整选区的大小，按下Enter键，选区以外的图像将被切掉，同时Photoshop会自动将选区内的图像建立一个新文件。按Esc键可以取消操作。使用该工具时，光标会变成按钮图标的样子。

切片工具：可以在Photoshop中切割图片并输出，也可将切割好的图片转移至ImageReady中进行更多的操作。

2 着色编辑工具组

喷枪工具：用来绘制非常柔和的手绘线。

画笔工具：用来绘制比较柔和的线条。

橡皮图章工具：这是自由复制图像的工具。选择该工具后，按住Alt键单击图像某一处，然后在图像的其他地方单击鼠标左键，即可将刚才光标所在处的图像复制到该处。如果按住鼠标左键拖曳，则可将复制的区域扩大，在光标的旁边会有一个十字光标，用来指示所复制的原图像的部位（注意：可以在同时打开的几个图像之间自由复制）。

历史记录画笔工具：使用该工具时，按住鼠标左键在图像上拖动，鼠标所过之处，可将图像恢复到打开时的状态。对图像进行多次编辑后，使用它能够将图像的某一部分一次性恢复到初始状态。

橡皮擦工具：能把图层擦为透明，如果是在背景层上使用此工具，则擦为背景色。

模糊工具：使用该工具时，按住鼠标左键拖动鼠标在图像上涂抹，可以减弱图像中过于生硬的颜色过渡和边缘。

减淡工具：拖动此工具可以增加鼠标经过之处图像的亮度。

3 专用工具组

渐变工具：用逐渐过渡的色彩填充一个选择区域，如果没有建立选区，则填充整幅图像。

油漆桶工具：用前景颜色填充选择区域。

直接选择工具：用来调整路径上锚点位置的工具。使用时鼠标指针变成箭头样式。

文字工具：用来向图像中输入文字。

钢笔工具：路径勾画工具，可以勾画出首尾相接的路径（注意：路径并不是图像的一部分，它是独立于图像存在的，这点与选区不同。利用路径可以建立复杂的选区或绘制复杂的图形，还可以对路径灵活地进行修改和编辑，并可以在路径与选区之间进行切换）。

矩形工具：选择此工具，拖动鼠标可画出矩形。

吸管工具：将单击位置的颜色作为前景色，如同时按住Alt键，则选取背景色。使用时，鼠标会变成按钮图标的样式。

4 导航工具组

抓手工具：当图像较大，超出图像窗口的显示范围时，可以使用此工具来拖动图像，以浏览图像的其他部分。使用该工具时，鼠标会变成其工具按钮图标的样式。

缩放工具：用来放大或缩小图像的显示比例。

1.4.4 工具选项栏

大多数工具的选项都会在其工具选项栏中显示，选中渐变工具时的工具选项栏如图1-27所示。

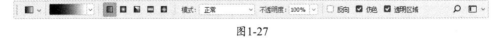

图1-27

工具选项栏与工具相关，并且会随所选工具的不同而变化。选项栏中的一些设置对于许多工具都是通用的，但是有些设置则专属于某个工具。

1.4.5 面板

使用面板可以监视和修改图像。在【窗口】菜单下,可以控制面板的显示与隐藏。默认情况下,面板以组的方式堆叠在一起,用鼠标左键拖动面板的顶端可以移动面板组,还可以单击面板左侧的各个面板标签打开相应的面板。

用鼠标左键单击面板中的标签,然后将其拖动到面板以外,就可以从组中移去面板。

1.4.6 图像窗口

通过图像窗口可以移动整个图像到工作区中的位置。图像窗口可以显示图像的名称、百分比率、色彩模式以及当前图层等信息,如图1-28所示。

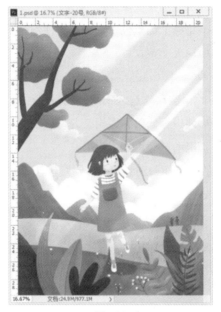

图1-28

单击窗口右上角的 ⊏ 图标可以最小化图像窗口,单击窗口右上角的 ◻ 图标可以最大化图像窗口,单击窗口右上角的 × 图标则可关闭整个图像窗口。

1.4.7 状态栏

状态栏位于图像窗口的底部,左侧的文本框中显示了窗口的视图比例,如图1-29所示。在文本框中输入百分比值,然后按Enter键,可以重新调整视图比例。

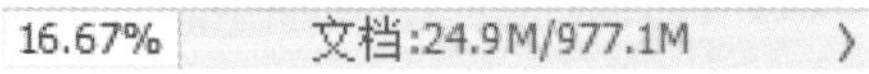

图1-29

在状态栏上单击,可以显示图像的宽度、高度、通道数目和颜色模式等信息,如

图 1-30 所示。

如果按住 Ctrl 键单击（按住鼠标左键不放），可以显示图像的拼贴宽度等信息，如图 1-31 所示。

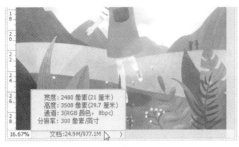

图1-30　　　　　　　　　图1-31

单击状态栏中的 按钮，将弹出如图 1-32 所示的快捷菜单，在此菜单中可以选择状态栏中显示的内容。

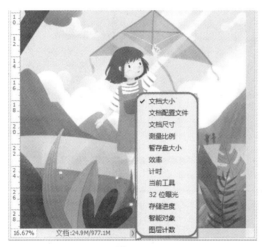

图1-32

1.5　SAI软件简介

SAI 是 Easy Paint Tool SAI 的简称，是专门用于绘画的软件，许多功能较 Photoshop 更加人性化，如可以任意旋转、翻转画布，缩放时具有反锯齿以及手抖修正功能，而且可以模拟现实中的一些画笔效果，许多动画原画和漫画作者都在用这个软件。本章主要介绍 SAI 2 的操作界面及其功能。

1.5.1　SAI的操作界面

SAI 是来源于日本的绘画软件，结合了 PS、PT 的大部分功能，SAI 最大的优点是对电脑配置没有要求，只要能开机的电脑就能使用，而且针对日本画风的漫画进行了优化以及精简，操作简单。对于使用过其他绘画软件的用户来说，SAI 软件的上手就非常容易，因为一些软件的用法是相通的。对使用数码工具绘画的初学者来说，SAI 软件直观易懂的功能与清晰简洁的界面也是很容易掌握的。

SAI 2 的工作界面由菜单栏、快捷工具栏、导航器、色彩面板、工具面板、图层面板、主视窗、视图选择栏和状态栏等部分组成，如图 1-33 所示。

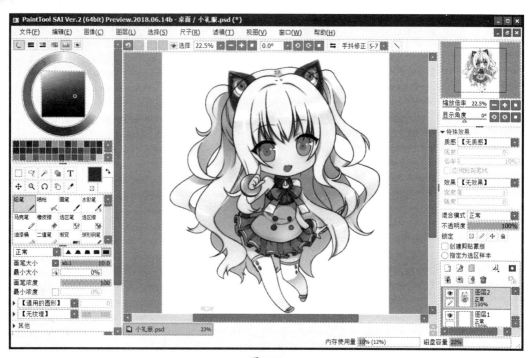

图1-33

1.5.2 菜单栏

菜单栏中共有 10 个菜单，包括文件、编辑、图像、图层、选择、尺子、滤镜、视图、窗口和帮助命令，如图 1-34 所示。

| 文件(F) | 编辑(E) | 图像(C) | 图层(L) | 选择(S) | 尺子(R) | 滤镜(T) | 视图(V) | 窗口(W) | 帮助(H) |

图1-34

菜单栏中各菜单的基本功能如下。

- 文件：包含新建、打开、保存数据、关闭、退出等与文件管理相关的功能。
- 编辑：包含还原、重做、剪切、拷贝、粘贴、全选等基本的编辑功能。
- 图像：可以对画面的分辨率、尺寸等进行设定，还可以选择和裁剪画布。
- 图层：包含对图层进行编辑的各种功能。其中的一部分功能在图层面板中有快捷按钮。

- 选择：可对当前选中的区域进行操作。除了可进行基本的取消、反转操作外，还可以扩大或收缩选区的像素。
- 尺子：SAI 2 的新增功能。有直线尺子与椭圆尺子两种，可以用画笔围绕着尺子画出直线、曲线和椭圆。
- 滤镜：可以对特定的图层、图层组或者选区进行色调调整操作，并新增了模糊滤镜，可以模糊画面。
- 视图：包括旋转角度与大小缩放等功能，可以对视图进行调节等多种操作。
- 窗口：可以控制各个面板的显示位置，也可以使整个操作界面重新初始化。
- 帮助：可以对快捷键与工具/功能变换等进行设定，建议用户将各个快捷键设置在键盘上最适合自己的位置。

1.5.3 快捷工具栏

快捷工具栏包括撤销、重做、取消选择区域、选区反选等使用比较频繁的功能，如图1-35所示。

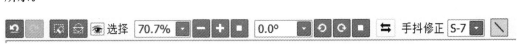

图1-35

快捷工具栏的基本功能如下。

- 撤销/重做 ：返回到上一步的操作状态或者回到下一步的操作（前提是有返回到上一步或多步的操作）。
- 对选择范围进行操作 选择：第1个按钮为取消选区，第2个按钮为反转选区，第3个按钮为显示或隐藏选区边界线。隐藏选区边界线可以更方便地查看画面细节，但要注意的是，隐藏不等于不存在，绘制完选区内的图像后需要取消选区。
- 缩放倍率 70.7% ：可以调节主视窗中画面的大小比例，单击 按钮可将视图复位到合适大小显示。
- 旋转角度 0.0° ：可以设定画面的倾斜角度，单击 按钮可复位。
- 视图反转 ：单击该按钮可以左右翻转画布，翻转画布后，按钮会呈红色；再次单击即可复位。翻转画布可以更清楚地看到绘画中存在的问题。
- 手抖修正 手抖修正 S-7 ：可以对手抖的自动修正程度进行设定，有 0 ~ S-7 共 23 个级别，S-7 为手抖修正的最高级别，但如果将手抖修正级别设置得太高，绘画时容易产生线条延迟。
- 切换为直线绘图模式 ：单击该按钮，在画面中单击鼠标并拖动至合适位置，松开鼠标即可绘制出直线。

1.5.4 导航器

通过画面缩略图可以实时观察画面的整体情况，黑色的线框表示主视窗中所显示的画布区域，可以通过移动方框改变显示区域，还可以通过滑块与按钮改变画面的显示大小，如图 1-36 所示。

主视窗中的画面大小比例，可以通过■、■按钮进行调节，单击■按钮可返回初始状态。通过移动旋转角度的滑块或单击按钮可以改变画面的倾斜角度，同样单击■按钮可返回初始状态。

1.5.5 色彩面板

色彩面板是选取绘画色彩的地方，色彩的选择方法有 5 种，单击上方的图标可以隐藏/显示相应的面板。用户还可以在这里保存常用的颜色。如图 1-37 所示，SAI 中已经自动存储了一些常用的色彩。

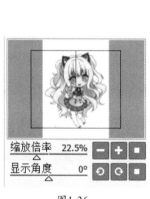
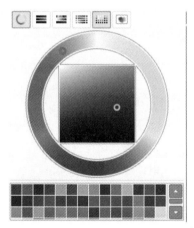

图1-36　　　　　　　　　　图1-37

1.5.6 工具面板

工具面板中包括绘画时必不可少的各种编辑工具与上色工具，每种工具都可以进行单独的详细设定，如图 1-38 所示。

固定工具：这里放置了 10 种固定的编辑工具。其中右侧的三个方块分别为"前景色/背景色/透明色"。

自定义工具：这里放置了一些有关绘画与着色的画笔工具，用户不仅可以对已有的笔刷进行个性化设置，同时也可以添加新画笔。

工具参数：通过调整工具参数，可以对各种工具进行详细设定。根据所选工具的不同，面板中的参数也会有一些不同。

1.5.7 图层面板

在图层面板中可以看到所有的图层，并可以创建图层与图层组。图层组可以对图层进行分类管理，还可以对各组图层进行统一设置，如图 1-39 所示。

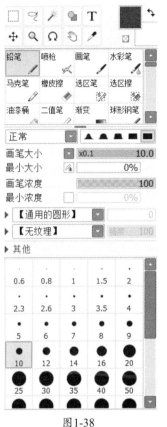

图 1-38

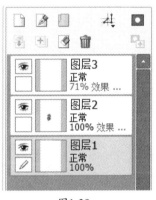

图 1-39

1.5.8 主视窗

主视窗是整个软件中最重要的一个区域，是绘制图像的主要空间，是对图层进行着色的区域，所有与绘画有关的工作都是在这里进行的，可以通过快捷工具栏与视图菜单等来变更视窗的显示区域，如图 1-40 所示。

拖动右侧与下方的滑块可以移动画布的位置，当画布的面积比视窗大时，可以利用滑块将视窗移动到需要的位置。

1.5.9 视图选择栏

当需要同时打开多个文件时，可以在这里对不同的画布进行切换，当前正在使用的文件会以紫色表示，如图 1-41 所示。

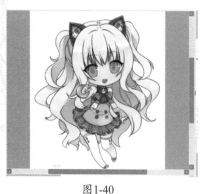

图1-40

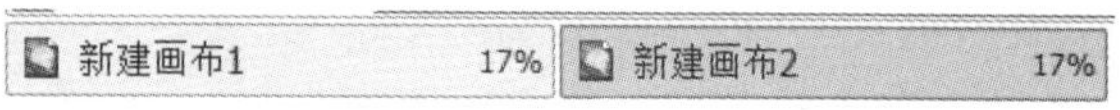

图1-41

1.5.10 状态栏

状态栏如图1-42所示，其上显示电脑内存的使用量以及磁盘已使用的容量百分比，磁盘的可用空间最好大于10GB，容量不足容易卡顿。

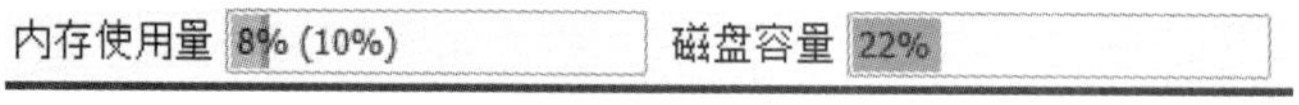

图1-42

1.6 SAI 2 软件的基本操作

在上一节中已经详细地介绍了SAI 2软件的操作界面，下面将介绍SAI 2软件的一些基本操作。

1.6.1 创建与打开文件

1 创建画布

在SAI 2软件中创建新画布的方式有两种，一种是利用软件中预设的尺寸直接创建画布。另一种则是由用户自由指定宽度、高度、分辨率，创建一张任意大小的画布。下面将具体介绍创建画布的方法。

（1）选择"文件"|"新建"命令，如图1-43所示。

（2）执行上述操作后，即可弹出"新建画布"对话框，用户可以对画布的宽度、高度、打印分辨率进行设定，也可以单击"预设尺寸"右侧的三角形下拉按钮，在弹出的列表中选择预置的尺寸，设置完成后单击OK按钮即可，如图1-44所示。

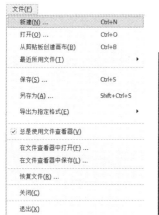
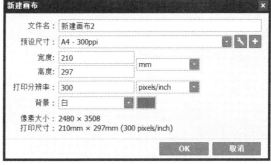

图1-43　　　　　　　　　　　图1-44

2 打开原有文件

（1）选择"文件"|"打开"命令，如图1-45所示。

（2）弹出"打开画布"对话框，用户可以选择需要打开的文件，单击"打开"按钮，如图1-46所示。

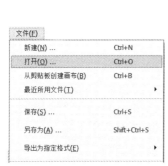
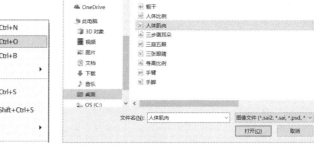

图1-45　　　　　　　　　　　图1-46

（3）打开原有文件，如图1-47所示。

提示：SAI 2支持的图像格式如下。

- SAI 2（SAI 1）格式：SAI特有的文件格式，可以完整保留图像中包括钢笔图层在内的所有详细信息。
- Photoshop格式：主要用于在其他支持PSD格式的绘图软件之间交换数据，不能保存钢笔图层。
- Bitmap格式：Windows标准图像格式，可以无损地保存图像文件，但数据的体积比较大。
- JPEG格式：网络上常用的图像格式，可以对图像品质进行设定，品质越低，体积越小。

- PNG 格式：在网络上发表作品时使用的图像格式，可以保存图像的不透明部分。
- TARGA 格式：TrueVision 公司为其显卡所开发的一种图像文件格式。

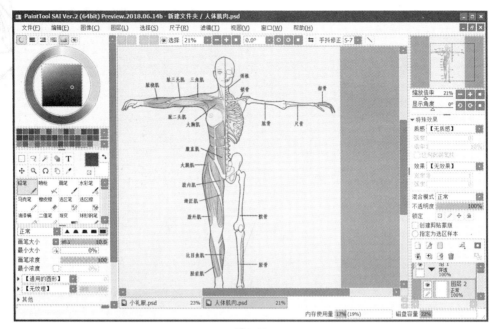

图1-47

1.6.2 文件的保存

在 SAI 2 中共有 3 种保存文件的方法，分别是保存为新文件（或覆盖原文件）、另存为其他文件以及输出为指定格式的文件，用户可以根据需要选择保存的方式。

1 保存新文件

（1）选择"文件"|"保存"命令，如图 1-48 所示。

（2）执行上述操作后，即可弹出"保存画布"对话框，如图 1-49 所示。

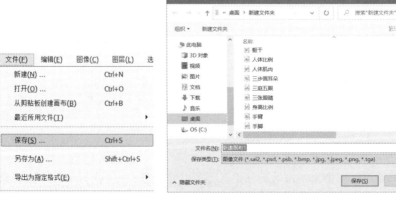

图1-48　　　　　　　　图1-49

（3）单击"保存类型"右侧的三角形按钮，在弹出的下拉列表中可以选择保存文件的格式，如图1-50所示，单击"保存"按钮，即可保存文件。

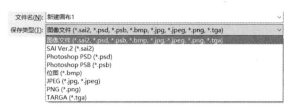

图1-50

2 另存为其他文件

（1）选择"文件"|"另存为"命令，如图1-51所示。

（2）弹出"另存画布"对话框，在"文件名"下拉列表框中输入名称，单击"保存"按钮，如图1-52所示。

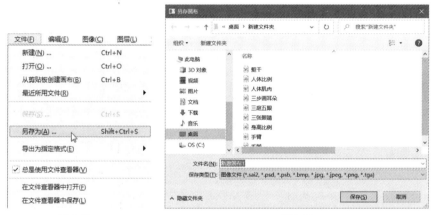

图1-51　　　　　　　　　　　图1-52

保存文件后，在保存位置可以找到保存的文件，如图1-53所示。

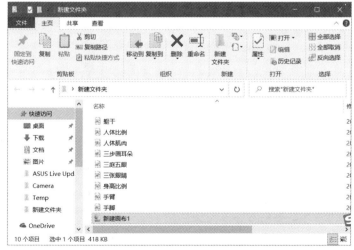

图1-53

3 导出为指定格式的文件

（1）选择"文件"|"导出为指定格式"|.psd（Photoshop）命令，如图1-54所示。

（2）弹出"导出为指定格式"对话框，在"文件名"下拉列表框中输入名称，单击"保存"按钮，如图1-55所示。

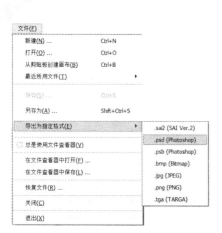

图1-54　　　　　　　　　　　　图1-55

（3）执行上述操作后，即可将文件保存，在计算机中的相应位置可以找到保存的文件，如图1-56所示。

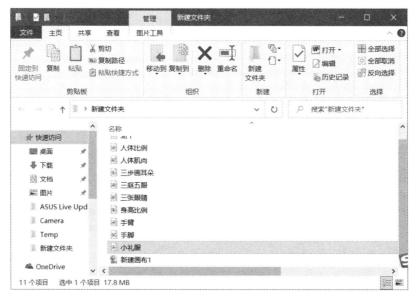

图1-56

1.6.3 色彩的选择

在SAI 2的色彩面板中，包含有"色环""RGB滑块""色盘"等6种不同的色彩模块，单击相应的图标即可显示（隐藏）对应的模块，用户可以自行挑选需要的模块并把它显示在色彩面板中。下面介绍色彩面板及其使用方法。

单击相应的图标即可显示/隐藏相应的色彩模块，如图1-57所示，在显示的色彩模块中，可以选择"色环"与"HSV 滑块"中的色彩实现方式。

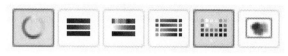

图1-57

1 色环

单击"色环"按钮，即可弹出"色环"面板，如图1-58所示。以HSV（色相/饱和度/亮度）的方式来构成色彩，色相由外侧的圆环来选择，饱和度和亮度由中间的方块确定。

2 RGB 滑块

单击"RGB 滑块"按钮，即可弹出"RGB 滑块"面板，如图1-59所示。以RGB（光的三原色，即红/绿/蓝）的方式来构成色彩，调制出来的色彩可以通过工具面板中的"前景色"图标来确认。

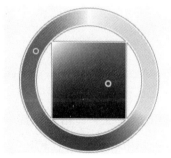

图1-58

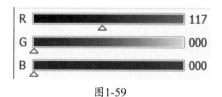

图1-59

3 HSV 滑块

单击"HSV 滑块"按钮，即可弹出"HSV 滑块"面板，如图1-60所示。以滑块的方式来对HSV（色相/饱和度/亮度）进行定位色彩选择方式，根据色彩显示方式的不同，其中的项目也会随之发生变化。

4 显示中间色条

单击"显示中间色条"按钮，即可弹出"显示中间色条"面板，如图1-61所示。两端的方框填充上色以后，中间的滑块会显示出二者之间的过渡色，用户可以从中拾取需要的颜色，每个滑块都可以独立使用。

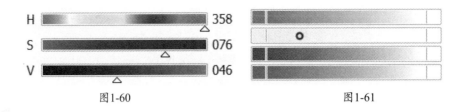

图1-60　　　　　　　　　　　　　图1-61

5 显示用户色板

单击"显示用户色板"按钮，即可弹出"显示用户色板"面板，如图1-62所示。用户可以将想要选用的颜色保存在色盘之中，通过在小方框上单击鼠标右键即可进行保存、删除等操作。

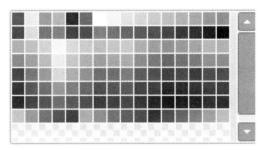

图1-62

1.6.4 工具面板

工具面板包含"固定工具""自定义工具"与"参数选项"3部分。"固定工具"包括区域选择以及视图操作工具，"自定义工具"则为绘画用的画笔工具，以上两者都可以通过"参数选项"来进行详细设置。下面具体介绍工具面板及其使用方法。

1 固定工具

固定工具由选择工具、套索工具、魔棒工具、移动工具、缩放工具、旋转工具、抓手工具、吸管工具等组成，如图1-63所示。

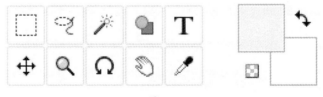

图1-63

- 选择工具：能够选择一个矩形区域的工具，另外，它还可以对选择后的区域做变形处理。

- 套索工具：能够像画笔一样徒手绘制任意形状的选择区域，可以设定是否带有抗锯齿效果。
- 魔棒工具：单击画面中的某一位置后，系统将自动选择与该部位色彩相同且相连的区域。
- 几何工具：SAI 2 的新增功能，弥补了 SAI 1 无法画圆的缺陷；除了圆，还可以绘制三角形与正方形。按住 Shift 键的同时，单击鼠标左键并拖动，至合适位置后释放鼠标左键，即可绘制出圆、等边三角形或正方形。
- 文字工具 T：SAI 2 的新增功能，选择此工具后，在右下方设置相应的字体属性，再在主视窗中单击，输入文字即可。
- 移动工具：可以对某一个图层或者某一个选区进行移动的工具。
- 缩放工具：能够将画面放大、缩小（可按住 Ctrl 键使用）的工具，可以通过单击鼠标，或者框住一定的区域来放大画面。
- 旋转工具：能够旋转画布的工具，快捷键为"Alt + 空格"。
- 抓手工具：可以移动主视窗中画面的位置，也可按住空格键使用。
- 吸管工具：可以拾取画面中已有的色彩，按住 Alt 键后在目标颜色上单击鼠标左键即可吸取颜色。
- 透明色：可以将当前的前景色变为透明状，结合不同的笔刷工具使用这一功能，可以制作出一些橡皮擦无法实现的效果。
- 切换色彩：可以将前景色与背景色进行切换，每单击一次该按钮，前景色与背景色就会互换。
- 前景色：绘画时的色彩是以前景色来表示的，用户可以在这里确认画笔的当前颜色。
- 背景色：被前景色图标遮住一角的是背景色，需要注意的是 SAI 2 中的背景色与其他绘图软件中的背景色略有不同。

2 自定义工具

自定义工具分为"基本工具"和"定制工具"两种，下面介绍自定义工具及其用法。

（1）基本工具：包含绘制线稿和上色的各种笔刷工具，如图 1-64 所示，每种工具都可以通过下方的参数来进行详细的设定。

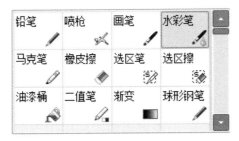

图1-64

- 铅笔工具：同使用自动铅笔一样，是绘制清晰轮廓的画线工具。
- 喷枪工具：轮廓模糊、整体呈雾状，适用于上色。
- 画笔工具：同使用丙烯颜料一般，是色彩鲜艳流畅的着色工具。
- 水彩笔工具：同使用色彩颜料一般，是具有一定透明感的上色工具。
- 马克笔工具：能够表现墨水渗入画纸效果的画笔工具。
- 橡皮擦工具：消除不需要的线条与色彩，多用于画面的修正。
- 选区笔工具：绘制出选择范围的画笔工具，普通图层与钢笔图层都能用。
- 选区擦工具：消除选择范围的橡皮工具，也属于通用工具。
- 油漆桶工具：为整个图层或者一定区域填充同一色彩的工具。
- 二值笔工具：绘制边缘粗糙的单一色线条的工具（无渐变效果），无法设定笔的参数。
- 渐变工具：直接绘制前景色到背景色或前景色到透明色的渐变，在左下方可以设置线性或者圆形渐变，单击鼠标左键拖动拉出线后，线两端的位置还可以进行调整。
- 球形钢笔工具：与铅笔工具的作用相似，同样可以绘制出清晰的线条。

（2）定制工具：在 SAI 2 的自定义工具中，除了上面介绍的基本工具外，还有由基本工具变化而来的定制工具，实际绘画时它们之间的区别比较明显，用户可以将更改参数后的笔刷另存为新笔刷，还可以在网络上寻找不同的笔刷，适当的笔刷可以让各种繁复的小物体的绘制变得更加简单，如图 1-65 所示。

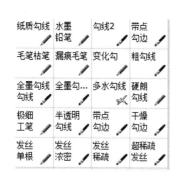
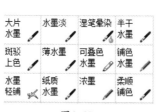

图1-65

3 参数选项

在选择了某种工具后，会出现工具的详细参数，如图 1-66 所示。

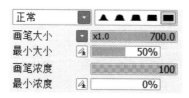

图1-66

4 铅笔工具与喷枪工具的参数设定

铅笔工具与喷枪工具的设置参数虽然有所不同，如图1-67所示，但设定的选项完全一致，这些是画笔的基本选项，所有的画笔都包含这些项目。下面对各个参数进行详细的介绍。

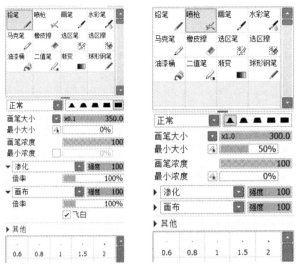

图1-67

在参数面板中单击"正常"右侧的三角形下拉按钮，在弹出的列表中选择各个选项可以对画笔的绘画模式进行设定，如图1-68所示。"正常"就是以正常的方式使用前景色来进行着色，"正片叠底"是为普通的前景色添加正片叠底效果，以较深的方式进行着色，图1-69所示为效果对比图。

笔尖的形状：指画笔轮廓的模糊程度，总共有5个等级可选，如图1-70所示。每个等级的效果都有所不同，越靠右边的等级，绘制出来的笔触越清晰，如图1-71所示。

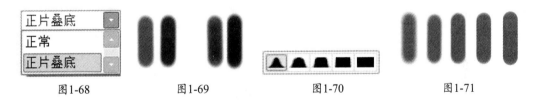

图1-68　　　　　图1-69　　　　　图1-70　　　　　图1-71

画笔浓度：可以对着色时色彩的浓度进行设定，浓度用数字0～100来表示，如图1-72所示。数值越小颜色越浅，数值越大颜色越深，分别设定数值为20、60、80、100的浓度进行绘制，效果如图1-73所示。

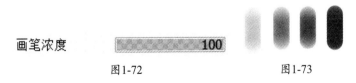

图1-72　　　　　图1-73

画笔形状：包含多种"不规则纹理"选项的下拉列表，如图1-74所示，可以对画笔的形状进行设定，在该下拉列表下方的"强度"与"倍率"中，可以对效果进行更细致的设定。

画笔纹理：可以为画笔添加各种纹理效果的下拉列表，如图1-75所示，其中包含多种纸张质感和材料纹理。

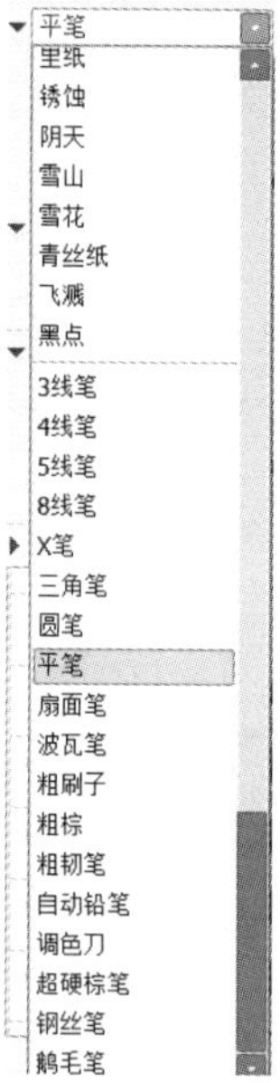

图1-74 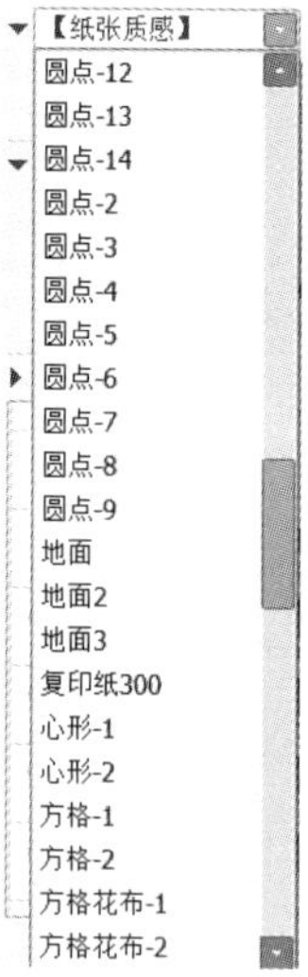　　　　图1-75

5　画笔工具、水彩笔工具、马克笔工具的参数设定

这三种画笔工具的共同点是都可以用来进行混色处理。铅笔工具是在原有色的上方直接覆盖新的颜色，而这三种工具则可以将新的色彩与原有色彩中和，或者对原有色彩进行延伸。画笔工具、水彩笔工具、马克笔工具的默认参数选项分别如图1-76所示。

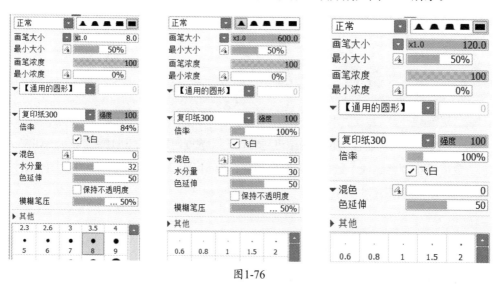

图1-76

在参数面板中单击"正常"右侧的三角形下拉按钮，如图1-77所示。可在弹出的下拉列表中选择各个选项对画笔的绘画模式进行设定，绘画模式比铅笔工具和喷枪工具多了两个："鲜艳"和"深沉"。正常、鲜艳、深沉、正片叠底绘画模式的对比图，如图1-78所示。

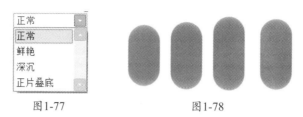

图1-77　　　　　　　　　图1-78

"混色"是指在原有的色彩中添加另一种颜色，待两种中和之后产生出的新颜色。铅笔工具和喷枪工具都不具备此功能。能够进行混色的画笔，都附加有"混色""水分量""色延伸"三个选项（马克笔为两个），用户可以根据自己的喜好对混色与延伸的强度进行调节。

- 混色：拖动数值可以对色彩混合程度进行调节，如图1-79所示，数值范围为0～100。当数值为0时，画笔几乎不具有混色效果，涂过的地方会变成白色；当数值为100时，混合色彩的效果会非常强烈。如图1-80所示分别是当混色数值为0、50、100时的画笔效果。

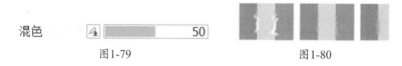

图1-79　　　　　　　　　图1-80

- 水分量：拖动数值可以对色彩中的水分含量进行调整，如图1-81所示。数值越大，色彩中的水分越多，颜色越浅，效果如图1-82所示。

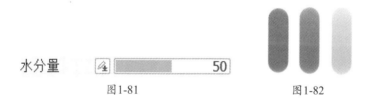

图1-81　　　　　　　　　图1-82

- 色延伸：对原色的色彩进行拉伸延长，将其慢慢转化为新色彩的过程。拖动滑块可以对延伸长度进行设置，如图1-83所示。延伸值为0、100时的效果如图1-84所示。

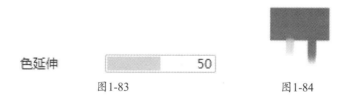

图1-83　　　　　　　　　图1-84

6 创建新画笔

可以在"自定义设置"项中，对各种画笔的"名称""快捷键"等项目进行设定，另外，用户还可以在工具栏中的空格处创建新的画笔。下面主要介绍如何创建新画笔。

（1）在画笔工具栏中的空格处单击鼠标右键，在弹出的快捷菜单中选择"马克笔"命令即可添加画笔，如图 1-85 所示。

（2）添加的画笔如图 1-86 所示。

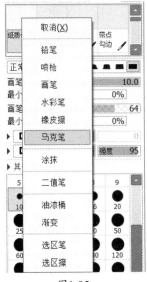

图1-85

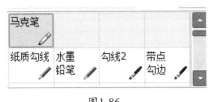

图1-86

（3）在新建画笔图标上右击，在弹出的快捷菜单中选择"属性"命令，如图 1-87 所示。

（4）弹出"自定义工具的属性"对话框，如图 1-88 所示。

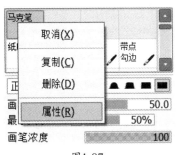

图1-87

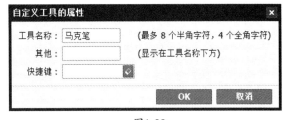

图1-88

（5）在"工具名称"文本框中输入相应效果的画笔名称，如图 1-89 所示。

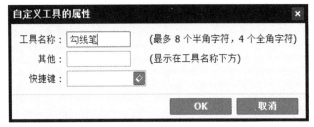

图1-89

（6）单击"快捷键"文本框，在键盘上选择一个合适的键并按下，即可对此画笔快捷键进行设置，单击 OK 按钮，如图 1-90 所示，即可对画笔的属性进行修改。

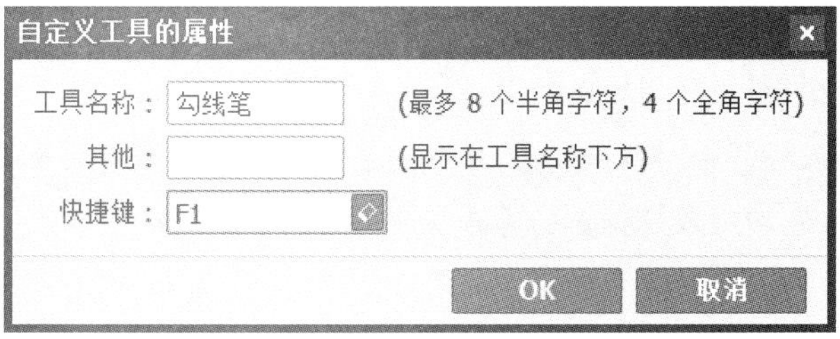

图1-90

1.7 图层的基本功能

绘制漫画的过程中,图层是必不可少的工具,接下来介绍图层的功能及其操作。

1.7.1 图层面板中的各项功能

在数码绘图中,图层功能是不可或缺的,利用图层可以轻松地为画面中的不同物体上色,使得绘制、修正、加笔等操作变得更加简单。在 SAI 2 中打开一张漫画素材图像,以便于接下来介绍图层,如图 1-91 所示,图层面板如图 1-92 所示。

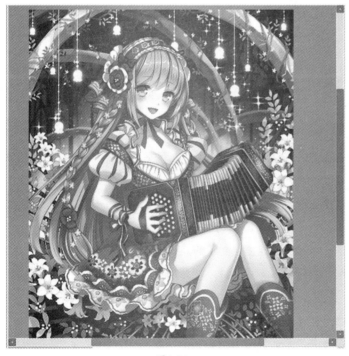

图1-91

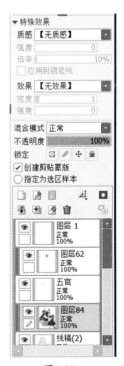

图1-92

- 质感:可以为图像添加纹理、花纹等不同的质感。选择相应质感后,只要用画笔涂抹,质感便会显示出来,可以将其想象成一个添加了带有花纹的图层蒙版。新创建的图层默认设定为"无质感"。

- 效果：可以为图层添加特殊的画材效果，有"水彩边界"与"颜色二值化"两种效果。"水彩边界"效果可以在图层中图像的边界模拟出水彩效果，在绘制水彩风格的漫画时，添加此效果会更加逼真，新创建图层的默认设定为"无效果"。
- 混合模式：SAI 2 中新增了较多的图层重叠方式，添加了 Photoshop 中大部分的混合模式，不同的模式会产生截然不同的效果。
- 不透明度：数值越小，图层的透明度越高，当数值为 0% 时，图层将完全透明。
- 锁定：可以锁定图层的一些编辑方式，从左至右分别为"锁定透明像素""锁定图像像素""锁定位置"和"全部锁定"。激活"锁定透明像素"图标后，只能在图像的有色部分进行绘画，图层中的不透明部分不会被涂上任何颜色；激活"锁定图像像素"图标后，图层将无法进行绘制但可以移动；激活"锁定位置"图标后，图层可以进行绘画但是无法移动；激活"全部锁定"图标后，图层中的图像将无法进行任何操作。
- 创建剪贴蒙版：可以将下方图层中的不透明区域作为图层蒙版使用。
- 指定为选区样本：只有在使用油漆桶或者魔棒工具时才会发挥效果。
- 快捷功能按钮：与图层有关的一些常用功能快捷键按钮。
- 图层列表：在这里可以确认图层的状态与排列顺序。在列表中，处于上方的图层位于画布的表面。

图层的快捷功能按钮如图 1-93 所示。

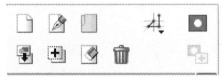

图 1-93

- 新建普通图层　：创建一个可以使用普通画笔工具的普通图层，在绘制时可以新建多个图层，这样可以方便后期修改。
- 新建钢笔图层　：创建一个可以使用钢笔工具的图层，可以用钢笔绘制出路径，路径在绘制完后还可以按住 Ctrl 键来调整线条的位置。
- 新建图层组　：创建一个可以管理多个图层的文件夹。在进行绘制工作时，建议新建多个文件夹来将图层分组命名，这样可以避免因图层太多而找不到需要编辑图层的情况。
- 新建显示透视尺图层　：可以新建一个能显示透视网格图尺的图层，但是此图层无法进行编辑，只能在原有的普通图层上绘制直线或者斜线。
- 新建图层蒙版　：为当前的图层创建一张图层蒙版。在需要遮挡部分下方图层图像，但又不想破坏原来的图像时，可使用蒙版来达到此目的。
- 向下转写　：将当前图层中的图像转移至下方的图层中。

- 向下合并▣：将当前的图层与下方的图层合并在一起。
- 清除图层▣：清除选中图层中的所有图像内容。
- 删除图层▣：删除当前选择的图层。
- 应用图层蒙版▣：将蒙版的效果应用到画面之中。

1.7.2 创建图层

在绘制图像的过程中，需要建立多个图层来辅助绘画，将绘制的线稿和色彩分为多个部分，在后期进行修改时会方便很多。图层分为色彩图层与钢笔图层，色彩图层是用来绘画的图层，可适用多种不同的笔刷；钢笔图层是一种特殊的图层，建立此图层可以绘制出带路径的线条，并且线条可以进行调整，适合绘制简单的图画。

1 色彩图层

（1）在图层面板中单击"新建普通图层"按钮，如图1-94所示。

（2）新建一个图层，如图1-95所示。

（3）在菜单栏中选择"图层"|"新建彩色图层"命令，如图1-96所示，也可以新建一个图层。

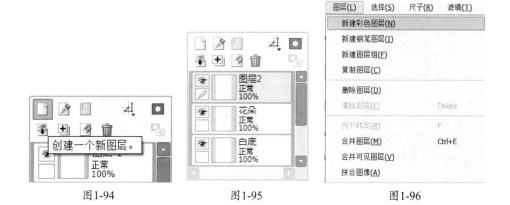

图1-94　　　　　图1-95　　　　　图1-96

2 钢笔图层

（1）在图层面板中单击"新建钢笔图层"按钮，如图1-97所示。

（2）新建一个钢笔图层，如图1-98所示。

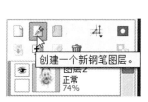
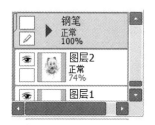

图1-97　　　　　图1-98

（3）此时工具面板中的自定义工具也会随之改变，在钢笔图层中无法使用带有特殊效果的画笔，如图1-99所示。

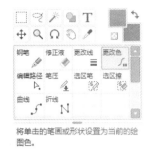

图1-99

1.7.3 复制与重命名图层

如果需要一张与当前图层一样的图层时，可以直接复制图层，为了避免与原图层弄混，需要将复制后的图层重命名。

- 拖曳复制。选择新图层，将其直接拖曳至"新建普通图层"按钮上，如图1-100所示。执行上述操作后即可复制一个与当前图层一样的图层，如图1-101所示。

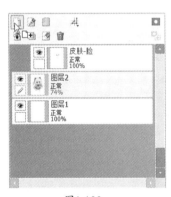

图1-100

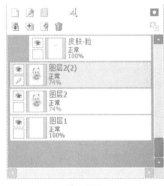

图1-101

- 通过命令复制。在菜单栏中选择"图层"|"复制图层"命令，如图1-102所示。选择复制后的图层，双击鼠标左键，弹出"图层属性"对话框，在"图层名称"文本框中输入相应名称，单击OK按钮，如图1-103所示。

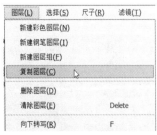

图1-102

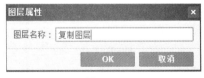

图1-103

执行上述操作后即可更改图层名称,如图1-104所示。

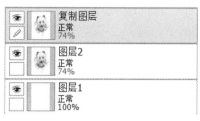

图1-104

1.7.4 隐藏图层与改变图层顺序

在绘制图像时,可以隐藏绘制后的任意图层或者适当调整图层的顺序,具体操作步骤如下。

(1)隐藏图层。在图层面板中单击"显示/隐藏图层"按钮,如图1-105所示。执行此操作后即可将选择的图层隐藏,如图1-106所示。

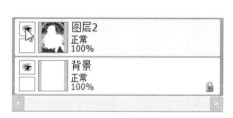
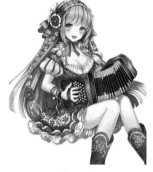

图1-105　　　　　　图1-106

(2)改变图层顺序。选择需要改变位置的图层,将其拖曳至目标位置,正在被拖动的图层会以青色表示,红色的横线表示移动后的位置,如图1-107所示。执行上述操作后即可改变图层的排列顺序,如图1-108所示。

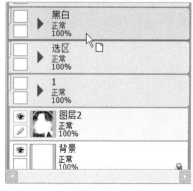
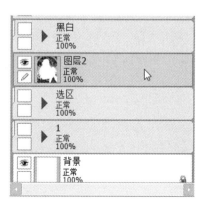

图1-107　　　　　　图1-108

1.7.5 链接图层

当需要同时对多个图层进行操作时，可以激活图层链接的图标，激活图标后，再对当前图层进行移动、变形等操作，链接的图层也将产生同样的变化。

（1）单击一个非选中图层的"显示/隐藏图层"图标下方的空白按钮，如图1-109所示。

（2）当该空白按钮处出现一个红色的曲别针形状时，表示此图层与已选中的图层链接成功，如图1-110所示。

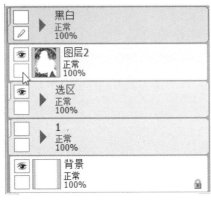
图1-109

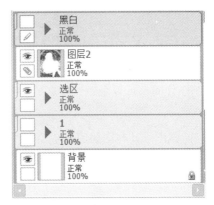
图1-110

1.7.6 转写与合并图像

向下转写功能是把当前选中图层中的内容转移到下方的图层中，转写之后，原先的图层仍然会被保留，但是会变成空白图层。在绘画的过程中，向下转写多用于复制重复的内容。

- 在图层面板中单击"向下转写"按钮，如图1-111所示。上方图层就会向下方图层转移图像，如图1-112所示。

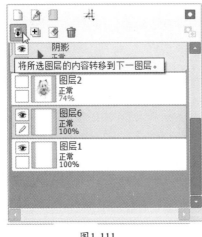
图1-111　　　　　　　　　图1-112

● 在菜单栏中选择"图层"|"向下转写"命令，如图1-113所示，也可以转写图层。

当图层过多时，在选择图层时会比较麻烦，也会使文件增大，导致软件运行缓慢，此时可以通过合并图层来解决，在图层面板中单击"合并所选图层"按钮，如图1-114所示，即可合并图层。

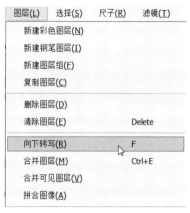
图1-113

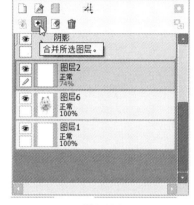
图1-114

1.7.7 清除图层

如果在绘画的过程中出现错误或者不满意的部分，可以使用清除图层工具进行处理，也可以使用删除图层工具直接将图层删除。

在图层面板中单击"清除所选图层"按钮，如图1-115所示。即可清除选中图层中的图像，清除前后的效果如图1-116所示。

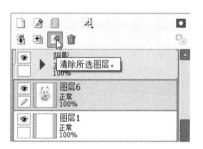
图1-115

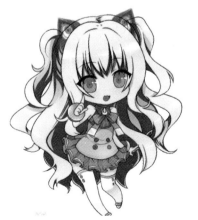
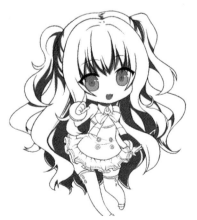

图1-116

在菜单栏中选择"图层"|"清除图层"命令,如图1-117所示,也可以清除图层中的图像。

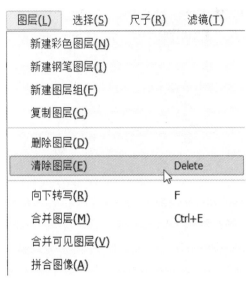

图1-117

在图层面板中选中相应图层,单击"删除所选图层"按钮,如图1-118所示。即可删除选中的图层,如图1-119所示。

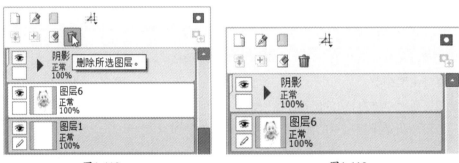

图1-118　　　　　　　　　　　　图1-119

1.7.8　创建与合并图层组

在绘画的过程中,如果图层比较多,可以将图层分组,使绘制操作更加方便。当绘制完成后,可以将图层组中的所有图层合并成一个图层,以减少文件大小。

(1)当图层的数量过多时,图层列表会变得非常长,此时图层组就可以发挥作用了。在图层面板中单击"新建图层组"按钮,如图1-120所示。

(2)新建图层组,如图1-121所示。文件夹名称的下方会显示"正常",这表示当前图层组的混合模式为无;如果有需要,可以在快捷功能菜单的上方设置图层组的混合模式。图层组的混合模式可应用到图层组内的所有图层。

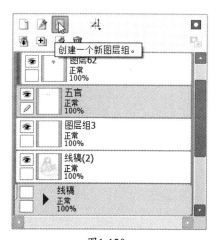
图1-120

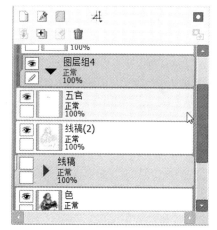
图1-121

（3）将需要归纳的图层直接拖曳至图层组中，如图1-122所示。

（4）在图层面板中单击"合并所选图层"按钮，如图1-123所示。

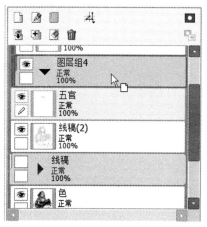
图1-122

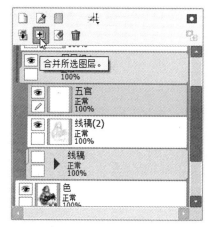
图1-123

（5）合并图层组后，图层组就没有了，而是合并成了一个图层，如图1-124所示。

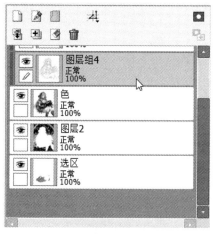
图1-124

1.7.9 填充图层

在填充背景颜色时,可以通过填充图层直接填充,在有多个选区需要填充时也可以使用填充图层的方法填充,下面介绍怎样使用填充图层。

(1)在图层面板中选择需要填充的图层,在颜色面板中设置前景色,如图 1-125 所示。

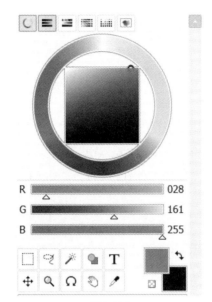

图 1-125

(2)在菜单栏中选择"图层"|"填充"命令,或者选择油漆桶工具,在图中需要填充的位置单击即可填充颜色,如图 1-126 所示。

(3)为图层填充颜色,如图 1-127 所示。

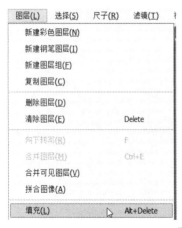 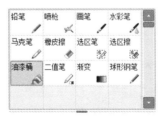 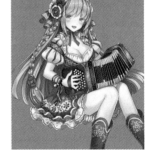

图 1-126   图 1-127

1.8 SAI 2 图层的高级功能

本节将介绍 SAI 2 图层的一些高级功能及其操作，合理地运用这些功能，可以使绘制工作变得更加方便。

1.8.1 图层的不透明度

在临摹时，一般会将原图放在底层并降低透明度，再在新建的图层上绘制。下面介绍如何调整透明度。

（1）在图层面板中选择图层，上方的不透明度默认值为 100%，如图 1-128 所示。

（2）图层的不透明度为默认值时的效果，如图 1-129 所示。

（3）调整不透明度为 50% 和 20% 时，图层的效果如图 1-130 所示。

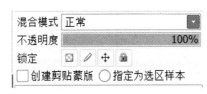

图1-128

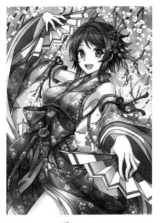

图1-129

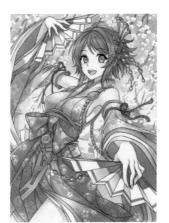

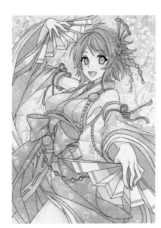

图1-130

1.8.2 辅助着色

SAI 2 的辅助着色功能有锁定和蒙版两种，恰当地使用这两种功能，会使绘制操作变得更加容易。下面将具体介绍锁定和图层蒙版的使用方法。

1 锁定

（1）锁定透明像素。

选择相应图层，激活"锁定透明像素"图标，如图 1-131 所示。在主视窗口中使用画笔绘制时，图层中的透明部分就不会被涂上颜色，这样便不会出现溢出的情况，如图 1-132 所示。

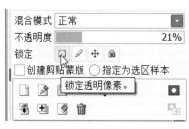

图 1-131

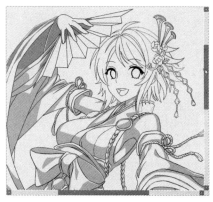

图 1-132

在图层面板中取消激活"锁定透明像素"图标，那么在绘制时，不会出现任何变化，如图 1-133 所示。

（2）在图层面板中激活"锁定绘画"图标，那么图层中的图像将只能进行移动而无法进行绘制。

（3）在图层面板中激活"锁定位置"图标，那么图层中的图像将只能进行绘制而无法进行移动。

（4）在图层面板中激活"锁定全部"图标，如图 1-134 所示，那么图层中的图像将无法进行任何操作。

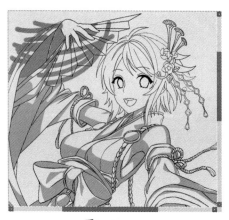

图 1-133

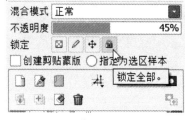

图 1-134

2 图层蒙版

在绘画过程中如果需要只显示画面的局部，可以选择"图层蒙版"，可以将蒙版看作一件"遮盖物"，通过在画面中添加蒙版，可以将画布中的某一部分隐藏。

（1）在图层面板中单击"创建图层蒙版"按钮，如图 1-135 所示。

（2）图层的侧边将会链接一个蒙版缩览图，如图1-136所示。

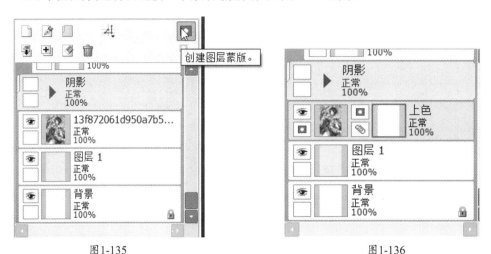

图1-135　　　　　　　　　　　　　　图1-136

（3）使用浓度为100%的黑色画笔工具在画面上绘制，绘制过的地方画面就会被隐藏，如图1-137所示。

（4）如果隐藏部分过多，也可以使用浓度为100%的白色画笔工具来擦除，被擦除的部分即可显示原来的图像，如图1-138所示。

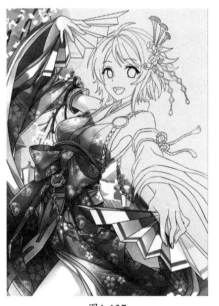 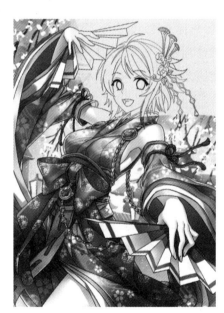

图1-137　　　　　　　　　　　　　　图1-138

（5）选择好被隐藏的部分后，可以单击"应用图层蒙版"按钮，将图层蒙版的效果应用到画面中，如图1-139所示。

（6）也可以直接单击"删除图层"按钮删除图层蒙版，如图1-140所示。删除蒙版后，画面中被隐藏的部分将会重新显示。

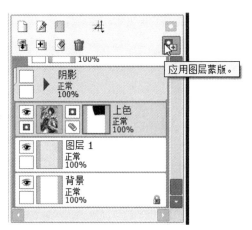
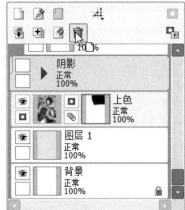

图1-139　　　　　　　　　　图1-140

1.8.3　选区的应用

在绘画的过程中如果需要对画面的局部进行操作时，可以运用选区来辅助完成。只要界定了选区边缘，那么大部分的操作都只能在选区内进行，如用画笔绘制色彩、使用滤镜等，在绘制阴影或花纹时很方便。下面将具体介绍如何应用选区。

（1）选择工具面板中的"选择工具"，建议用户勾选"Ctrl+左键单击选择图层"复选框，如图1-141所示，这样在选择图层时，只要按住Ctrl键并单击相应图层中的图像，即可跳转至该图层。

（2）在画布中单击鼠标左键并拖曳至合适位置后松开，即可绘制出一个矩形选框，同时边缘出现一圈闪烁的虚线，如图1-142所示。

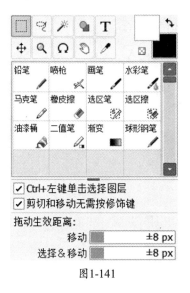
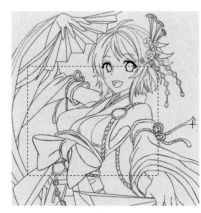

图1-141　　　　　　　　　　图1-142

（3）使用画笔在画布上绘制，会发现选区以外的地方无法绘制，如图1-143所示。

（4）选择工具面板中的套索工具，如图1-144所示，套索工具分为"手绘"与"多边形"

两种。选择"手绘"时，可自由绘制选区；选择"多边形"时，可绘制出各种多边形选区。

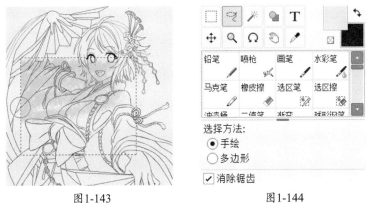

图1-143　　　　　　　　　　图1-144

（5）在画面中单击并拖动鼠标，选中相应区域后松开鼠标左键，即可形成一个闭合的选区。用画笔绘制时，同样只能在选区内进行，如图1-145所示。

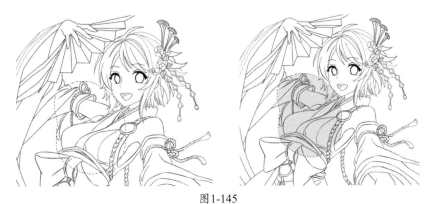

图1-145

（6）选择工具面板中的魔棒工具，在图像中相应位置单击鼠标左键，即可选取图层中相同的色彩并建立选区，选区呈半透明的紫色显示，如图1-146所示。魔棒工具很适合选取大面积相同的或边缘复杂的色彩。

（7）使用选区笔或者选区擦来修改选区范围，如图1-147所示。

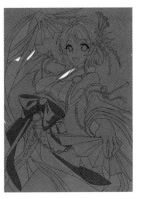 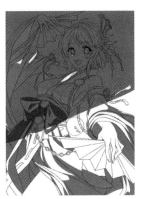

图1-146　　　　　　图1-147

1.9 SAI绘制案例

众所周知，学习绘制漫画，基本上都是从人体结构开始的，只有从临摹中获得技巧与灵感，才能更好地创作出自己的作品。

1.9.1 漫画人物线稿绘制

刚开始使用数码软件绘制漫画的时候，可以先选一个稍微简单的人物进行临摹，凡事要由简到繁，要学会循序渐进。下面我们就来看看如何从临摹开始，学习绘制漫画作品。

01 打开SAI软件，在"文件"菜单中选择"新建文件"命令。

02 弹出"新建图像"对话框，如图1-148所示，将文件大小设置为3500像素×2500像素，将分辨率设置为300像素，然后单击"确定"按钮。

03 绘制窗口会出现一个空白画布，可使用Ctrl+S快捷键将文件进行保存，保存时在"文件类型"下拉列表框中选择Photoshop PSD(*.psd)格式，以便后续需要，如图1-149所示。

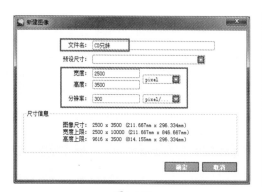

图1-148

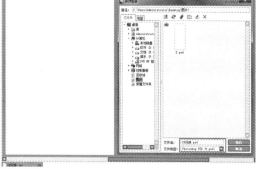

图1-149

04 单击 画笔工具，在弹出的画笔选项中进行设置，选用6号左右的笔刷进行绘制，如图1-150所示。

05 根据兄妹人体组合的动态设计特点对人物的头部、身体、四肢的结构进行初步定位。

06 根据兄妹人体结构造型的变化，运用硬笔刷工具逐步完成头部、身体、四肢的动态绘制，注意处理好头部与身体的动态变化及关节结构线的定位。

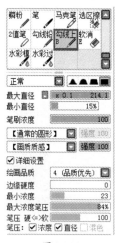

图1-150

07 根据兄妹人体比例结构的造型特点，调整笔刷的不透明度，进一步勾勒人物身体的动态。同时清除底层的结构虚线，如图1-151所示。

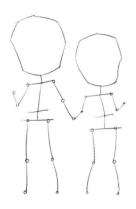 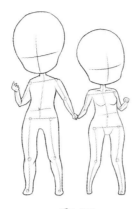 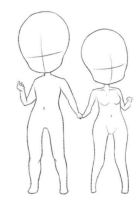

图1-151

08 勾勒出男孩头发的形体结构，在绘制时，线条要流畅、自然，使头发看起来比较自然、随意，如图1-152所示。

09 结合男孩身体结构造型的特点逐步细化外套服饰结构，注意胸部及臀部服饰结构造型的大体定位，如图1-153所示。

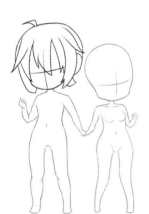

图1-152

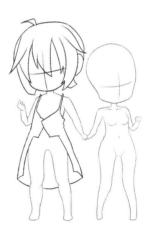

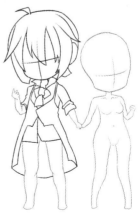

图1-153

10 根据身体动态变化对男孩手臂及服饰的结构进行准确的定位，注意左右手动态的变化及结构的绘制，同时对腿部服饰的形体结构进行准确定位，如图1-154所示。

11 继续绘制女孩头发的大体结构，注意处理好与女孩头发衔接部位服饰的结构绘制，如图1-155所示。

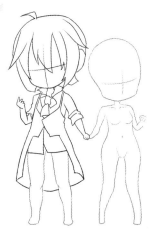

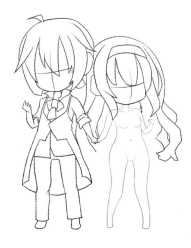

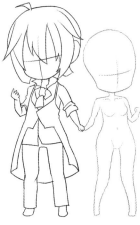

图1-154

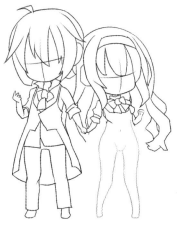

图1-155

12 根据女孩身体动态结构的设计定位，进一步绘制女孩手部、脚部的结构细节及裙摆，如图1-156所示。

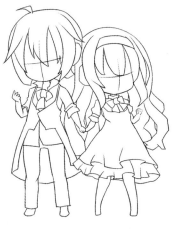

图1-156

13 对男孩的形体结构进行绘制,在男孩头发大体结构的基础上,对头发纹理的细节进行绘制,注意绘制时根据男孩头发的结构变化运用不同的线条进行用笔的变化,如图1-157所示。

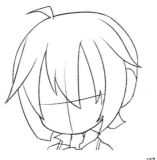 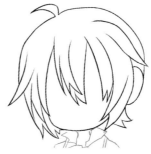

图1-157

14 根据男孩头部整体的结构变化,结合漫画人物绘制的特点,对眼睛及嘴部的结构造型进行细节的绘制,如图1-158所示。

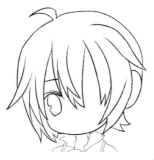 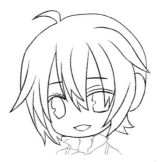

图1-158

15 对男孩身体服饰的结构定位进行细节的绘制,注意结合男孩身体结构的变化绘制胸部服饰的结构线,如图1-159所示。

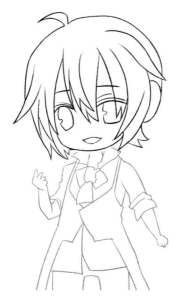 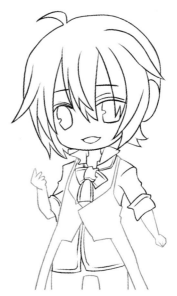

图1-159

16 结合身体服饰绘制思路，继续对手臂服饰的结构进行细节绘制，注意肩部衔接部位线段的虚实变化，如图1-160所示。

17 根据人物上半身动态结构设计的定位，运用硬笔刷逐步对手部及饰物的结构造型进行精细绘制，如图1-161所示。

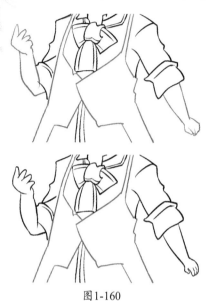

图1-160

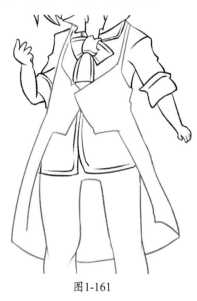

图1-161

18 结合上半身服饰的结构变化对男孩外套服饰的结构进行细节绘制，注意转折部分裤褶结构线的变化，如图1-162所示。

19 对男孩腿部的结构进行精细绘制，注意结合腿部的结构进行结构线的调整，如图1-163所示。

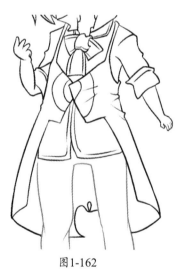

图1-162

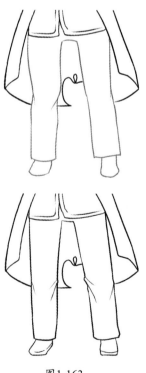

图1-163

20 给衣服添加褶皱。衣服比较贴身，褶皱较少，主要位于肢体的连接部位。整理画面，擦去多余的部分，隐藏原图层，调整男孩的整体效果，如图1-164所示。

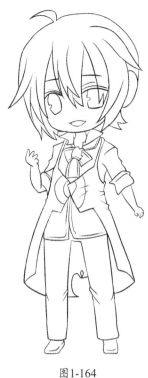

图1-164

21 对女孩的形体结构进行绘制，在女孩头发大体结构的基础上，绘制头发纹理的细节，注意要根据女孩头发的结构变化运用不同的线条进行绘制，如图1-165所示。

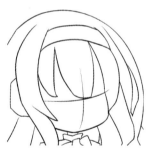 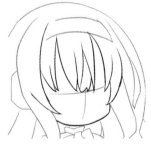

图1-165

22 结合女孩头部结构造型大体定位，对女孩眼睛的细节进行精细绘制，抓住动漫人物造型的设计特点。注意处理好与头发衔接部位的结构关系，如图1-166所示。

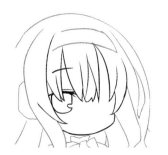 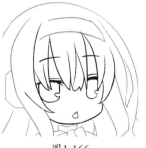 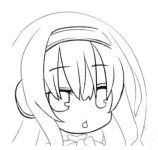

图1-166

23 结合女孩头发大体结构造型设计，根据头发的结构走向逐步绘制细节，注意处理好头发与脸部及身体衔接部位的结构变化，如图1-167所示。

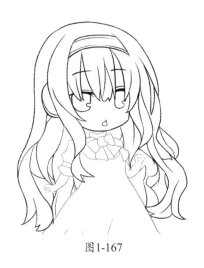

图1-167

24 结合女孩胸部服饰的设计定位，继续精细绘制胸部蝴蝶结的结构造型，注意处理好与服饰的衔接关系，如图1-168所示。

25 根据动态设计继续对女孩身体服饰的结构进行细节的绘制，特别要注意下半身裙摆部分的布纹结构造型的层次关系，如图1-169所示。

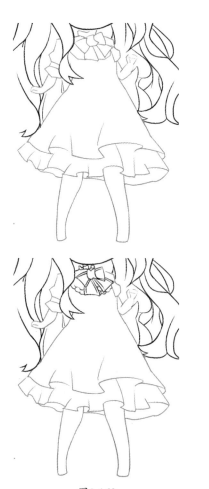

图1-168

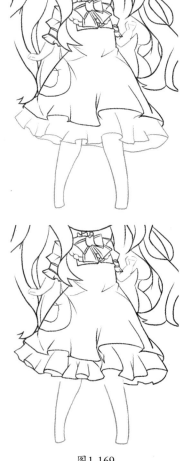

图1-169

26 结合女孩身体服饰的整体设计定位，对脚部的结构进行细节的绘制，处理好与裙摆衔接部位的穿插变化，如图1-170所示。

27 结合男孩的结构造型变化，对女孩和男孩衔接部位的结构进行细节的绘制，特别是身体及手部衔接部位结构前后穿插的变化，如图1-171所示。

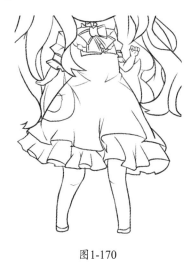

图1-170

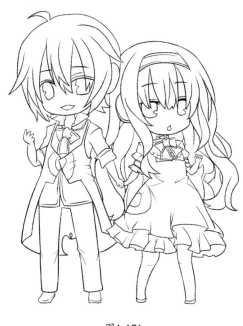

图1-171

1.9.2 人物阴影效果绘制

使用块面的方式给人物添加一层阴影，使人物更加立体化。用块面法绘制阴影可以使画面更加灵动、有生机。

01 绘制男孩左侧背光处头发的阴影。耳朵后面背光，阴影绘制面积要大，拉大空间层次，如图1-172所示。

02 根据光源变化完善右边头发的暗部阴影，简洁概括，注意结合头发的动态走向整体绘制，如图1-173所示。

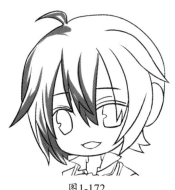

图1-172

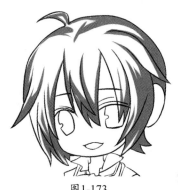

图1-173

03 根据光源变化绘制头发暗部的关系，增加人物的主体感，如图1-174所示。

04 绘制左边眼睛的光影关系，注意区分瞳孔、眼白及高光的色阶变化，如图1-175所示。

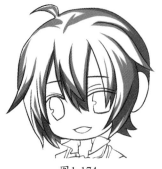

图1-174

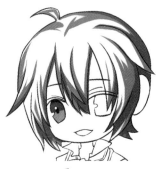

图1-175

05 绘制右侧眼睛，结合男孩头部整体明暗色调变化，在原有头发明暗的基础上加上一层暗部阴影，拉开头发与脸部前后的空间关系及明暗变化，如图1-176所示。

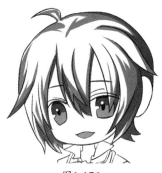

图1-176

06 结合头发动态，给内部身体服饰绘制基础明暗色调，运用硬笔刷吸取浅灰色绘制内部服饰暗部的色调，进行简单的定位，如图1-177所示。

07 吸取深灰色加深暗部阴影绘制，与头部的明暗统一协调，注意内衣明暗色调与线稿转折部分的层次变化，如图1-178所示。

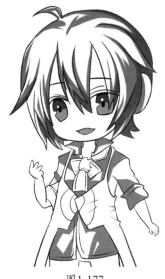

图1-177

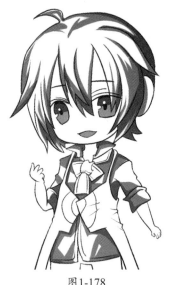

图1-178

08 进一步对内部衣物中间过渡色调进行多层次的绘制，再加深一层暗部阴影，丰富亮部及暗部的明暗对比，如图1-179所示。

09 根据光源影响，结合身体皮肤及内衣的明暗色调变化，绘制外套上半身服饰的大体明暗色调变化，注意根据胸部的结构绘制服饰暗部的基础色调，重点刻画褶皱动态走向，如图1-180所示。

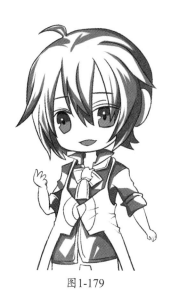

图1-179

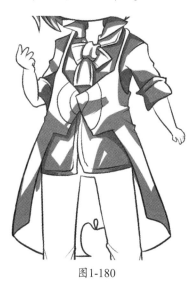

图1-180

10 根据男孩外套服饰设计的特点，结合内部衣物的色调变化添加一层深色阴影，增强空间关系，如图1-181所示。

11 结合光源以及身体姿势动态给身体服饰的阴影进行定位，对手臂的明暗色调进行逐步绘制，凸显层次关系，如图1-182所示。

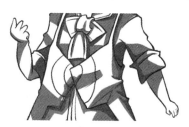

图1-182

12 结合男孩皮肤及服饰的整体明暗色调变化，整体绘制手臂服饰的深色阴影部分，丰富亮部及暗部的层次关系，如图1-183所示。

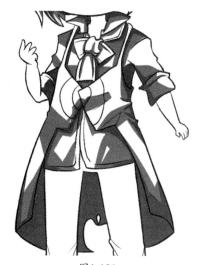

图1-181

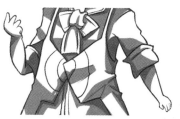

图1-183

13 结合光源变化加深下半身腿部服饰阴影部分的色调，注意结构的转折变化，加强明暗的对比关系，丰富服饰过渡色调的层次关系，拉大空间对比效果，如图1-184所示。

14 从前景色吸取深灰色对腿部及脚部暗部的裤褶进行进一步绘制，绘制裤褶的阴影色调，注意转折部分的细节刻画，凸显衣服质感，如图1-185所示。

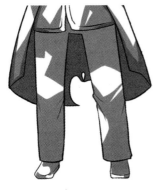

图1-184

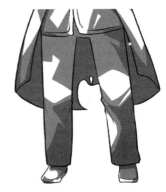

图1-185

15 结合光源变化从前景色吸取深灰色，对男孩头部、身体及腿部暗部的服饰进行进一步绘制，注意对男孩身体动态及服饰结构的变化进行细节调整，如图1-186所示。

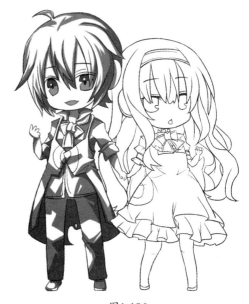

图1-186

16 根据女孩头部线稿造型的设计，结合男孩明暗的变化给女孩头发增加一层更深的暗部阴影，加强头发纹理质感的对比，注意转折处的明暗色调的层次变化，如图1-187所示。

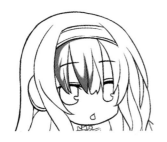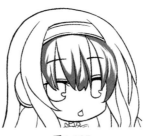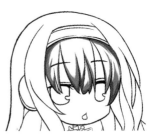

图1-187

17 根据女孩头发的阴影部分光源变化，对脸部五官眼睛结构的暗部的色调进行细节绘制，绘制眼睛瞳孔的阴影部分明暗色调，注意处理好与头发衔接部分的明暗色调，如图1-188所示。

18 再次结合光源变化，对女孩头发及耳部的明暗关系进行细节的调整。注意对头发及脸部的明暗关系进行整体绘制，如图1-189所示。

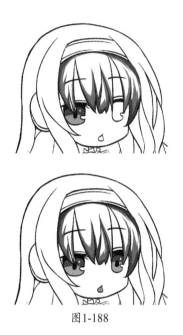

图1-188

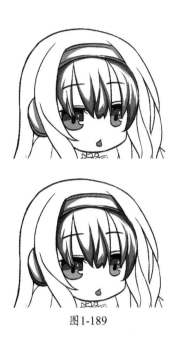

图1-189

19 结合女孩头发动态变化对长发进行基础明暗色调的绘制，运用硬笔刷吸取浅灰色绘制头发亮部的色调，根据发型进行明暗绘制，如图1-190所示。

20 从前景色吸取深灰色加深头发的暗部阴影，与头部的明暗统一协调，注意头发整体明暗色调与线稿转折部分的层次变化，如图1-191所示。

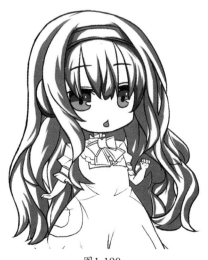

图1-190

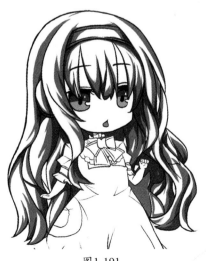

图1-191

21 进一步对女孩裙子中间过渡色调进行多层次的绘制，再加深一层暗部阴影，丰富亮部及暗部的明暗层次对比关系，如图 1-192 所示。

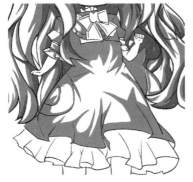 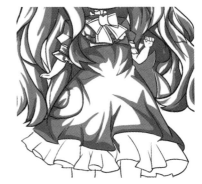

图1-192

22 结合女孩整体明度变化，对裙摆下半部分布纹的明暗关系进行逐层绘制，特别注意处理好裙子与身体、手臂等部分的明暗层次变化，如图 1-193 所示。

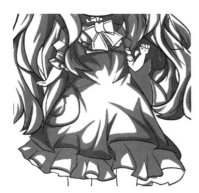 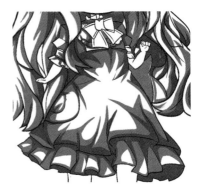

图1-193

23 结合光源变化，从前景色吸取深灰色，对女孩胸部的蝴蝶结的明暗关系进行绘制，注意结合女孩身体动态及服饰结构的变化进行明暗细节调整，如图 1-194 所示。

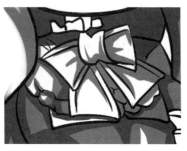 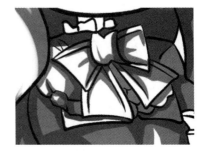

图1-194

24 从前景色吸取深灰色对女孩腿部及腿部暗部的服饰进行进一步绘制，注意结合女孩动态及脚部结构的变化进行明暗细节调整，如图1-195所示。

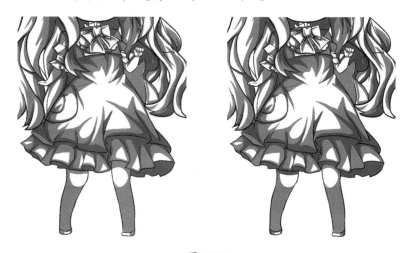

图1-195

25 结合光源变化对兄妹头部、头发、身体及腿部服饰衔接部分明暗关系进行进一步绘制，注意刻画好兄妹身体动态及服饰结构的明暗变化及光影关系的细节，如图1-196所示。

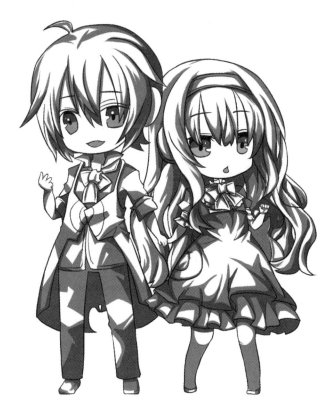

图1-196

Q版人物
绘制技法

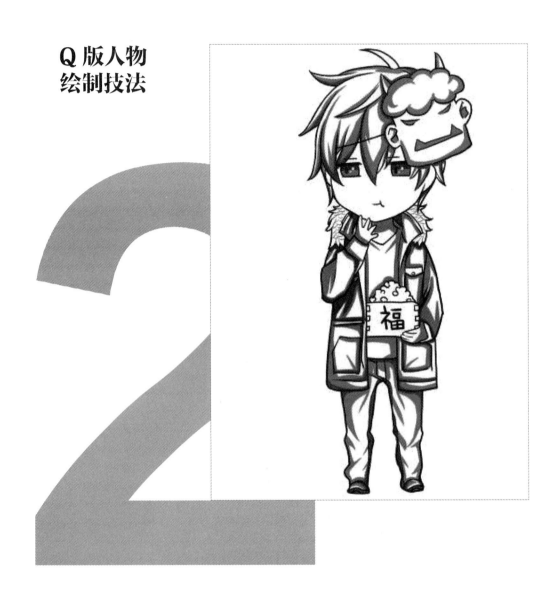

第2章 | 线稿草图绘制

本章将通过几个案例，帮助读者掌握草图线稿以及阴影的绘制规律和技法，为后面的进一步绘制整图打好基础。

2.1 线稿草图实例——拿礼物的女孩

漫画的绘制过程中，草图的绘制至关重要，它能够明确绘画的思路，而进一步清理的线稿可以让绘画流程变得清晰，人物造型更加完善。

1 绘制动态

在开始绘制的时候要在脑海里有人物大概的形象或者动作，然后结合一些基础的绘画知识进行绘制。用简单的线条给人物的动态造型进行定位。

01 用简单的线条和圆点代表肢体和关节表现人物初步形体，如图2-1所示。
02 在线条草图的基础上绘制出人物的人体结构，如图2-2所示。
03 用流畅的线条整理躯干以及动态的线条，如图2-3所示。

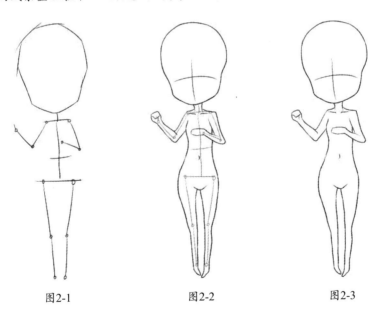

图2-1　　　　　　图2-2　　　　　　图2-3

2 绘制草图

根据草图中的人体结构图绘制人物的服饰等装饰物品。注意装饰物与人体之间的比例要合适。此小节是用于确立人物角色的大致设定，以及与角色运动紧密相关的重要设定。

绘制的时候要按照从上到下的顺序对人物的装饰物进行设定。

01 大致勾勒出头部的刘海以及头发的大致动态,利用十字来简单确定五官的位置,如图2-4所示。

02 大致勾勒出颈部和手臂的结构以及上半身衣服的装饰物,处理好头部、颈部及肩部等部位之间的衔接关系,如图2-5所示。

Q版人物绘制技法

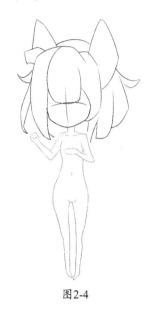

图2-4

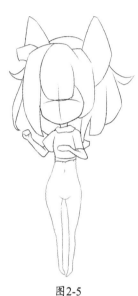

图2-5

03 勾勒下半身裙子的大致走向,注意绘制裙子的前后关系,如图2-6所示。绘制人物腿部的装饰物,如图2-7所示。

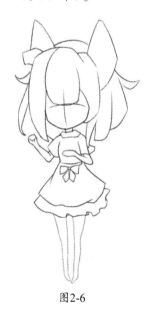

图2-6

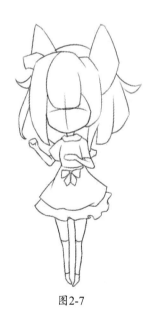

图2-7

3 完善线稿草图

根据人物的草图设定,此小节我们开始细化人物角色的具体细节。将多余的草图线条和辅助线擦除,处理线条之间的虚实、方圆及前后线段的穿插关系后再对人物造型的线条进一步完善。

01 根据之前绘制的设定草图,仔细观看人物头部的头发的走向,如图2-8所示。

02 详细地描绘出人物角色的刘海以及刘海处的装饰物,如图2-9所示。

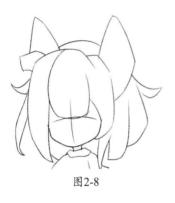
图2-8

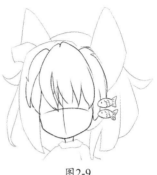
图2-9

03 绘制人物的整个头部的头发。注意把握住人物角色头发线条之间的虚实、方圆及前后线段的穿插关系,如图2-10所示。绘制人物的耳朵。注意耳朵与头发之间的前后空间关系,如图2-11所示。

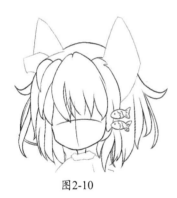
图2-10

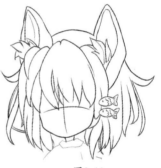
图2-11

04 开始对眼睛部分的结构进行深入刻画。由于眼睛被刘海挡住,所以注意眼睛的遮挡部分的处理,如图2-12所示。

05 绘制卡通人物眼睛的结构造型同时对脸部的轮廓及嘴部的结构进行定位,如图2-13所示。

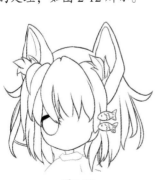
图2-12

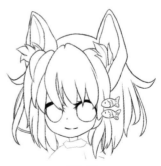
图2-13

06 根据之前对人物角色的设定，观察衣服的细节部分。衣服随着人物角色的动作而产生褶皱，绘制的时候同时也要注意褶皱的疏密关系，如图2-14所示。

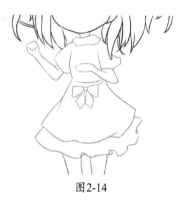

图2-14

07 细化人物颈部的头发以及胸前的装饰物，注意颈部以及肩膀的穿插关系，如图2-15所示。

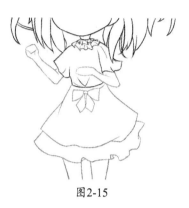

图2-15

08 绘制人物裙摆。根据动态和衣服本身的造型，画出皱褶，线条要轻松流畅，增加层次感，绘制服饰的时候要注意处理好各个部分造型细节的衔接关系，如图2-16所示。

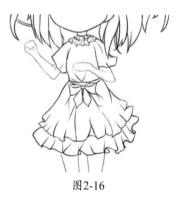

图2-16

09 观察人物手臂的造型。注意手臂是弯曲的，在处理的时候要注意手臂结构的转折，如图2-17所示。

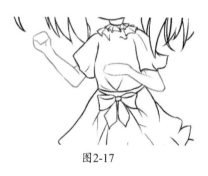

图2-17

10 绘制人物的手臂。在绘制的时候要在整理线条时擦除线条连接处多余的线头，让画面整洁，如图2-18所示。

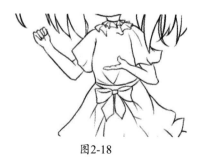

图2-18

11 绘制人物手中的礼品盒。绘制的时候要注意丝带的转折。增加一些可以丰富画面的元素，增加整个画面的立体感，如图2-19所示。

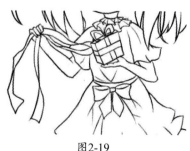

图2-19

12 观察人物腿部以及裙子的草图，为之后的细化做准备，如图2-20所示。

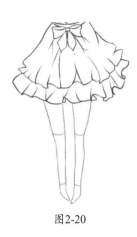

图2-20

13 绘制裙子下摆处的装饰。注意在绘制的时候要注意装饰物与人物裙子的衔接关系，如图2-21所示。

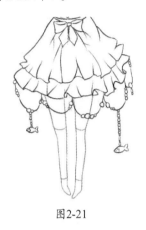

图2-21

14 绘制人物的裤子以及鞋子。注意装饰物与裤子处的前后遮挡关系，如图2-22所示。

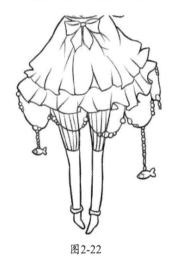

图2-22

15 完成拿礼物的女孩的线稿绘制，如图2-23所示。

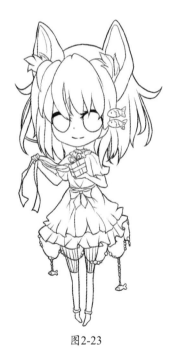

图2-23

4 绘制阴影

在完成拿礼物的女孩的线稿造型设计后，本节在前面的基础上更上一层楼，要进行线条的接理与阴影的绘制，让人物设计更加丰满。

阴影即素描中的投影，受到光源影响。阴影能够让画面变得厚重，让人物更加立体。绘制阴影前，要确定光源，找出亮面与暗面，投影与光源的关系要统一。

01 绘制人物右边头发的浅色阴影。对处于背光处头发的阴影处进行填充，绘制的时候尽量简洁，如图2-24所示。

02 绘制人物整体头发的浅色阴影。注意光源对阴影的影响范围，如图2-25所示。

03 绘制头发的深色阴影。注意在光源的影响下深色阴影的范围，也注意深色阴影绘制时的处理方式，如图2-26所示。

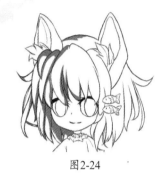

图2-24

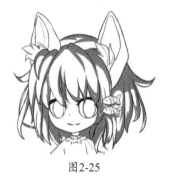

图2-25

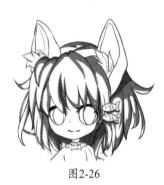

图2-26

04 绘制人物耳朵的浅色阴影。注意光源对耳朵阴影的影响，注意阴影在耳朵结构转折处的变化，如图2-27所示。

05 绘制人物耳朵的深色阴影。阴影的处理要简洁有力，如图2-28所示。

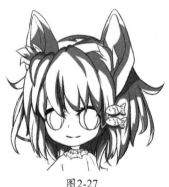

图2-27

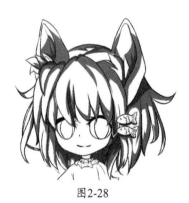

图2-28

06 绘制人物右边眼睛的阴影。注意瞳孔与瞳仁之间的颜色深浅关系，如图2-29所示。

07 将左边的眼睛同样绘制出阴影。注意眼睛阴影的变化，如图2-30所示。

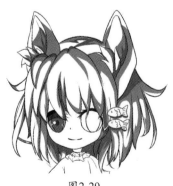

图2-29

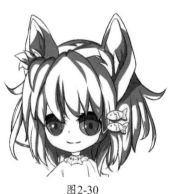

图2-30

08 绘制出上衣的浅色阴影。在处理的时候注意阴影的转折关系，如图2-31所示。

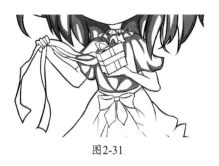

图2-31

09 绘制人物上衣的深色阴影。注意明暗色调与线稿转折部分的层次变化，如图2-32所示。

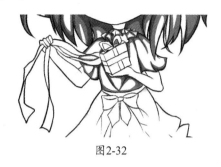

图2-32

10 绘制礼物的浅色阴影。确定光源对物体的影响，如图2-33所示。

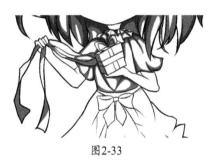

图2-33

11 绘制礼物的深色阴影。丰富阴影的层次，注意明暗色调与线稿转折部分的层次变化，如图2-34所示。

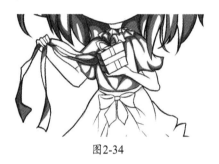

图2-34

12 绘制人物裙摆处浅色阴影。给在光源下的裙摆进行阴影定位，如图2-35所示。

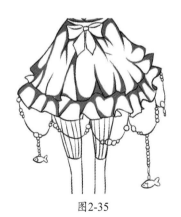

图2-35

13 绘制人物裙摆处的深色阴影部分。更好地加深了裙子的质感以及层次的同时丰富了画面，如图2-36所示。

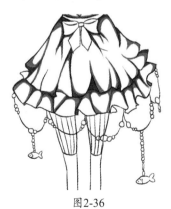

图2-36

14 绘制人物裤子以及鞋子的浅色阴影。给阴影进行定位，如图2-37所示。

15 绘制人物裤子以及鞋子的深色阴影。结合头发的亮部及暗部色调光源的变化进行整体绘制，如图2-38所示。

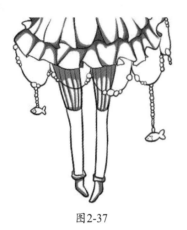

图2-37

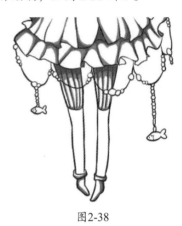

图2-38

16 拿礼物的女孩的整体结构造型如图2-39所示。

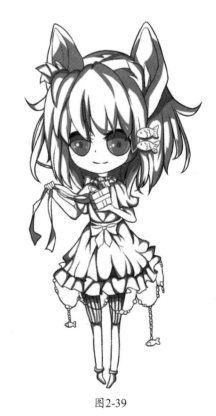

图2-39

2.2 线稿草图实例——提灯笼的小狐狸

通过前面内容的学习，相信读者对线稿草图以及阴影的绘制规律和流程有了一个初步的掌握，本节再通过实际操作案例帮助读者更好地掌握线稿草图的绘制方法。

1 绘制动态

提灯笼的小狐狸的高度大致是两个头长,因为小狐狸是带有一定动态的造型,在绘制的时候要注意人体运动的规律,正确处理好透视关系。

01 绘制人头比例辅助线,用简单的线条勾勒出人物肢体结构中的大致动态,如图2-40所示。

02 结合上一步的草图设定,会指出人物大致的身体结构,如图2-41所示。

03 擦除多余的线条,用流畅顺滑的线条对人体的结构进行整理,如图2-42所示。

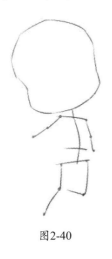

图2-40

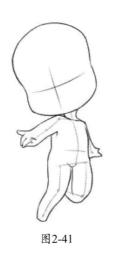

图2-41

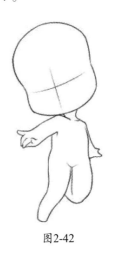

图2-42

2 绘制草图

绘制人物的肢体动作,注意腿部与衣服的衔接处,衣服是包含腿部,所以腿部要稍小于衣服。

01 按照之前的动态设定,开始从头部进行草图绘制。确立好头发的走向,注意耳朵和头发的穿插关系,如图2-43所示。

02 绘制人物的衣服以及衣服的装饰。注意衣服的前后空间关系,如图2-44所示。

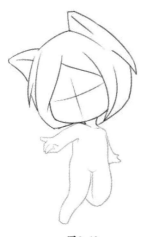

图2-43

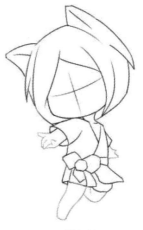

图2-44

03 绘制四肢的动态变化，如图2-45所示。

04 绘制出人物的尾巴，注意尾巴的动态变化，如图2-46所示。

Q版人物
绘制技法

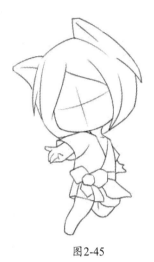

图2-45

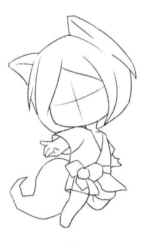

图2-46

05 初步勾勒出手部的灯笼造型，道具能让人物的造型更可爱，如图2-47所示。

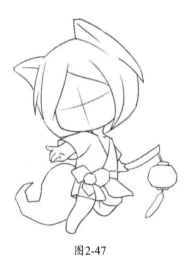

图2-47

3 绘制线稿

01 观看人物角色头部的草图设定，注意头部的穿插关系。为下一步的设定打好基础，如图2-48所示。

02 添加发丝，注意刘海的走向，处理好线条的穿插关系，如图2-49所示。

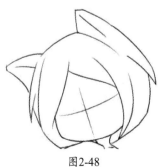

图2-48

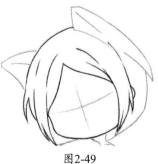

图2-49

03 绘制人物头部周围头发，注意头发与线条之间的衔接处理，如图 2-50 所示。

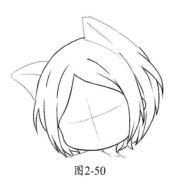

图2-50

05 对眼睛部分的结构进行深入刻画，注意眼睛和刘海之间的遮挡关系，如图 2-52 所示。

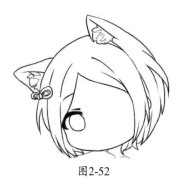

图2-52

07 根据之前对人物角色服饰的设定草图，观察衣服轮廓的细节，如图 2-54 所示。

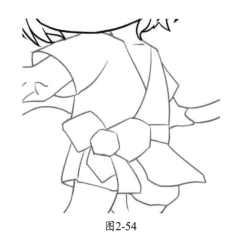

图2-54

04 绘制出调皮的耳朵。注意耳朵里小绒毛的设计以及耳朵与头发之间的关系，如图 2-51 所示。

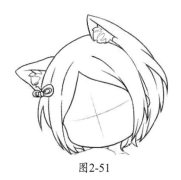

图2-51

06 绘制出人物眼睛的结构，绘制人物的嘴部造型。注意嘴部的角度要与脸部相统一，如图 2-53 所示。

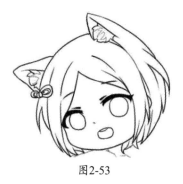

图2-53

08 绘制出人物衣服服饰的大体轮廓。注意衣服线条之间的穿插关系，如图 2-55 所示。

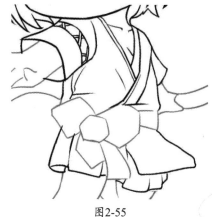

图2-55

09 观察人物上半身衣服的设定，准备添加衣服装饰，如图2-56所示。

10 添加人物衣服的装饰图案，注意衣服的装饰要跟随人物衣纹的转折而转折，同时也注意装饰物的前后关系，如图2-57所示。

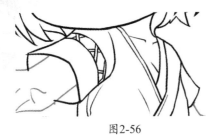

图2-56

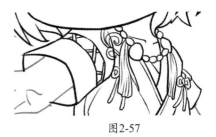

图2-57

11 观看衣服的下摆设定。注意衣服的前后关系，如图2-58所示。

12 绘制衣服下摆的装饰。通过硬朗的转折表现腰部的体积感，将衣服的细节纹理绘制好，增加衣服的层次，如图2-59所示。

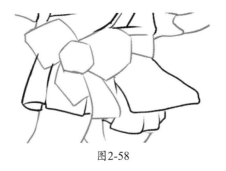

图2-58

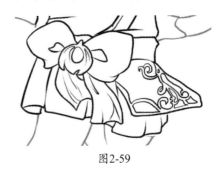

图2-59

13 观察腿部的结构，如图2-60所示。绘制腿部的细节，注意腿部的肌肉与衣服之间的穿插关系，如图2-61所示。

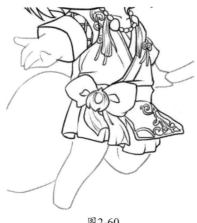

图2-60

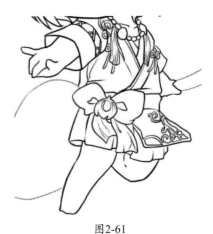

图2-61

14 观察人物的整体造型的设定，观察手部的灯笼以及尾巴的动态，如图2-62所示。

15 绘制人物的尾巴造型。注意尾巴绘制的弧度以及尾部动态的表现，如图2-63所示。

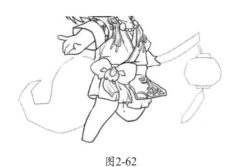

图2-62

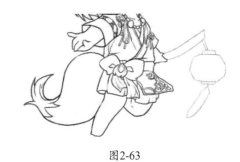

图2-63

16 绘制人物手部的灯笼，可以使人物显得活泼。处理好装饰物与人物之间的整体造型结构关系，如图2-64所示。

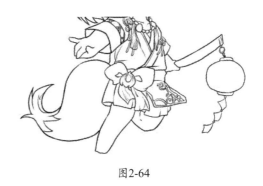

图2-64

17 整理画面，最终效果图完成如图2-65所示。

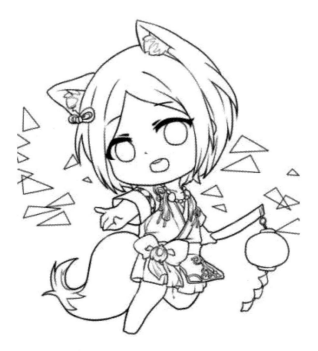

图2-65

4 绘制阴影

01 简洁填充人物右边及头发的阴影，注意光源对阴影的影响，如图 2-66 所示。

02 填充左边的头发以及兔耳的阴影，注意头发与头发之间上下遮挡而产生的阴影，如图 2-67 所示。

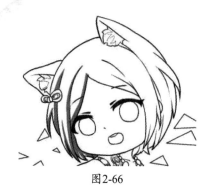

图 2-66

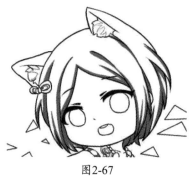

图 2-67

03 绘制头发的深色阴影，注意光源对深色阴影的影响以及阴影的分布，如图 2-68 所示。

04 绘制人物耳朵的浅色阴影，注意阴影部分要与头发的阴影相统一，如图 2-69 所示。

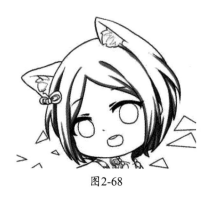

图 2-68

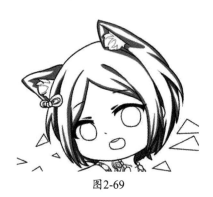

图 2-69

05 绘制人物耳朵的深色阴影，注意深浅阴影之间的衔接关系，如图 2-70 所示。

06 绘制人物右边眼睛的明暗色调，将人物的眼睛结构用明暗表现，注意瞳孔与瞳仁之间的颜色深浅关系，如图 2-71 所示。

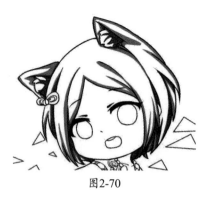

图 2-70

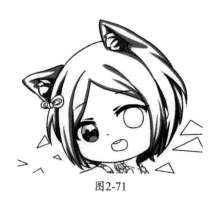

图 2-71

07 绘制人物左边眼睛以及嘴巴的阴影。绘制眼部的时候注意与右边的对称，如图2-72所示。

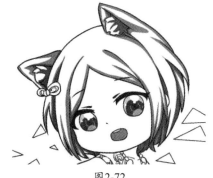

图2-72

08 绘制人物衣服的阴影，给阴影定位，如图2-73所示。

09 绘制人物衣服的深色阴影。绘制一层深一些的颜色阴影。让衣服的层次显得更加丰富，如图2-74所示。

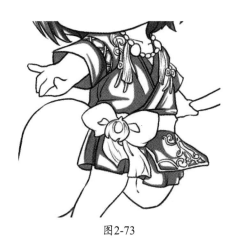

图2-73

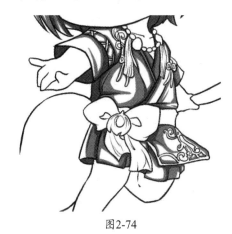

图2-74

10 绘制腰间蝴蝶结的浅色阴影。注意阴影在蝴蝶结结构处的转折，如图2-75所示。

11 绘制蝴蝶结的深色阴影。增加一层深色的阴影，使得阴影有丰富的层次，有阴影的层次递进，如图2-76所示。

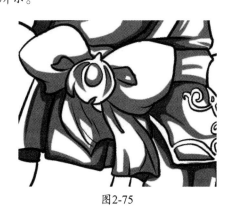

图2-75

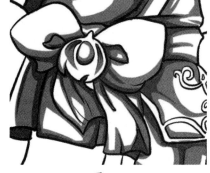

图2-76

12 绘制人物皮肤的浅色阴影。注意衣服对手臂阴影的投射，如图 2-77 所示。

13 绘制人物皮肤的深色阴影。注意明暗色调与线稿转折部分的层次变化，如图 2-78 所示。

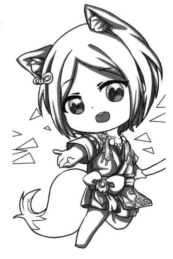

图2-77

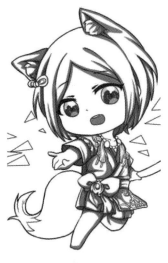

图2-78

14 绘制尾巴的浅色阴影。注意在绘制之后增加一些交代尾巴体积的阴影，让尾巴更加立体，如图 2-79 所示。

15 绘制尾部的深色阴影。加深了尾部的体积感以及阴影的层次，如图 2-80 所示。

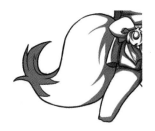

图2-79

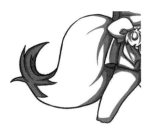

图2-80

16 绘制人物手中的灯笼的浅色阴影。注意绘制阴影的时候要按照灯笼的结构进行绘制，如图 2-81 所示。

17 绘制灯笼的深色阴影。注意灯笼的转折处的处理，丰富灯笼阴影的层次，如图 2-82 所示。

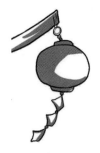

图2-81

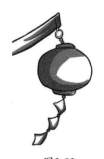

图2-82

18 整理画面，提灯笼的小狐狸的最终效果如图2-83所示。

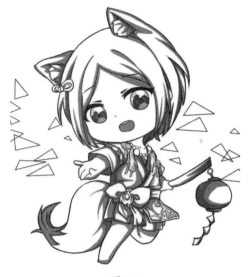

图2-83

2.3 线稿绘制实例——伸手的小男孩

之前的案例都是关于女孩的绘制，下面我们将以一个小男孩的案例来讲解男生如何绘制。因为人物的站姿是有动态变化的，所以在绘制的时候要注意人物动态下的透视的变化。初学者在绘制小男孩的动态的时候要注意透视关系。

1 绘制动态

01 绘制人头比例辅助线，简单地勾勒出人物的动态姿势，如图2-84所示。

02 在动态姿势的基础上绘制人体的结构，让人物变得丰满，如图2-85所示。

03 擦除人物多余的草稿线，用干净利落的线条整理人体的结构，如图2-86所示。

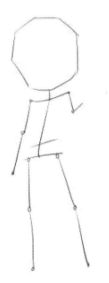

图2-84

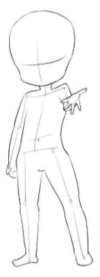

图2-85

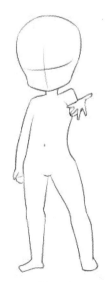

图2-86

2 绘制草图

01 大概勾勒出头发的形状，确定五官的位置，如图2-87所示。

02 绘制出人物的上半身衣服，注意头颈肩的关系，如图2-88所示。

03 绘制人物的手部，注意手的"近大远小"的透视关系，如图2-89所示。

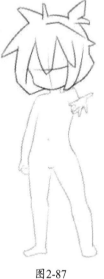
图2-87

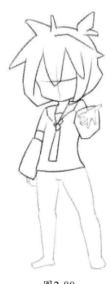
图2-88

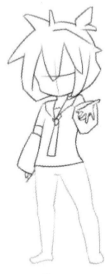
图2-89

04 绘制出人物的裤子的大致轮廓，如图2-90所示。

05 绘制人物的腿部以及小腿的绑腿。根据身体的动态变化进行准确的定位，如图2-91所示。

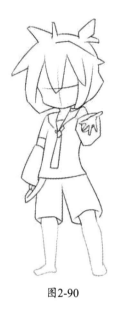
图2-90

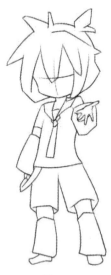
图2-91

3 绘制线稿

01 观察对头部的设定，找准透视关系，如图2-92所示。

02 细化人物角色的刘海部分。注意额前的刘海和脸颊旁头发之间的遮挡关系，如图2-93所示。

03 绘制好人物后面的头发，注意线条之间的穿插关系以及转折。画头发的时候要注意头发的走向，如图2-94所示。

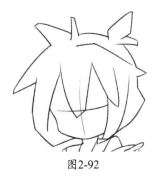
图2-92

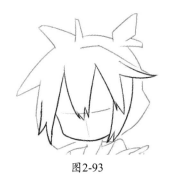
图2-93

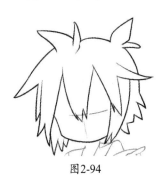
图2-94

04 进行眼睛部分的深入刻画。绘制右边的眼睛，注意眼部的透视关系，如图2-95所示。

05 绘制左边的眼睛。注意眼睛的"近大远小"的透视关系，如图2-96所示。

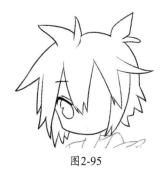
图2-95

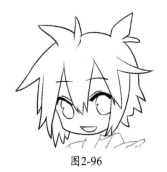
图2-96

06 观察衣服的设定，构思衣服的细节，如图2-97所示。

07 绘制好人物的衣服。对人物身体服饰的结构定位进行细节的绘制，如图2-98所示。

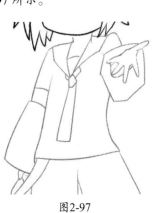
图2-97

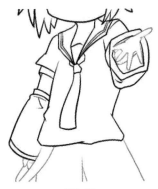
图2-98

08 绘制人物的手掌。注意衔接部分线段的虚实变化，如图2-99所示。

09 观察人物裤子的设定，构思裤子的绘制细节，如图2-100所示。

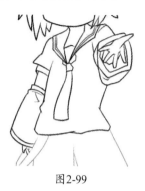

图2-99

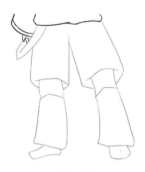

图2-100

10 绘制人物的裤子。结合对裤子的绘制思路，对裤子进行细节绘制。注意裤子的转折线的方圆，如图2-101所示。

11 绘制人物的鞋子以及绑腿。深化衣服的褶皱处理，注意衣服褶皱之间的穿插关系，如图2-102所示。

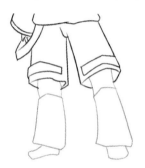

图2-101

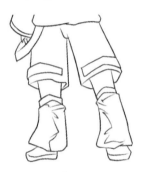

图2-102

12 伸手男孩的线稿造型效果如图2-103所示。

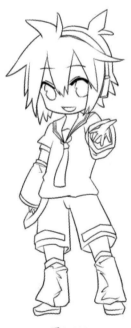

图2-103

4 绘制阴影

01 绘制人物的右边刘海的阴影，简洁的概括，如图2-104所示。

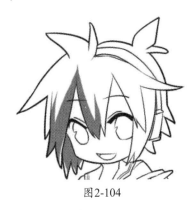

图2-104

02 绘制人物左边的刘海阴影，注意光源对头发的阴影的影响，如图2-105所示。

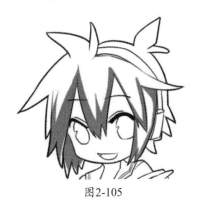

图2-105

03 绘制人物头发的阴影。使人物更加立体化，块面绘制阴影使画面更加灵动。如图2-106所示。

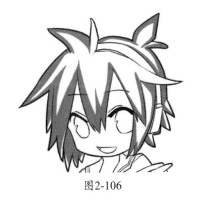

图2-106

04 结合头发的动态走向整体绘制人物头发的深色阴影，简洁概括。如图2-107所示。

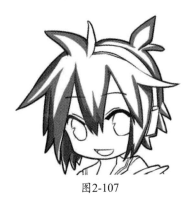

图2-107

05 绘制耳机的浅色阴影。注意光影之间的关系，如图2-108所示。

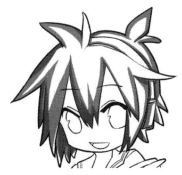

图2-108

06 绘制人物耳机的深色阴影。注意明暗色调的统一协调，如图2-109所示。

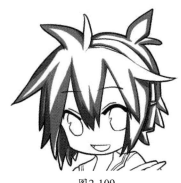

图2-109

07 绘制人物右边眼睛的阴影，如图 2-110 所示。

08 绘制人物的左边眼睛。区分瞳孔、眼白及高光的变化，注意与右眼色调的统一协调，如图 2-111 所示。

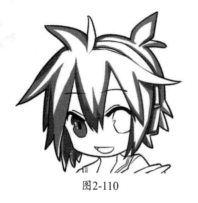

图2-110　　　　　　　　图2-111

09 用浅灰色绘制衣服的阴影，对阴影进行简单的定位，如图 2-112 所示。

10 绘制人物的衣领以及袖套的阴影，注意阴影与线稿转折部分的层次变化，如图 2-113 所示。

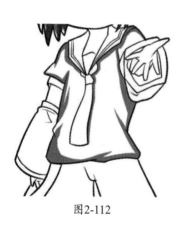
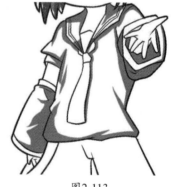

图2-112　　　　　　　　图2-113

11 加深上半身衣服暗部的阴影，丰富亮部及暗部的明暗对比，如图 2-114 所示。

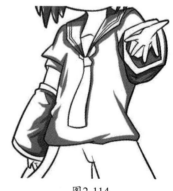

图2-114

12 绘制人物皮肤的浅色阴影,给皮肤的阴影进行定位,如图2-115所示。

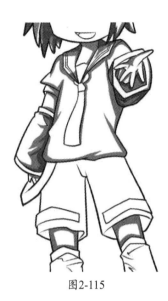

图2-115

13 绘制皮肤的深色阴影,将光源对人物皮肤的影响绘制得更明确,丰富阴影的层次,如图2-116所示。

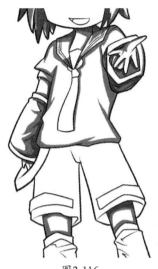

图2-116

14 绘制人物裤子的浅色阴影,绘制衣带的阴影部分,凸显层次关系,如图2-117所示。

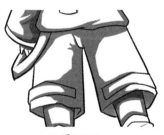

图2-117

15 绘制人物裤子的深色阴影,整体绘制身体服饰的深色阴影,丰富亮部以及暗部的层次关系,如图2-118所示。

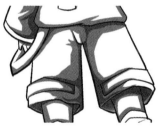

图2-118

16 绘制绑腿以及鞋子的浅色阴影,注意光源对绑腿和鞋子阴影的影响,如图2-119所示。

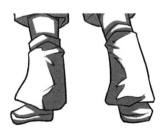

图2-119

17 绘制绑腿和鞋子的深色阴影,注意转折处的深色的过渡,给阴影增加层次感,如图2-120所示。

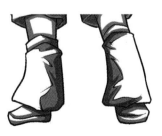

图2-120

18 伸手男孩的整体结构造如图2-121所示。

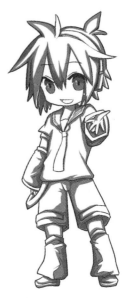

图2-121

2.4 线稿绘制实例——摆pose的男孩

本例绘制一个吃东西的男生,绘制的要点是找准比例关系,通过透视线画出人物的关节,大胆地落笔,从整体出发,不要拘泥于小节。初学者在绘制动态的时候应注意把握人物动态的变化。

1 绘制草图

01 用简洁的线条找准透视关系,把握人物的动态,如图2-122所示。

02 通过人物的动态线确定人物的头身比例,简单地绘制出人物的头部与四肢。用笔的线条要流畅、自然,如图2-123所示。

03 擦除人物的辅助线,对人物的结构线进行整理,如图2-124所示。

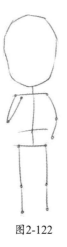
图2-122

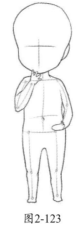
图2-123

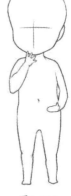
图2-124

2 绘制草图

01 大致勾画出人物头部的头发以及头上的面具，确定人物的五官以及面具的位置，如图2-125所示。

02 绘制人物的手部以及手上物品的大致造型，如图2-126所示。

03 绘制人物外套，对人物外套的长短大小进行定位。找准动态关系，绘制出人物衣服的大概位置，如图2-127所示。

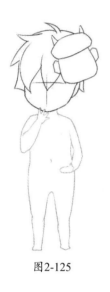
图2-125

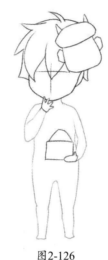
图2-126

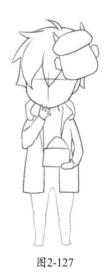
图2-127

04 绘制人物的衣服，注意外套与内衣之间的关系，如图2-128所示。

05 绘制人物的裤子以及鞋子，如图2-129所示。

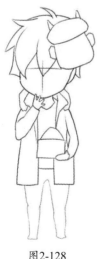
图2-128

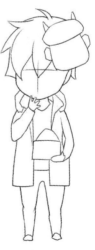
图2-129

3 绘制草图

01 观察草图对人物头部的设定，注意面具对头部的遮挡关系，如图2-130所示。

02 绘制人物的刘海。用流畅的线条来绘制人物的刘海，注意刘海与脸部的穿插关系以及转折处的衔接关系，如图2-131所示。

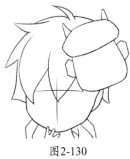

图2-130

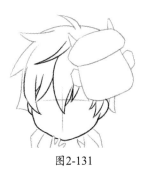

图2-131

03 绘制人物的头发，注意头发之间的穿插关系，如图2-132所示。

04 绘制人物的面具。绘制时根据面具的变化运用不同线条进行绘制，如图2-133所示。

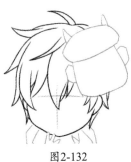

图2-132

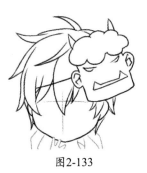

图2-133

05 绘制人物的右眼。结合漫画人物的特点，对眼睛的表现进行绘制，如图2-134所示。

06 绘制人物的左眼以及嘴部。根据表情的变化，对眼睛及嘴部的结构造型进行细节的绘制，如图2-135所示。

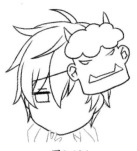

图2-134

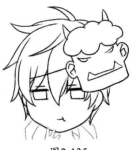

图2-135

07 观察人物上半身的服装以及手部的设定，注意部位之间的衔接处理，如图2-136所示。

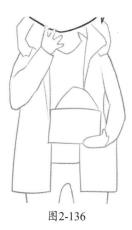

图2-136

08 绘制人物的手部结构以及手部零食。绘制的时候注意人物左手与零食盒之间的衔接以及线条的虚实变化，如图2-137所示。

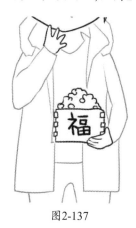

图2-137

09 绘制人物的衣服。结合人物上半身的动态结构设计的定位，对衣服的结构进行详细的绘制，如图2-138所示。

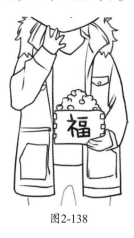

图2-138

10 根据设定绘制好了人物脚部的大致轮廓，细化人物的轮廓，擦除一些不必要的线条，如图2-139所示。

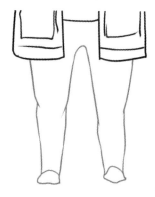

图2-139

11 绘制人物的裤子以及鞋子。注意裤子以及外套之间的遮挡关系。根据裤子的走向完善裤子褶皱，如图2-140所示。

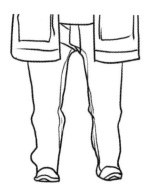

图2-140

12 吃零食的小男孩的效果如图2-141所示。

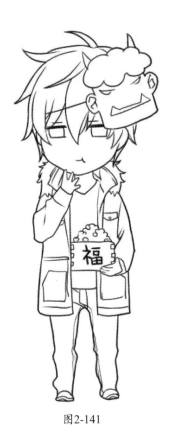

图2-141

4 绘制阴影

01 简洁概括地绘制出人物刘海的阴影，注意阴影在头发上的转折处的处理，如图2-142所示。

02 绘制出人物整体头发的阴影，注意靠近光源的地方阴影面积较少，远离光源处的阴影绘制面积较大，拉大空间层次，如图2-143所示。

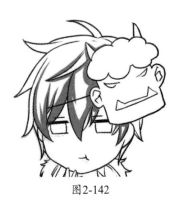

图2-142

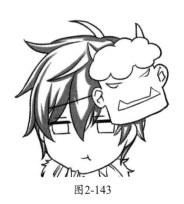

图2-143

03 绘制人物头发的暗部阴影。简洁概括，结合头发的动态对暗部的阴影进行绘制，如图2-144所示。

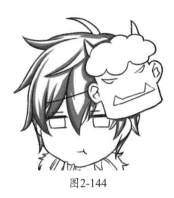

图2-144

04 绘制人物右眼的阴影，注意处理瞳孔、眼白以及高光的变化，如图2-145所示。

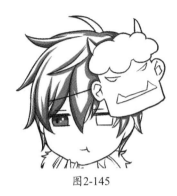

图2-145

05 绘制人物左眼的阴影，注意与右边明暗色调相统一，如图2-146所示。

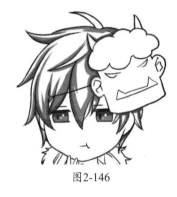

图2-146

06 绘制人物头部面具的阴影，注意处理的时候要按照面具的结构绘制，让面具的体积感更加明显，如图2-147所示。

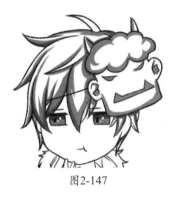

图2-147

07 结合身体皮肤的明暗色调变化绘制人物肢体的浅色阴影，如图2-148所示。

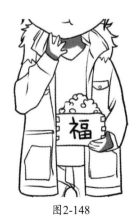

图2-148

08 绘制人物肢体的深色阴影。再加深一层暗部阴影，可以增加肢体的明暗对比，如图2-149所示。

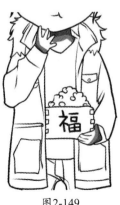

图2-149

09 绘制人物内衣浅色阴影。绘制上半身衣服的大体明暗色调变化，如图2-150所示。

10 绘制人物外套的浅色阴影。结合光源以及身体姿态给身体服饰的阴影进行定位，如图2-151所示。

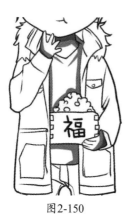

图2-150

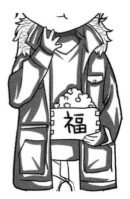

图2-151

11 绘制上半身衣服的深色阴影。深色阴影的绘制可以丰富衣服的层次关系，拉大空间的对比效果，如图2-152所示。

12 绘制裤子的浅色阴影，注意转折处的阴影的层次变化。适当加一些阴影来加强裤子的体积感，如图2-153所示。

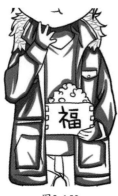

图2-152

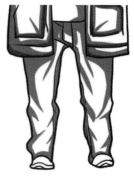

图2-153

13 绘制裤子的深色阴影。注意对裤子的纹路的转折以及敏感色调的整体调整，如图2-154所示。

14 绘制鞋子的浅色阴影。注意对鞋子转折处的细节刻画，如图2-155所示。

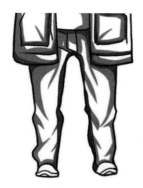

图2-154

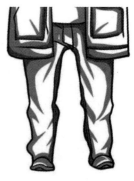

图2-155

15 绘制鞋子的深色阴影。注意鞋子与裤子边缘处之间的深处阴影的处理手法,如图 2-156 所示。

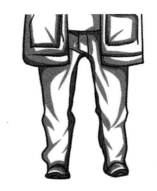

图2-156

16 小男孩的最终效果如图 2-157 所示。

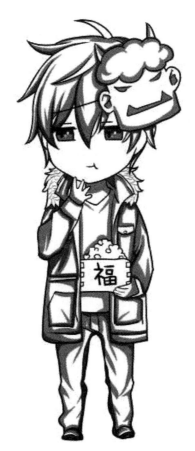

图2-157

Q版人物
绘制技法

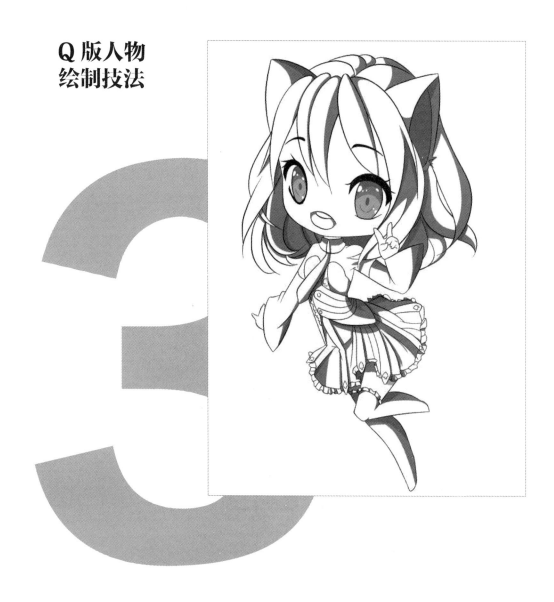

第3章 | 五官表情绘制技法

在人物的形象设计上，离不开对人物五官的塑造。而 Q 版人物眼睛都是大而有神，用五官的塑造来突出人物的性格。但是 Q 版的人物的五官不需要如写实那么传神，但是关于五官的基本的结构还是需要初学者掌握的。本章的内容就是讲解五官结构和面部表情的绘制方法，通过实例来加深读者对五官与人物表情的认识。

3.1 人物五官绘制

如果五官决定着漫画中人物的长相，那么漫画人物的表情就决定了其性格。

漫画人物夸张的表情以及绘画风格或多或少都给我们留下了深刻的印象。而表情的来源正是五官的不同表现。下面我们将对五官的知识进行学习。

3.1.1 眼睛的绘制

人人都有一双眼睛，眼睛是心灵的窗口，打开这扇窗户，就可以观看到千姿百态的世界，探索大自然的奥秘。

1 关于眼睛

眼睛是一个可以感知光线的器官。最简单的眼睛结构可以探测周围环境的明暗，复杂的眼睛结构可以提供视觉。眼睛在闭合的时候，呈现出与睁开时不同的状态。在漫画中，我们通常用两条弧线来表现闭着的眼睛，另外，一些微微闭起的眼睛的画法也与通常状态有较大的不同。

2 眼睛结构

眼珠是个球体，置于眼窝中，外有上下眼睑包着，所以我们看到的眼睛，只是眼球外露的那一部分。眼部的周围有保护眼睛的睫毛，眼球部分有瞳孔、白膜（俗称眼白）、虹膜。眼睛结构如图 3-1 所示。

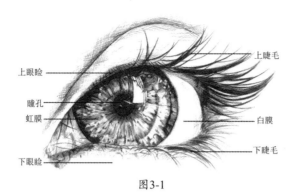

图3-1

3 漫画眼睛的表现

眼睛是人物表情绘制的重点，人物的很多表情大多都是由人物的眼睛表现出来，面部的五官配合眼部的变化便形成了人物丰富的面部表情。

漫画里眼睛的表现多彩多样，眼睛的或睁或闭以及瞳孔的大小或者是眼部的高低大小以及多少都是深深影响眼睛的神采的因素。图3-2 为漫画中不同眼睛的示范。

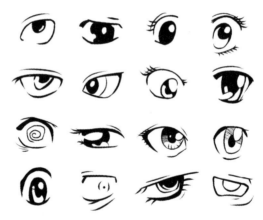

图3-2

3.1.2 眉毛的绘制

眉毛是五官中最容易被忽视掉的一个部分，但是在人物的面部设计中，眉毛与眼睛的关系是密不可分的。眉毛与眼睛的搭配组合常常能让人物的表情更加丰富。

1 关于眉毛

眉毛位于眼睛上方，沿着眉弓生长，长在眼睛上方的眉毛，在面部占有重要的位置，能丰富人的面部表情，双眉的舒展、收拢、扬起、下垂可反映出人的喜、怒、哀、乐等复杂的内心活动。

2 眉毛结构

眉毛的结构常常是由眉头、眉中、眉尾构成。而眉中又由眉角以及眉心构成。眉毛结构如图3-3所示。

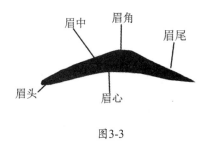

图3-3

3 漫画眉毛的表现

人们常说"浓眉大眼"这样的形容词去形容一个人的长相，可见眉毛与眼睛的关系是密不可分的。

眉毛的表现常常离不开眼睛，眉毛的变化带动眼部的变化，形成了各种人物的表情。眉毛加眼睛的组合能更加准确地表达出人物喜怒哀乐的情绪，可以让人物的形象更加的鲜活。眉眼示范如图3-4所示。

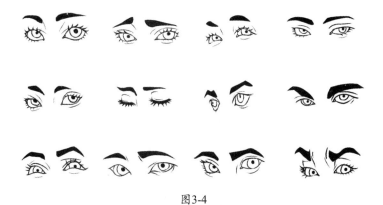

图3-4

3.1.3 鼻子的绘制

鼻子位于人物面部的正中心，是观看人物面部形象的视觉中心。在写实人物中，鼻子的刻画是必不可少的，鼻子的大小以及鼻子的长短都可以影响人物的性格的表现。

1 关于鼻子

整个鼻子可概括为四大面，鼻梁到鼻头的中间为一大面，两侧各为一大面，鼻底为一大面。鼻子是随着年龄的增长而变化的，年龄越小的人物鼻梁越短，越是成熟的人物，鼻梁就越突出，也越长。

2 鼻子结构

鼻子上部由鼻骨和鼻软骨构成鼻梁，下部鼻头由一球体和两个呈椎体的鼻翼构成，下面由鼻中隔和鼻翼合围成鼻子。鼻的形体上窄下宽，其结构如图3-5所示。

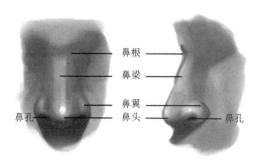

图3-5

3 漫画鼻子的表现

鼻子的表现在漫画中比较简单，几根线概括即可。但是在Q版的人物设计中鼻子大多是忽略不计的，或者用一个点来代表鼻子。鼻子的表现手法会根据人物的风格而进行一定程度的调整，使其符合绘制者对人物的设定。不同形式的鼻子表达方式也不一样，鼻子的示范如图3-6所示。

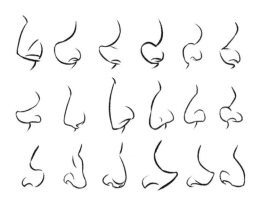

图3-6

3.1.4 嘴部的绘制

嘴是脸部运动范围最大、最富有表情变化的部位。嘴部的张合是人物表情的具体表现形式。嘴唇的张开可以表现人物表情的惊讶以及恐惧；嘴唇的闭合可以表现人物思考或者严肃的表情。

1 关于嘴部

嘴唇是一个触觉器官,主要功能为帮助进食以及准确闭合发音。覆盖在两唇上的皮肤非常薄,使得唇的外观是呈偏红色的;当唇较干燥时,其外观颜色会较淡一些。

2 嘴部结构

嘴部由上下嘴唇构成,覆盖在上下颌骨的弧形面上。上唇面稍长,向下倾斜,唇峰分明,下唇稍短,呈台形,边缘柔和,嘴角在口轮匝肌的包裹下往往形成两个三角窝,如图3-7所示。

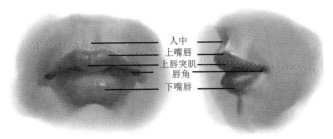

图3-7

3 漫画嘴巴的表现

在漫画中,嘴巴的绘制不需要像写实的人物的嘴巴一样复杂。在漫画中绘制人物的嘴巴时会刻意去简化嘴巴的结构,用一些简单的线条勾勒出来,通过色彩或者阴影来表现嘴唇的结构。在漫画绘制中嘴巴的造型一般都会采用夸张手法来表达,嘴部示范如图3-8所示。

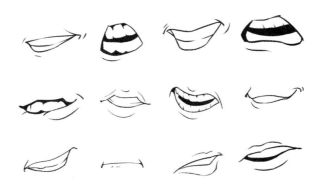

图3-8

3.1.5 耳朵的绘制

耳朵在五官中是容易被忽略的部分,因为在绘制人物头部造型的时候,人物的头发常常会覆盖住人物的耳朵。在漫画绘制的时候,有时候是免去绘制或者只是用一两条线来交代耳朵的位置。

1 关于耳朵

耳朵是动物接收声波及维持身体平衡与识别位置的器官,为动物提供听觉。耳朵在写实中的人物绘制过程中是必不可少的部分,但是在漫画中可以简化其结构。在绘制漫画人物的时候,耳朵也可以进行大幅的夸张来表现人物的特点,比如一些漫画中的小仙女有长长的耳朵。

2 耳朵结构

耳由外耳、中耳、内耳三部分构成。耳朵由外耳轮、对(内)耳轮、耳垂、耳屏构成,外形上宽下窄,像个问号,造型生动而极富特点。耳朵结构如图3-9所示。

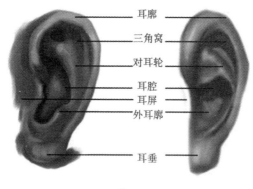

图3-9

3 漫画耳朵的表现

漫画中的人物形象大多为夸张手法进行人物的创作,而耳朵的造型也不必拘泥于写实耳朵的造型,可进行一定幅度的夸张。例如将耳朵的整体造型拉长让耳朵的造型从常规的椭圆形变成长形的精灵耳朵。耳朵的示范如图3-10所示。

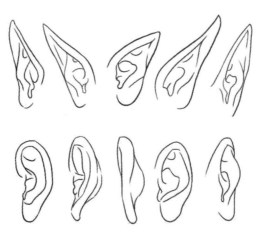

图3-10

3.2 五官在脸部的定位

耳朵作为头部较为立体的器官，其位置在人物头部的位置比较特殊，在绘画上耳朵经常用于定位面部五官，因此找出耳朵的位置在绘制底稿的初期非常重要。

3.2.1 耳朵在头部的位置

用十字中线将人物的正面以及侧面的头部分为上下以及左右部分。耳朵的位置的起始点在横线与脸部相交处。从出发点开始绘制耳朵的线条，对耳朵的位置进行定位。耳朵根部是直接连在下巴线条上的，绘制时耳朵与下巴的线条可以连笔画出。耳朵根部的线条与下巴的轮廓相连。耳朵下面与下巴线条的起始点连接在一起。正面与正侧面耳朵的定位如图3-11所示。

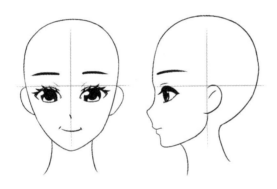

图3-11

耳朵的长度约为1/4个头部的长度。定位好耳朵的初始位置后，耳根收笔的位置也就显而易见了，如图3-12所示。

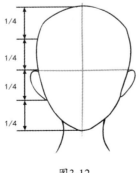

图3-12

耳朵定位的方法简要说明如下。

- 在头部轮廓绘制好的基础上，在头部的1/2处绘制出一条横线，如图3-13所示。
- 在1/2线的基础上，画出头部的1/4线，以确定耳朵长度，如图3-14所示。
- 在1/2线的位置起始，用弧线画出耳朵，并在1/4线处收笔，如图3-15所示。

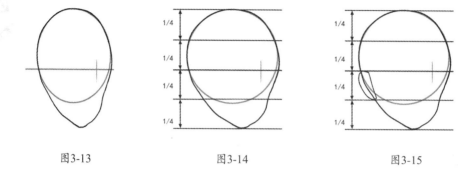

图3-13　　　　　　　　图3-14　　　　　　　　图3-15

3.2.2　眼、鼻、嘴在头部的位置

眼睛和鼻子的位置在双耳连线之间的范围内。双耳的上方连线偏下的位置，是上眼眶的位置。双耳的下方连线，鼻子就在这条线与中线的交点附近，如图3-16所示。

在确定好眼鼻范围后，眼睛和鼻子的位置可以在这个连线范围内微调变化，只要不超过耳朵的范围，画出来的面部就会显得比较协调。眼鼻嘴的定位如图3-17所示。

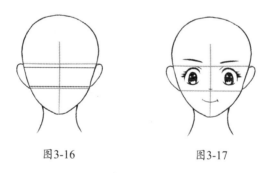

图3-16　　　　　　　　图3-17

在了解清楚人物的五官结构后，也明白了五官在人物脸部如何进行定位。下面继续学习在掌握了五官的结构后如何通过五官的变化来绘制人物的表情。

3.3　人物表情绘制技法

表情是人物心理和精神状态最直观的表现。而在绘制人物的时候，不论是Q版的人物还是其他的人物形象都可以通过对人物的表情进行添加以使人物形象更加生动、形象。

本小节主要讲解绘制Q版人物表情的绘制技巧。通过五官的变化表现表情并通过4种不同的Q版表情绘制案例来深入讲解Q版的人物表情绘制方法。

表情是通过人物的五官和面部肌肉来表现的。Q版人物表情是通过对五官夸张的变形，使人物的情绪表现得淋漓尽致。Q版人物的表情变化在漫画中利用简单的线条就能够体现，下面就来看看表情的绘制方法。

人物的欢喜表情：眼睛直视前方，眉毛配合眼睛微弯。嘴巴张开，表现了人物的欢喜心情，如图3-18所示。

人物的淡定表情：眼睛直视前方，嘴用一根简单的线表现，表现了人物内心的淡定，如图3-19所示。

人物的自信表情：眉毛呈倒"八"字状，眼睛一睁一闭，嘴角微扬，表现出人物的自信，如图3-20所示。

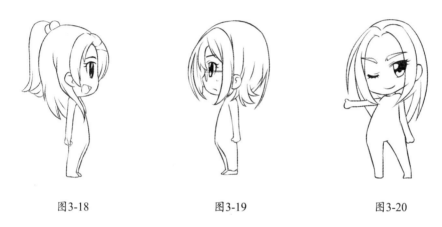

图3-18　　　　　　　　　图3-19　　　　　　　　　图3-20

人物的忐忑表情：眉毛呈"八"字状态，眼睛睁大，瞳孔收缩，嘴巴紧闭，表现了人物内心的忐忑纠结，如图3-21所示。

人物的俏皮表情：人物眉毛采用了倒"八"字形状，眼睛一个睁的大大的，一个呈媚眼的样子。嘴部是绘制出一个小舌头，加上脸上的红晕。表现了人物的俏皮可爱，如图3-22所示。

人物的愤怒表情：眉毛倒竖，眼部呈大空白的圈，嘴巴大大张开，加上脸部的汗水的表现。表现出人物着急愤怒的表情，如图3-23所示。

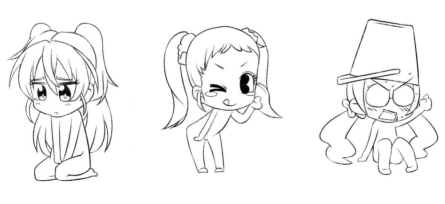

图3-21　　　　　　　　　图3-22　　　　　　　　　图3-23

人物的开心表情：眉毛呈倒"八"，眼睛紧闭，嘴巴呈大大张开的形状，加上脸上的红晕。表现了人物开心努力工作的状态，如图3-24所示。

人物的自我陶醉表情：眉毛配合眼睛的弧度，眼睛睁大，嘴角微张。表现了人物沉迷于自己事物的陶醉神情，如图3-25所示。

人物的喜极而泣表情：眉毛微弯，双眼紧闭着，眼下有两行眼泪的痕迹，嘴巴张开。表现了人物喜极而泣的神态，如图3-26所示。

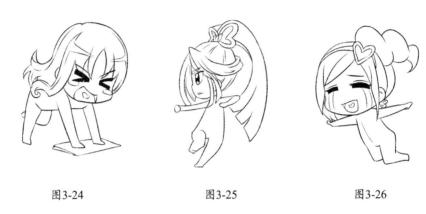

图3-24　　　　　　　　图3-25　　　　　　　　图3-26

人物的轻松表情：眼睛弯弯，嘴巴笑开露出了口腔。脸上的红晕也间接表现了人物轻松愉悦的心情，如图3-27所示。

人物的着急表情：眉毛扬起，眼睛直视前方，嘴部张开，表现出人物着急的表情，如图3-28所示。

人物的自豪表情：人物眉毛高挂，嘴角上扬，表现了人物骄傲自豪的表情，如图3-29所示。

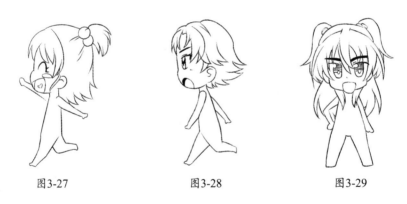

图3-27　　　　　　　　图3-28　　　　　　　　图3-29

3.4　表情绘制案例

Q版的人物肢体娇小，所以五官的表现格外重要。人物的情绪还可以通过肢体语言来进行表达。肢体加表情的表达往往可以更清晰地表现人物的情绪。下面通过几个常见的案例来讲解人物的表情绘制方法。

3.4.1 楚楚可怜人物表情绘制案例

1 绘制动态

01 用简单的线条将Q版人物的动态以及头身比例勾勒出来。因为人物是跪姿，所以要注意人体四肢的结构，如图3-30所示。

02 用圆滑线条将人体的结构描绘出来，用小十字标注人物五官的位置，如图3-31所示。

03 擦除人体结构外多余的线条，注意人体结构之间的穿插以及衔接关系，如图3-32所示。

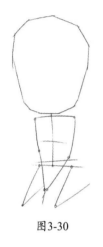

图3-30

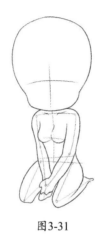

图3-31

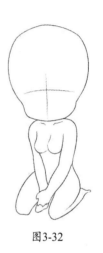

图3-32

2 绘制草图

01 根据上一步对人体结构的定位勾勒出人物头部的头发以及饰品，如图3-33所示。

02 根据人物的身体绘制出上半身衣服，注意衣服要跟随人体结构转折，如图3-34所示。

03 绘制人物衣服的下摆以及腿部，衣服之间的穿插和衔接关系要明确，如图3-35所示。

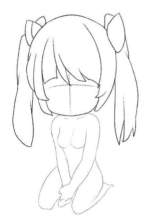

图3-33

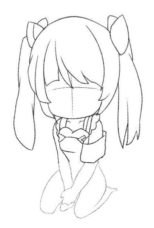

图3-34

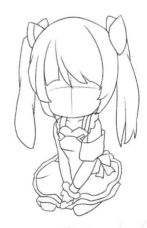

图3-35

3 细化线稿

01 观察人物头部的草图,观察人物头发的走向以及头部饰品的变化,构思下一步的线稿细化,如图3-36所示。

02 细化人物的刘海部分,注意刘海部分的穿插关系以及刘海与脸颊处的关系,如图3-37所示。

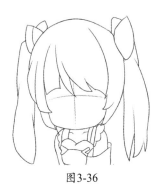

图3-36

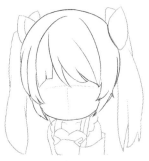

图3-37

03 绘制人物头部的两个蝴蝶结饰品,注意两个饰品的前后空间关系,如图3-38所示。

04 绘制人物头部两侧的两个马尾辫,注意马尾辫上头发的前后层次以及衔接关系,如图3-39所示。

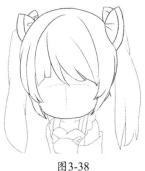

图3-38

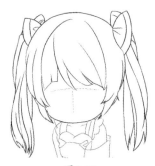

图3-39

05 绘制人物的右眼和人物的长睫毛,在眼睛下部增加一点泪花来突出人物的形象,如图3-40所示。

06 绘制人物的左眼以及小巧的鼻子和小小的嘴巴。注意人物的两个眼睛要对称,眉毛是小小的倒"八"字,如图3-41所示。

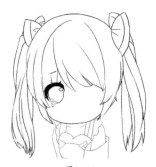

图3-40

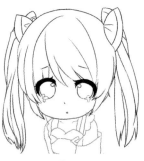

图3-41

07 绘制好人物的头部之后，我们开始观察之前草图中对人物衣服的设定，如图3-42所示。

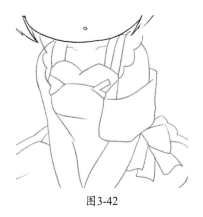

图3-42

08 绘制人物的上半身衣褶，注意手臂处衣褶被手臂遮挡。在手臂处以及胸前添加一些花纹和可爱的小表情来增加衣服的趣味性，如图3-43所示。

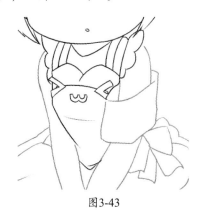

图3-43

09 绘制衣服的袖章以及腰间的蝴蝶结，要注意衣服中的遮挡和前后空间关系，如图3-44所示。

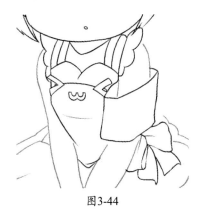

图3-44

10 观察人物的手臂以及膝盖处的草图设定，注意手臂处的前后叠放关系，如图3-45所示。

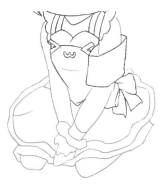

图3-45

11 绘制人物的四肢以及手腕处的装饰性手腕花。绘制手臂的时候线条要流畅，如图3-46所示。

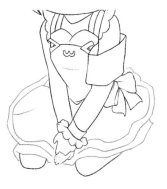

图3-46

12 注意观察衣服下摆处的设定，注意衣服的结构，如图3-47所示。

13 绘制裙子的下裙摆。注意裙子外边花边的绘制要跟随裙子的走向而绘制。同时还要注意衣服线条之间的穿插和衔接关系，如图3-48所示。

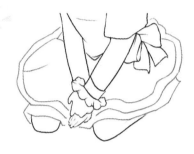

图3-47

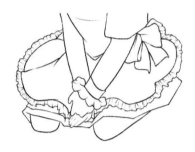

图3-48

14 将画面中的线条进行再整理，线稿的完成稿就绘制完成了。这是一个跪坐着的楚楚可怜的女孩。她的眼里含有泪水，两只手交叉握在一起，显示了她内心的紧张不安，如图3-49所示。

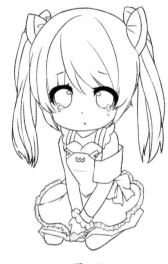

图3-49

4 绘制阴影

01 绘制人物刘海的浅色阴影，注意光源对头发的影响，如图3-50所示。

02 绘制人物两个马尾的阴影，注意头部发饰的阴影，如图3-51所示。

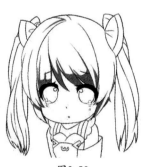

图3-50

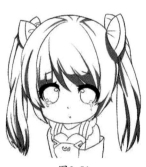

图3-51

03 绘制人物头发的暗部阴影，注意光源强弱对阴影大小的影响，如图 3-52 所示。

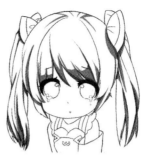

图3-52

04 绘制人物蝴蝶结头饰的浅色阴影，注意阴影的范围的大小，如图 3-53 所示。

05 绘制人物发饰的暗部阴影，增加发饰阴影的层次，如图 3-54 所示。

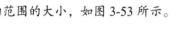

图3-53

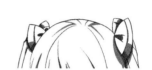

图3-54

06 绘制人物右部眼睛的明暗色调，重点刻画眼部结构以及眼部的高光，如图 3-55 所示。

07 绘制人物左眼的阴影，注意左右眼睛的对称，如图 3-56 所示。

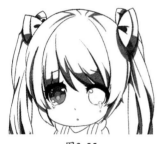

图3-55

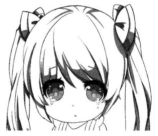

图3-56

08 绘制人物衣领处的浅色阴影，注意光线强弱对阴影边缘的影响，把握好人物的阴影范围，如图 3-57 所示。

09 绘制人物衣领处的暗部阴影，丰富衣领处的阴影层次，如图 3-58 所示。

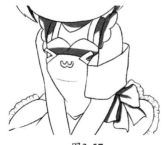

图3-57

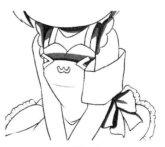

图3-58

10 绘制人物肌肤的浅色阴影，注意人物四肢的阴影分布以及裙子对手臂造成的阴影，如图3-59所示。

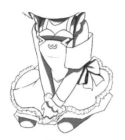

图3-59

11 绘制人物肌肤的深色阴影，在绘制的时候要考虑裙子对肌肤阴影造成的影响，如图3-60所示。

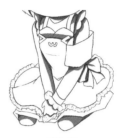

图3-60

12 绘制人物袖章以及手腕花和腰间蝴蝶结的浅色阴影，注意阴影的绘制要跟随物体的结构而变化，如图3-61所示。

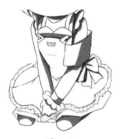

图3-61

13 绘制袖章以及手腕花和腰间蝴蝶结的阴影，增加头发阴影的层次。注意物体的转折处阴影的处理，如图3-62所示。

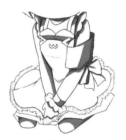

图3-62

14 绘制人物裙子的浅色阴影，确定裙子的阴影大小。注意衣服的转折处阴影的处理，阴影要随着衣服的褶皱转折，如图3-63所示。

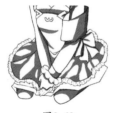

图3-63

15 绘制人物衣服的暗部阴影，让衣服的阴影层次更丰富，如图3-64所示。

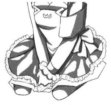

图3-64

16 绘制人物裙子花边的浅色阴影，注意阴影在花边褶皱处的转折，如图3-65所示。

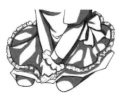

图3-65

17 绘制人物裙子的暗部阴影，阴影的过渡处要自然衔接。注意光源对阴影暗部的影响，如图3-66所示。最终效果如图3-67所示。

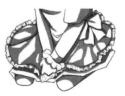

图3-66

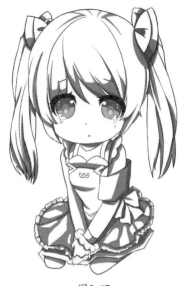

图3-67

3.4.2 害羞脸红人物表情绘制案例

在漫画中,人物害羞脸红时,通常以细线条在人物的脸颊上表现,但是肢体语言上的表现能够让人物的表情表达得更清晰。

1 绘制动态

01 用线条简单地勾勒出人物站立的姿势,大概表现人物的动态即可,如图3-68所示。

02 根据之前的动态线条进行人体结构的绘制,人物的手一只捂在嘴前,一只背在身后,如图3-69所示。

03 擦除多余的线条,理清人物的身体结构。注意身体结构之间的穿插关系,如图3-70所示。

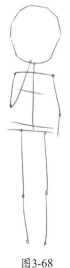

图3-68

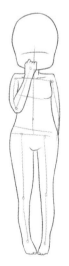

图3-69

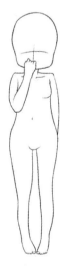

图3-70

2 绘制草图

01 对人物头部的细节进行绘制，如图 3-71 所示。

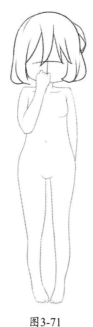

图3-71

02 绘制人物脖子处的围巾以及围巾旁露出的头发的大致形状，如图 3-72 所示。

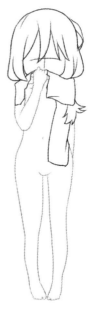

图3-72

03 绘制人物衣服的轮廓，注意两件衣服的穿插关系，如图 3-73 所示。

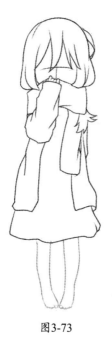

图3-73

04 绘制人物的腿部以及鞋子的形状，注意腿部的结构变化，如图 3-74 所示。

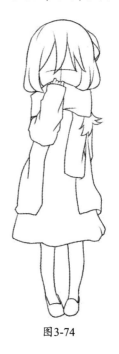

图3-74

3 细化线稿

01 观察之前的草图设定的头部,明确头发的前后层次关系,如图3-75所示。

02 细化人物的额头刘海,由于刘海较多,所以绘制的时候要注意头发的层次感,如图3-76所示。

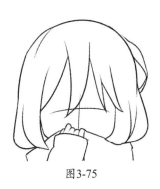

图3-75

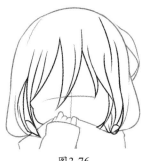

图3-76

03 绘制人物的右眼,注意额头的刘海对眼睛的遮挡,如图3-77所示。

04 绘制人物的左眼以及鼻子,因为嘴巴被手遮挡住了,因此可以省略,如图3-78所示。

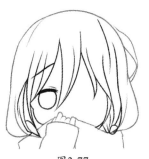

图3-77

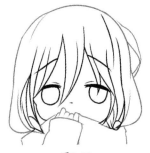

图3-78

05 观察头部的头发走向,确定额前的刘海的前后关系,如图3-79所示。

06 细化耳后的头发,因为在耳后,所以要注意头发线条的虚实关系,如图3-80所示。

07 绘制散落在围巾外部的头发,注意头发的蓬松感和头发的转折处理以及线条的虚实关系,如图3-81所示。

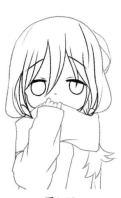

图3-79

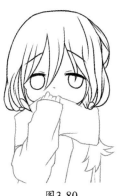

图3-80

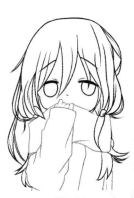

图3-81

第3章 五官表情绘制技法

08 绘制围巾前观察围巾的草图设定，注意围巾的转折处，如图3-82所示。

09 绘制人物的围巾造型，绘制的时候要注意围巾被手握住的提拉感，如图3-83所示。

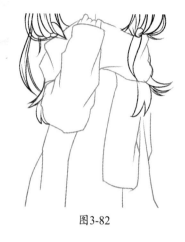

图3-82

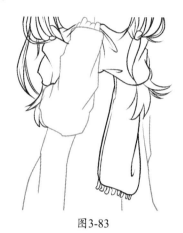

图3-83

10 观察人物衣服的草图，注意外套和裙子的前后关系，如图3-84所示。

11 绘制人物的外套。注意手臂处的衣服以及手部结构，需要注意皱褶的不同方向和不同形式，尤其是右手臂处衣服的绘制要跟随人物手部的结构变化，如图3-85所示。

12 绘制人物裙子的细节，绘制衣服的时候要注意衣服的褶皱与衣服的结构协调一致，如图3-86所示。

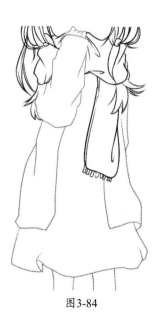

图3-84

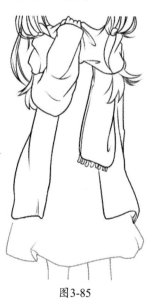

图3-85

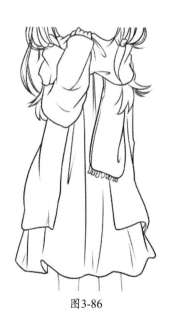

图3-86

13 注意观察人物站立时腿部的姿势,为后续的线稿细化奠定基础,如图3-87所示。

14 绘制腿部以及鞋子。要用流畅的线条表示腿部,注意鞋子结构的变化,如图3-88所示。

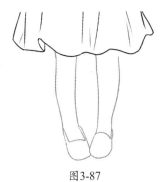

图3-87

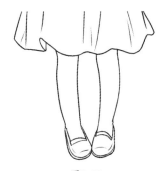

图3-88

这是一个穿着裙子围着围巾站着却用围巾捂着嘴巴的害羞女孩。肢体语言也表现了人物的害羞状态。女孩一只手捂住嘴巴另一支手背在身后的细节更加充分体现出女孩害羞的心情。当表情的表达不够丰富的时候,肢体的语言会使人物形象丰满,如图3-89所示。

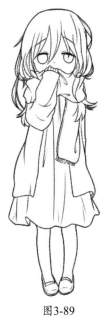

图3-89

4 绘制阴影

01 绘制人物刘海右边的浅色阴影,注意光源对刘海的阴影的影响,如图3-90所示。

02 绘制人物刘海左边的刘海阴影,注意阴影在头发间的变化,如图3-91所示。

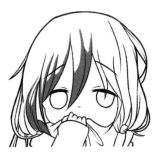

图3-90

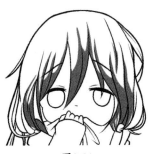

图3-91

03 绘制人物右眼，注意眼睛阴影的层次要丰富，如图3-92所示。

04 绘制人物左眼，注意人物眼睛的高光的明暗变化。高光能凸显人物害羞的性格，如图3-93所示。

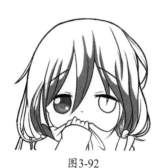

图3-92

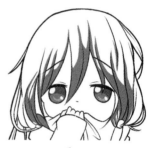

图3-93

05 绘制人物围巾外以及围巾下头发的浅色阴影，给人物头发阴影的范围进行定位，如图3-94所示。

06 绘制人物头发的暗部阴影，注意明暗色调与线稿转折部分的层次变化，结合头发亮部及暗部光源的变化进行整体调节，如图3-95所示。

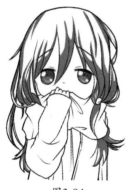

图3-94

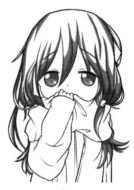

图3-95

07 绘制人物围巾的浅色阴影，注意光源对阴影的影响，如图3-96所示。

08 绘制人物围巾的暗部阴影，注意围巾转折处阴影的表现，让围巾的阴影表现得更加丰富，如图3-97所示。

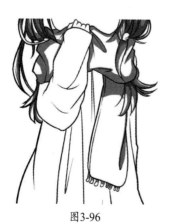

图3-96

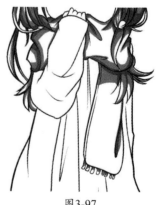

图3-97

09 绘制人物外套的浅色阴影,注意光源对外套明暗的影响,如图 3-98 所示。

10 绘制人物外套的暗部阴影,增加了外套的层次感以及衣服的质感,如图 3-99 所示。

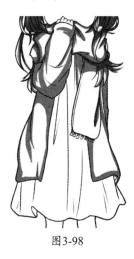

图3-98

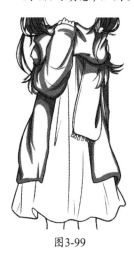

图3-99

11 绘制人物裙子的浅色阴影,注意裙子的褶皱处阴影的变化,让裙子的立体感增强,如图 3-100 所示。

12 绘制人物裙子的暗部阴影,注意光源对裙子暗部阴影的影响,合理处理好暗部明暗能增加裙子的质感,如图 3-101 所示。

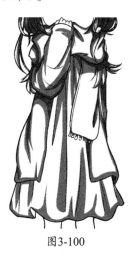

图3-100

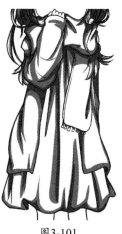

图3-101

13 绘制人物腿部的浅色阴影,注意光源对腿部的影响,如图 3-102 所示。

14 绘制人物腿部的暗部阴影,注意裙子对腿部暗部阴影的影响,如图 3-103 所示。

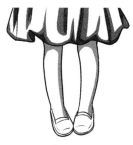

图3-102

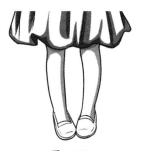

图3-103

15 绘制人物鞋子的浅色阴影,注意阴影要顺着鞋子的结构变化,如图3-104所示。

16 绘制人物鞋子的暗部阴影,让鞋子的体积感更加明晰,如图3-105所示。最终效果如图3-106所示。

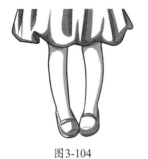

图3-104

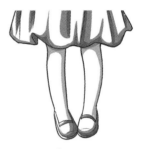

图3-105

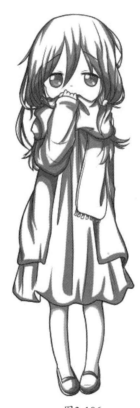

图3-106

3.4.3 俏皮可爱人物表情绘制案例

人物的俏皮可爱有时候不止通过面部的丰富表情来表现,也会结合相应的动作,例如通过"剪刀手"来表现人物的可爱。

1 绘制动态

01 用线条勾勒出人物的大致动态，这是一个表现俏皮可爱的动作，如图3-107所示。

02 用简洁明了的线条将人物的身体结构描绘出来，注意身体结构的穿插衔接的变化关系，如图3-108所示。

03 擦除之前作为参考的线条，用流畅的线条将人体结构整理干净，如图3-109所示。

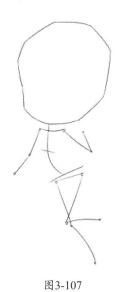

图3-107

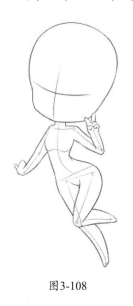

图3-108

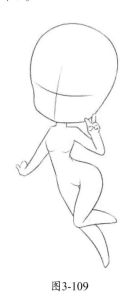

图3-109

2 绘制草图

01 绘制人物头部的造型，注意要准确处理好头发之间的虚实、前后空间关系，如图3-110所示。

02 绘制人物上半身的衣服以及手部动作的大致轮廓。尤其要注意人物腰部的穿插关系，如图3-111所示。

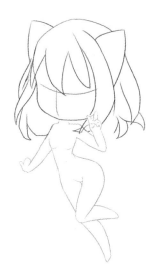

图3-110

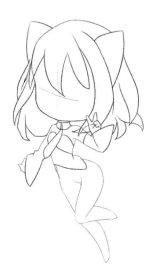

图3-111

03 绘制人物裙子的轮廓，注意裙子的转折关系，如图3-112所示。

04 绘制人物的腿部和腿袜，由于人物的动作幅度比较大，所以在绘制的时候要注意腿部的透视结构，如图3-113所示。

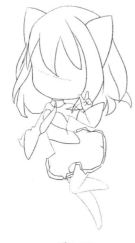

图3-112

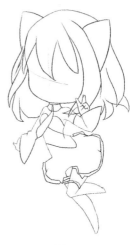

图3-113

3 细化线稿

01 观察人物的头部草图设置，理清头发的前后空间关系，如图3-114所示。

02 绘制人物头发。由于人物的刘海比较蓬松，绘制头发的时候需要注意线条的虚实关系，如图3-115所示。

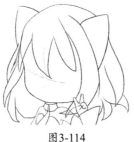

图3-114

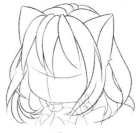

图3-115

03 绘制人物的右眼，因为人物的表情是俏皮可爱的，所以眉毛是弯弯的。因为头部有点偏，注意眼睛的透视，如图3-116所示。

04 绘制人物的左眼以及嘴巴，注意眼睛要遵循"近大远小"的透视原则，如图3-117所示。

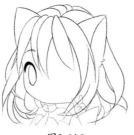

图3-116

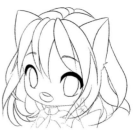

图3-117

05 观察对人物衣服的草图设定，如图3-118所示。

06 绘制人物的衣服外形，注意衣服在肢体转折处的穿插以及衔接关系，如图3-119所示。

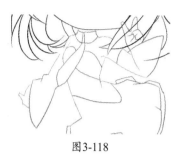

图3-118

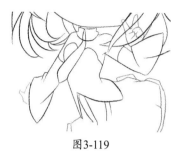

图3-119

07 绘制衣服的细节，由于衣服在腰部处转折，需要注意衣纹的处理手法，如图3-120所示。

08 观察人物肢体的草图，注意肢体的造型，如图3-121所示。

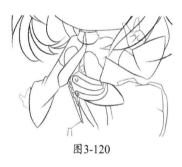

图3-120

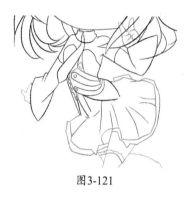

图3-121

09 绘制人物的肢体结构，因为人物左手有抬起的动作，所以处理的时候要注意手部的结构以及被裙子遮挡的腿部的结构，如图3-122所示。

10 绘制好人物的上半身的衣服以及装饰，观察裙摆的草图设定，如图3-123所示。

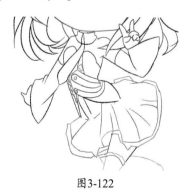

图3-122

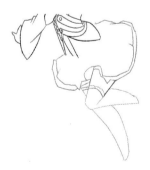

图3-123

11 绘制人物的裙摆，注意裙摆的转折关系，如图 3-124 所示。

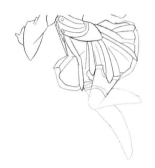

图3-124

12 绘制裙摆以及裤袜上的花边，注意花边的变化是沿着裙边进行的，如图 3-125 所示。

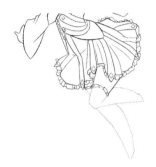

图3-125

13 绘制出腿袜，腿袜的设定就是为了体现出女孩修长的双腿，使女孩看起来青春又可爱，如图 3-126 所示。

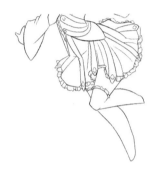

图3-126

人物生动的面部表情和丰富的肢体动作表现了人物的俏皮可爱。因为人物的动作幅度较大，所以绘制人物的时候要注意人物的各部分的穿插关系以及前后的遮挡。为了避免错误，要先绘制出人体的结构图来作为参考。线稿最终完成图如图 3-127 所示。

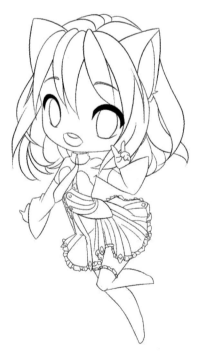

图3-127

4 绘制阴影

01 绘制人物右边头部头发的阴影，注意光源对头发阴影的影响，如图3-128所示。

02 绘制人物头部左部的阴影，注意头发阴影的转折以及穿插，如图3-129所示。

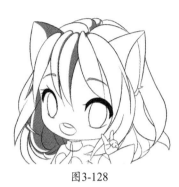

图3-128

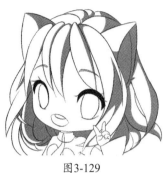

图3-129

03 绘制人物头部的暗部阴影，塑造人物头部的立体感。注意暗部阴影对头部的影响，如图3-130所示。

04 绘制人物右眼的阴影，注意眼部的结构以及透视的关系，如图3-131所示。

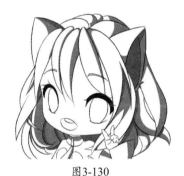

图3-130

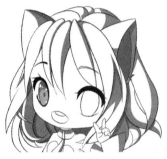

图3-131

05 绘制人物左眼以及嘴部的阴影，注意眼部结构的阴影变化以及嘴部阴影的处理关系，如图3-132所示。

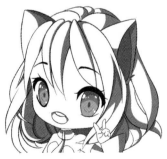

图3-132

06 绘制人物上半身衣服的浅色阴影，注意物体之间的光影关系，如图3-133所示。

07 绘制人物上半身衣服的暗部阴影，注意光源对阴影的影响，如图3-134所示。

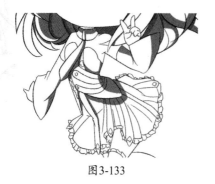

图3-133

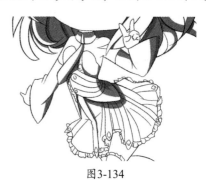

图3-134

08 绘制人物裙摆的浅色阴影，注意裙摆叠起的纹路，处理衣纹的时候要细致，如图3-135所示。

09 绘制人物衣服的暗部阴影，因为人物腿部动作的原因，在绘制裙摆暗部阴影的时候要注意裙摆纹路的转折关系，如图3-136所示。

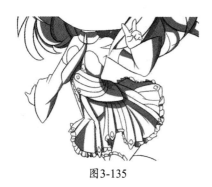

图3-135

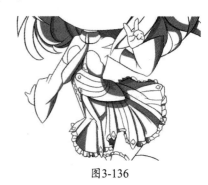

图3-136

10 绘制人物腿部的浅色阴影，对人物的腿部结构阴影处理的时候要注意腿部膝盖处阴影的变化，如图3-137所示。

11 绘制人物腿部的暗部阴影，因为暗部较小，处理的时候需要仔细，如图3-138所示。最终完成后的效果如图3-139所示。

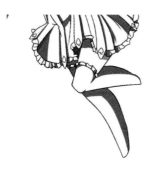

图3-137

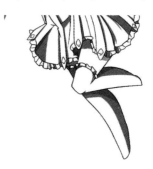

图3-138

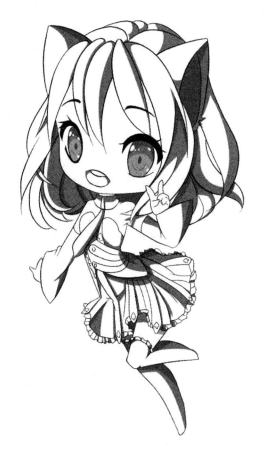

图3-139

第3章 五官表情绘制技法

Q版人物绘制技法

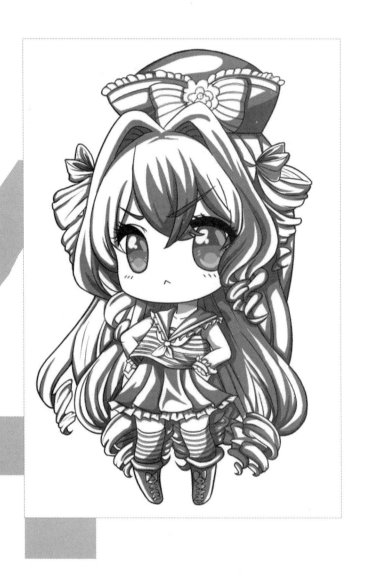

第4章 | 脸型与头发绘制技法

头部是身体重要的部位之一。通常包括脑、眼、耳、鼻、口等器官（所有这些器官都支撑着各种感官功能，如视觉、听觉、嗅觉、味觉）。绘制头部的时候对头部要有一个立体的认识，这样在绘制的时候，不会因为头部的不同角度而手足无措。

4.1 人物头部绘制技法

在漫画人物绘制的时候有时候会忽略对头部的塑造。但是在学习人物的绘制过程中，对头部的认识是不可少的。头部的形状是不规则的，我们在认识和记忆头部形状的时候，可以忽略头发等因素，用几个简单的立体图形来表现整个头部形状。

4.1.1 头部形状的绘制

头部的上方由头发覆盖，下方露出脸部轮廓，如图4-1所示，但这并不是头部的真正形状，在绘制头部的时候要考虑头发遮挡下头部的真正形状。

想要绘制好人物头部的形状，需要透过头发观察整个头部的形态。忽略头发的线条以后，头皮的轮廓与脸颊的轮廓是连成一条线的，整个头部的结构要用流畅的线条来表现，如图4-2所示。

在绘制头部结构的时候，可以将头部的结构简单概括为一个圆形与下颌骨三角梯形的组合。用大家都知道的简单形状来增加对头部结构的理解，如图4-3所示。

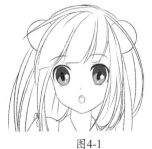
图4-1

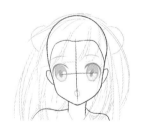
图4-2

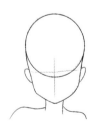
图4-3

在理解了正面的头部结构后，将头部转过一定角度来认识一下半侧面的头部形状。无论头部在任何角度都可以用这三个基本图形来理解头部的结构，避免头部结构透视的错误。

头顶为球体，颧骨部分是一个圆台形的结构，下巴是一个锥体，如图4-4所示。

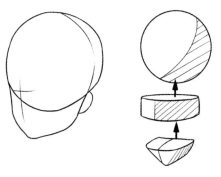

图4-4

4.1.2 骨骼与头部的绘制

在理解了头部的外在形状后，我们深入理解一下头部的内在结构。要清楚地认识到人体的头部，首先要认识到人体的头骨，因为我们所看到的人头，只是在头骨上生长出来的一层肌肉罢了。

在绘制人物正面脸部时，要注意头部左右对称，头颅上方显得很圆，脸部因为下颌骨的原因，呈多边形，如图4-5所示。

正侧面的头颅上方呈扁的椭圆形，下颌骨部分形成不规则的梯形，如图4-6所示。

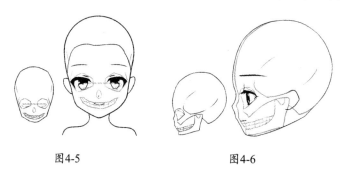

图4-5　　　　　　　　图4-6

注意头颅的形状一定是椭圆形，一些初学者容易画成正圆形，进而让整个头显得扁平，没有后脑勺，所以要注意在人物头部绘制的时候头型不能太圆，在圆形的基础上增加一个月牙形状就可以让人物的后脑勺显得丰满，如图4-7所示。

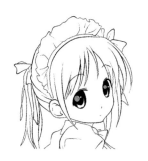 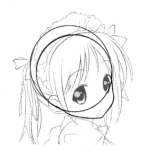

图4-7

4.2 不同角度头部的形状绘制

当头部转过一定角度时,头部的视角发生了变化,特别是头颅的形状,根据角度不同,会产生不同程度的变化。

1 仰视的头部形状

仰视视角是绘制人物的时候较常用的视角,需要注意五官的比例以及脸部与头发的比例,如图4-8所示。

- 仰视时脸部所占的纵向比例要大于头发部分所占的比例。
- 注意仰视视角里无法看到头顶。
- 仰视程度大的时候能观察到下巴下方的三角形区域。

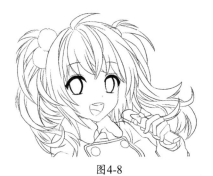

图4-8

2 俯视的头部形状

俯视角度下的人物与仰视人物的头部结构会有区别。不同视角下人物的面部比例都会相应地发生改变,如图4-9所示。

- 与仰视相反,俯视时头发部分所占的纵向比例要大于脸部比例。
- 俯视角度能够看到头顶的部分较多,也可直接观看到头顶发穴的位置。
- 俯视角度下,下巴在脸部所占比例较小。

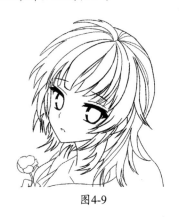

图4-9

3 不同角度下人物头部简图

人物的头部是可活动的。由于头部的运动，人物头部的视角会发生改变。在掌握了之前的头部绘制的基础知识后，不论头部怎么运动，绘制时都可以得心应手，如图4-10所示。

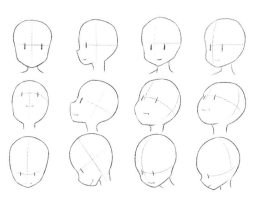

图4-10

4.3 Q版人物脸部造型绘制

脸部的轮廓看似简单，但其中线条的走向和长短在每个角度下都是不同的。下巴的倾斜角度会引起脸部整体形状的改变。下巴的倾斜角度也会引起下巴的长短变化。

4.3.1 圆脸绘制案例

Q版的人物大多形象可爱，脸部以圆脸为主。圆脸的设定会让人物显得可爱。所以圆脸是Q版人物绘制时必须掌握的一种脸型。

01 绘制人物的动态以及人体的结构。用"十"字线勾画一下人物的五官位置。注意圆脸的下巴是圆滑的弧线，不需要有任何棱角，如图4-11所示。

02 绘制人物造型的大框架。在人体结构的基础上，把人物的头发造型以及身上的衣物或者装饰的大概形状绘制出来，如图4-12所示。

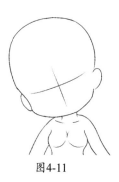

图4-11

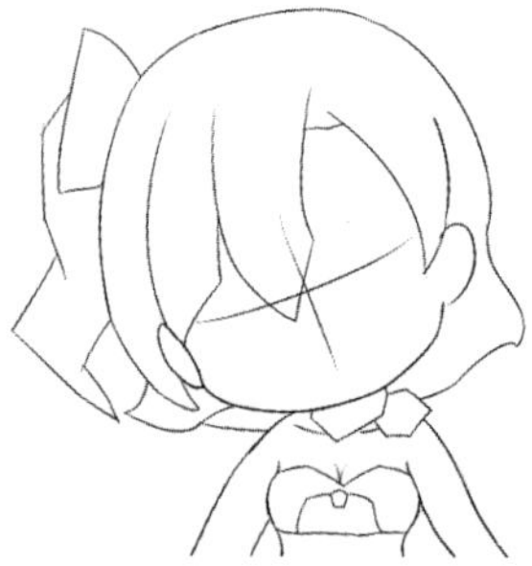

图4-12

03 完善人物的线稿。绘制人物形象上的细节,例如头发的发尾,衣服上的装饰性花纹。注意把画面中多余的线条擦除掉,使画面简洁,人物突出,如图4-13所示。

04 绘制人物阴影。在线稿完成的基础上,根据光源对人物的影响。在人物的头发以及脸部添加阴影,增强人物的立体感,让人物形象更加丰富,如图4-14所示。

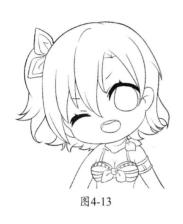

图4-13

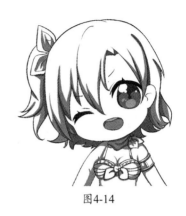

图4-14

4.3.2 三角脸绘制案例

三角脸在Q版人物中出现较少,但是作为脸型的一种还是需要读者掌握的。

01 绘制人物的动态以及人体结构。绘制人体的时候要注意人物的头颈肩三者的关系,避免人物的动态出现问题,如图4-15所示。

02 绘制人物造型的大致轮廓。绘制出人物的头发大轮廓以及手部抱着的玩偶,将对人物造型的设定都大致勾画出来,如图4-16所示。

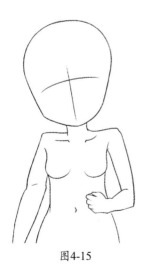

图4-15

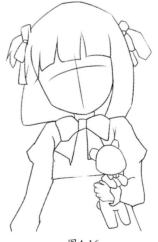

图4-16

03 刻画五官，整理画面。完善人物的头发和衣服的装饰以及玩偶的造型，让画面干净整洁，如图4-17所示。

04 绘制人物阴影。确定一个光源，给人物添加阴影，处理好头发和衣服褶皱处的阴影，如图4-18所示。

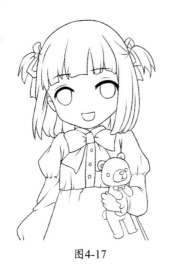

图4-17

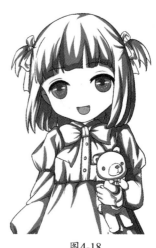

图4-18

4.3.3 方脸绘制案例

方形脸的设定大多为男性角色，但是方脸女性也是常见的设定。要注意的是女性方脸的线条没有男性的那么刚硬。

01 绘制人物的动态以及人体比例。在绘制的时候要注意头部与身体的大小比例，注意身体与肢体的衔接关系，如图4-19所示。

02 绘制人物的大致轮廓。方脸的人物脸部的线条要分明，勾勒人物衣服装饰的时候不能脱离人物的人体结构，如图4-20所示。

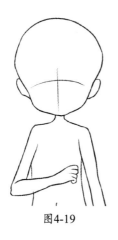

图4-19

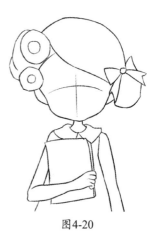

图4-20

03 绘制人物的线稿。绘制的时候要注意人物头发的前后关系以及装饰性线条要有虚实变化，如图4-21所示。

04 整理画面，给人物添加阴影。阴影大部分都集中在头发以及衣服处，注意书本在光源照射下在衣服上的投影，如图4-22所示。

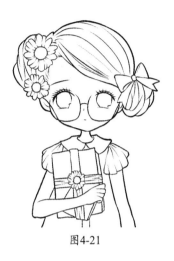

图4-21

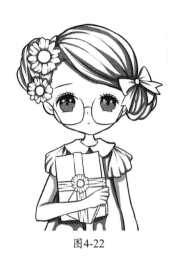

图4-22

4.3.4 鹅蛋形脸绘制案例

鹅蛋形脸的人物大多都性格活泼，略微带着一点稚气，这样的脸型在Q版的人物设计中较为常见。

01 绘制人物动态以及人体结构。绘制好人体的结构，注意人物动作造型的设计。用十字线交代人物五官的位置，如图4-23所示。

02 绘制人物的大致造型。确定人物头发的走向以及人物衣服的大致轮廓，注意人物的衣服要跟随人体结构变化，如图4-24所示。

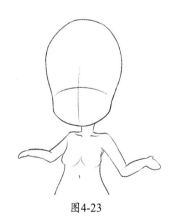

图4-23

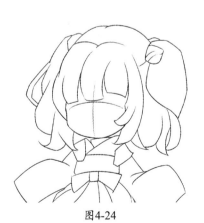

图4-24

03 完善人物线稿。将多余的线条擦去，绘制人物的五官。绘制头发的时候要注意头发的走向。衣服的装饰线条要根据人物衣服的走向绘制，如图 4-25 所示。

04 绘制人物阴影。给头发绘制阴影，明确人物头发的空间前后关系，以增强人物形象的立体感，如图 4-26 所示。

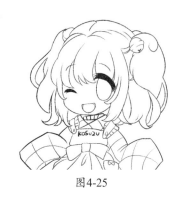

图4-25

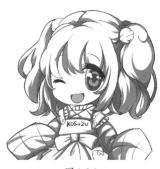

图4-26

4.4 头发的生长规律

　　头发也是塑造人物造型中很重要的一部分。虽然头发看起来复杂，但是头发的绘制还是有规律可循的。在进行对头发的绘制之前，首先要了解头发的一些基础知识，例如头部生发的位置和生长规律，以便我们更好地掌握人物头发绘制的方法。

1 头发的生长规律

　　想要掌握各种发型的绘制方法，首先要了解头发的基本生长规律和头发的走向。头发从发旋开始，向头部的四周生长。人物的发量越多，头部的轮廓就显得越饱满，脸部在头发的遮挡下显得小巧，如图 4-27 所示。

2 头发的发势走向

　　头发的走向是根据头部外形向四周生长。发质的卷直以及头发的长短都是影响头发走向的因素，如图 4-28 所示。

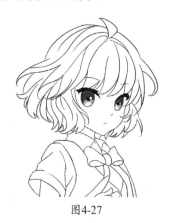

图4-27

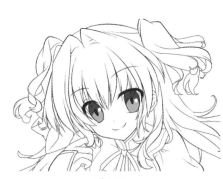

图4-28

4.5 头发的用线

绘制人物头发的线条多是单独的线条，漫画人物通常以柔顺的头发为美，所以我们绘制头发时，头发的用线一般都是流畅的线条，如图4-29所示。

头发的线条应该像写毛笔字一般一气呵成，用快速而又流畅的线条绘制出。如果使用犹豫不定的线条，就不能表现出头发的柔顺感，反而让头发变成了有棱角的坚硬物体而不是柔顺的头发了，如图4-30所示。

头发的轮廓也尽量用流畅的线条一笔画到位，可以用同样长度的复线加深。同时要注意画面的整洁。切忌采用短直线反复描绘来绘制头发的轮廓线，会让头发显得碎乱而且不美观，体现不了头发的柔顺特点，如图4-31所示。

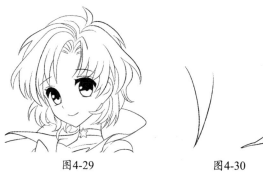

图4-29　　　　　　图4-30

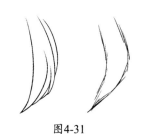

图4-31

绘制人物头发的时候注意经过梳理后的发梢，会整齐地排列在一起，发丝的走向是一致的，这样的头发显得人物乖巧（见图4-32左图）。而一些自然的发梢，发丝的走向是不同的，这样的头发更显得人物的俏皮可爱，如图4-32右图所示。

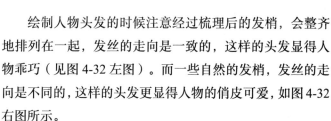

图4-32

绘制头发发梢的时候要注意发梢是两条收在一起的线条，而非分叉开的线条，并且发梢处线条较细，如图4-33所示，同时也要注意绘制女生长头发且线条不能一笔呵成的时候，可以用2~3条长线来进行头发的拼接。切忌拼接点太明显或拼接次数太多，会让头发显得毛躁不顺。

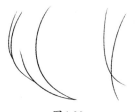

图4-33

4.6 人物头发案例绘制

下面我们从四种常见发型绘制案例讲解头发的具体绘制方法。

4.6.1 短发女生绘制案例

一说到短发大家都会想到男生,其实短发也可以适用在女生的人物设计上,在Q版人物形象中,短发也可以表现女生的俏皮可爱。

01 绘制人物的大致动态。用线条勾勒出人物的头部轮廓,注意头颈肩的动态关系以及手臂抬起的动作,如图4-34所示。

02 勾勒出头发的大致走向。注意头发与头部轮廓之间是有厚度的,如图4-35所示。

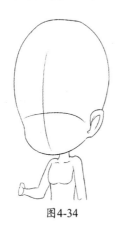

图4-34

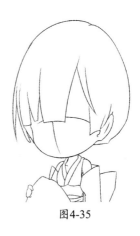

图4-35

03 细化头发。细化人物头发的发丝,使头部的内容丰富起来。绘制头发的时候,头部的轮廓要饱满,如图4-36所示。

04 添加阴影。给头发添加阴影,增强人物头部的体积感。注意光源对阴影的影响,如图4-37所示。

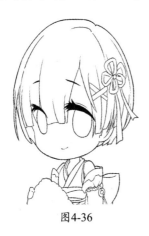

图4-36

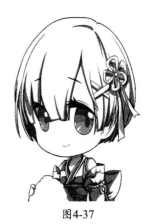

图4-37

4.6.2 长发人物绘制案例

Q版的女生总是小小的身子有长发飘飘的造型。长发的造型能够让小巧玲珑的女生有一番楚楚可怜的韵味。

01 绘制出人物的人体轮廓。绘制的时候注意头身的大小比例。注意动态的肢体表现，如图4-38所示。

02 绘制人物头发的大致轮廓。因为是长发，所以要注意头发的走势，同时注意人物头发的前后空间关系，为之后的细化做好准备，如图4-39所示。

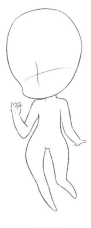

图4-38

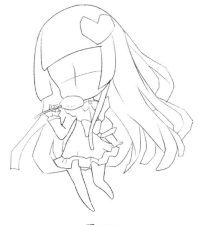

图4-39

03 细化人物的头发细节。绘制头发的时候要注意头发线条的轻重变化以及头发的前后空间关系，如图4-40所示。

04 给头发添加阴影，让头发的立体感更加强烈。注意头发阴影在头发的转折处的表现，如图4-41所示。

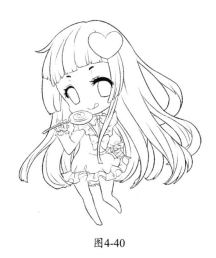

图4-40

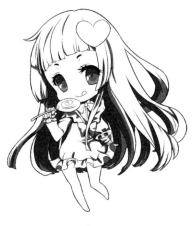

图4-41

4.6.3 卷发人物绘制案例

　　有些情景中需要一个性感可爱的人物造型设计，卷发则是表现人物性感可爱的一种造型元素。

01 绘制人物的人体造型。勾勒出一个动态的人物造型，注意两个手部造型的设计，如图 4-42 所示。

02 绘制人物的头发的走向。勾勒出卷发的大概样式，为之后的细化做好铺垫。绘制卷发大致造型时要把头发的前后关系绘制清晰，如图 4-43 所示。

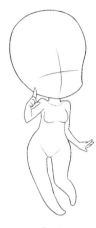

图 4-42

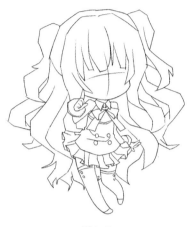

图 4-43

03 细化人物的线稿。给卷发添加线条，使头发丰富起来，使头发的立体感增强，如图 4-44 所示。

04 绘制人物的阴影。绘制卷发阴影，让头发的体积感更加明显。注意光源对头发阴影不同程度的影响，如图 4-45 所示。

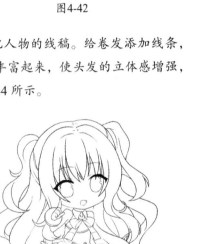

图 4-44

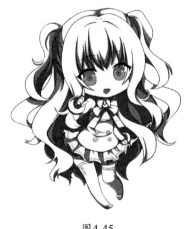

图 4-45

4.6.4 束发人物绘制案例

马尾的束发造型能展现出女生的活泼可爱，下面通过具体案例进行讲解。

01 绘制人体结构的轮廓。绘制人体结构的时候要注意头身的大小比例,注意胯部的动态关系,如图4-46所示。

02 添加头发以及人物服饰的大致轮廓。注意头发转折处线条的运用,如图4-47所示。

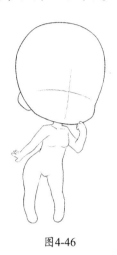

图4-46

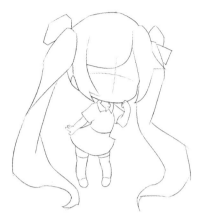

图4-47

03 整理画面,完善线稿。擦去多余的线条,注意额前刘海的前后空间关系,如图4-48所示。

04 绘制头发阴影。使画面主体感更加强烈,注意每缕受到光源影响的头发都要添加阴影,如图4-49所示。

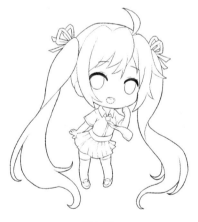

图4-48

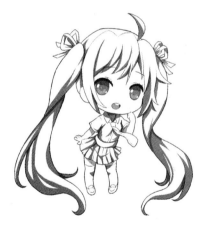

图4-49

4.6.5 长卷发人物绘制案例

卷发的结构较复杂,因此掌握卷发造型难度比较大,本小节运用一个从构图开始直至阴影的完成的绘制案例来详细讲解卷发人物的绘制方法。

1 绘制动态

01 用线条勾勒出人物侧站的姿势，如图4-50所示。

02 用流畅的线条绘制出人体结构，注意人物双手叉腰的姿势下手与腰部的衔接，如图4-51所示。

03 擦除多余的线条，将人体的结构重新整理，如图4-52所示。

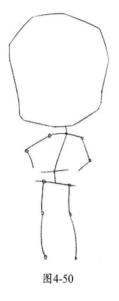

图4-50

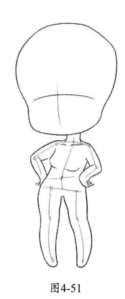

图4-51

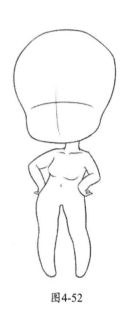

图4-52

2 绘制草图

01 绘制好人体的结构后，绘制人物的刘海以及头部帽子的大致形状，如图4-53所示。

02 绘制人物其余部位的头发，注意头发的大小比例，同时注意头发前后的空间关系，如图4-54所示。

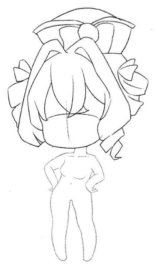

图4-53

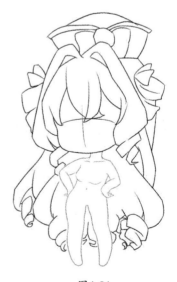

图4-54

03 绘制人物上半身衣服的款式以及手部结构。注意肩膀与头部的关系，如图4-55所示。

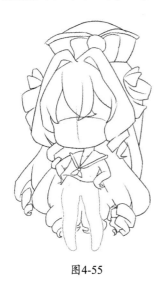

图4-55

04 绘制人物短裙的大致形状。由于短裙比较飘逸，需要注意裙子的走向，如图4-56所示。

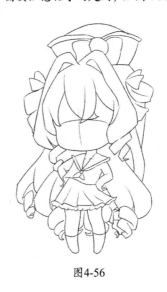

图4-56

3 细化线稿

01 观察人物草图的设定。注意额前头发的前后空间关系，如图4-57所示。

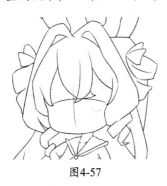

图4-57

02 绘制人物额头前的刘海。绘制刘海时注意头发的蓬松感，如图4-58所示。

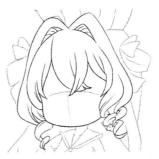

图4-58

03 绘制人物的右眼以及腮红，注意眉毛的动态以及眼睫毛的表现，如图4-59所示。

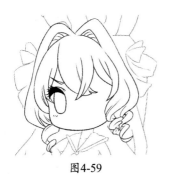

图4-59

04 绘制人物的左眼以及噘起的嘴巴。因为人物的表情设定是傲娇的，所以眉毛以倒八字表现，如图4-60所示。

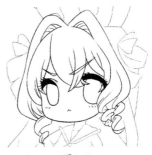

图4-60

05 观察头部的设定。开始进行人物整个头部的绘制，如图4-61所示。

06 细化人物刘海旁的卷发以及蝴蝶结。绘制头发的线条要流畅，注意通过线条的轻重来表现卷发的结构，如图4-62所示。

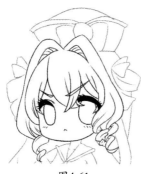

图4-61

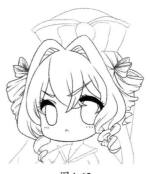

图4-62

07 绘制人物的帽子。注意帽子的结构要与头部结构匹配，图4-63所示。

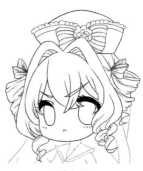

图4-63

08 绘制好人物的头部之后，观察其余的头发的设定，准备绘制人物的长卷发，如图4-64所示。

09 绘制人物的长卷发。因为是长卷发，注意卷发的弧度以及线条的轻重表现。绘制非卷发的时候注意线条的流畅度，让头发显得更加的柔顺，如图4-65所示。

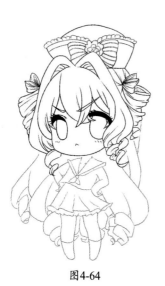

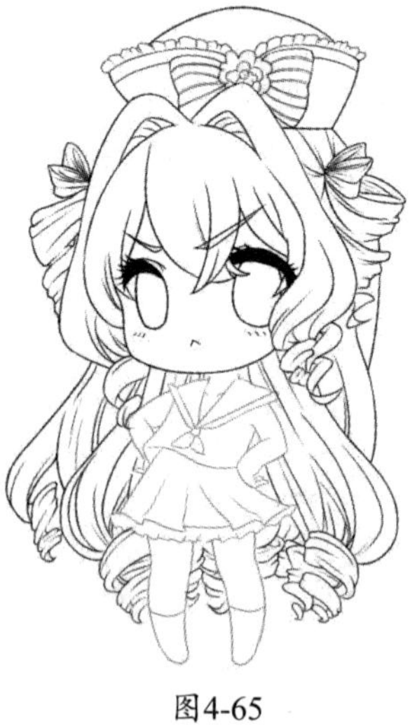

图4-64

图4-65

10 观察人物上衣的设定。为接下来的细化做好准备，如图4-66所示。

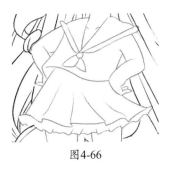

图4-66

11 绘制衣服的衣领以及手部的装饰。注意衣领处褶皱的表现以及线条的轻重变化，如图4-67所示。

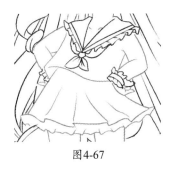

图4-67

12 绘制人物的上衣，人物的短上衣是横条纹，所以纹路的走向要跟随衣服的结构而变化，如图4-68所示。

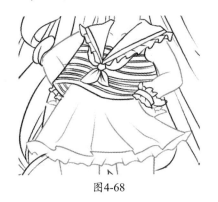

图4-68

13 绘制人物的手部以及大腿。手部朝向后方，所以要注意结构的变化，如图4-69所示。

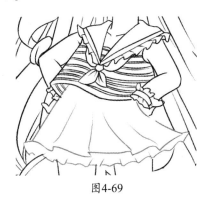

图4-69

14 绘制人物的短裙，注意短裙的走向以及裙边的褶皱变化，如图4-70所示。

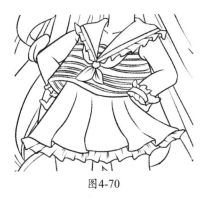

图4-70

15 观察人物的腿部，注意腿部的站姿，如图4-71所示。

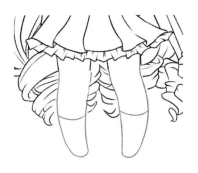

图4-71

16 绘制人物的腿袜。因为腿袜的花纹是条纹，所以条纹要跟随腿部的结构变化，如图 4-72 所示。

17 绘制人物的鞋子。Q 版的鞋子不一定与现实鞋子的结构一致，造型可爱就可以了，如图 4-73 所示。

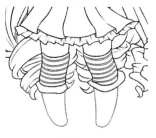

图 4-72

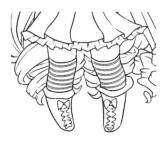

图 4-73

这张傲娇的小公主有一头长长的卷发。面部表情的傲娇让她的小气场表现得淋漓尽致，但是我们的绘制重点是人物的头发，头发设定中有小卷、大卷以及长发的表现。绘制的时候要注意，线条的轻重变化才能让线稿更美观，结构更加清晰。绘制头发的线条要顺从头发设定的走向，用线要清晰明确，如图 4-74 所示。

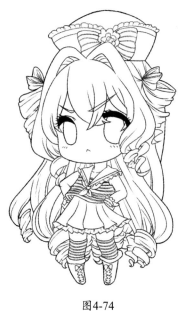

图 4-74

4 绘制阴影

01 绘制人物右部刘海的阴影，注意光源对头部阴影的影响，如图 4-75 所示。

02 绘制人物左部刘海的阴影，注意光源下头发亮暗部的转变，如图 4-76 所示。

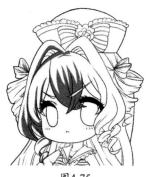

图 4-75

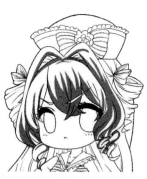

图 4-76

03 绘制人物刘海后两个小卷发的阴影，注意暗部以及阴影处的衔接关系，如图4-77所示。

04 绘制人物右部眼睛阴影，注意阴影下对眼睛结构的处理，如图4-78所示。

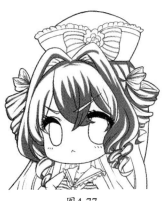

图4-77

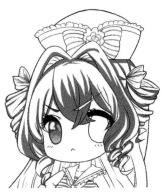

图4-78

05 绘制人物左部眼睛阴影，注意眉毛的处理，Q版人物可以大胆一些，不必拘泥于常规的表现手法，如图4-79所示。

06 绘制头部帽子的浅色阴影。注意光源对帽子的影响以及阴影在结构处的变化，如图4-80所示。

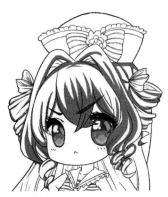

图4-79

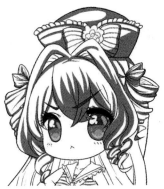

图4-80

07 绘制帽子的暗部阴影。在绘制的时候结合光影进行阴影的调整。丰富帽子的层次，如图4-81所示。

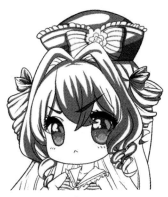

图4-81

08 绘制人物长卷发的浅色阴影。注意光源对头发的影响。受光面积大的地方阴影较小,反之阴影则大,如图4-82所示。

09 绘制人物整个头发的深色阴影。绘制暗部的阴影让头发的体积感更加强烈,层次更丰富,如图4-83所示。

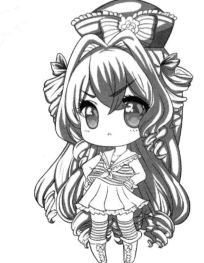

图4-82

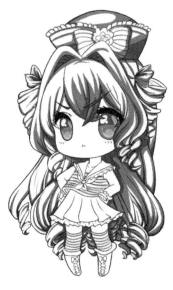

图4-83

10 绘制人物上衣的浅色阴影。注意衣纹在光影变化下阴影的变化,如图4-84所示。

11 绘制人物上衣的暗部阴影。因为阴影面积小,所以绘制的时候要注意阴影的位置,如图4-85所示。

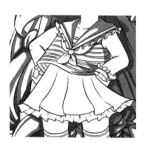

图4-84

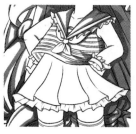

图4-85

12 绘制人物皮肤的浅色阴影,简洁明了地给肢体阴影进行定位。注意光源对肢体结构的阴影影响,如图4-86所示。

13 绘制人物皮肤的暗部阴影,因为肢体的造型问题,暗部明暗较少,处理的时候更需要细致,如图4-87所示。

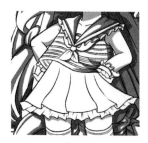

图4-86

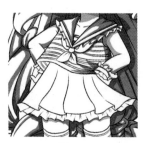

图4-87

14 绘制人物短裙的浅色阴影。在处理阴影的时候可以根据光源对裙子的影响进行细节的调整，如图4-88所示。

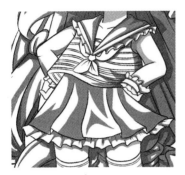

图4-88

15 绘制人物短裙的暗部阴影。绘制暗部阴影的时候要注意光源影响下暗部阴影的大小，观察要细致，如图4-89所示。

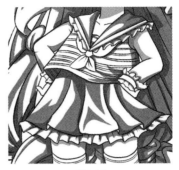

图4-89

16 绘制人物腿袜的浅色阴影，根据人物腿部受光源的影响进行阴影定位，如图4-90所示。

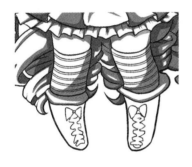

图4-90

17 绘制人物腿袜暗部阴影，注意衣服暗部要与腿部结构变化统一，如图4-91所示。

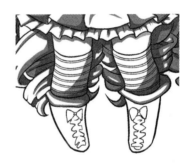

图4-91

18 绘制鞋子的浅色阴影。给鞋子的阴影进行定位，如图4-92所示。

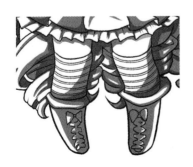

图4-92

19 绘制人物鞋子的暗部阴影，注意鞋子暗部要根据脚的形状而变化，如图4-93所示。

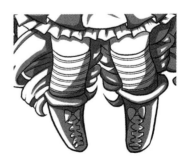

图4-93

结合之前的知识，正确地处理好人物头发的关系，绘制卷发时用线的轻重来凸显卷发的体积关系，如图4-94所示。

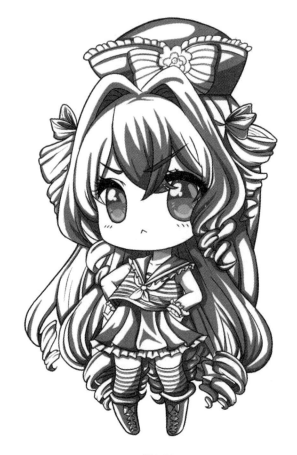

图4-94

Q版人物
绘制技法

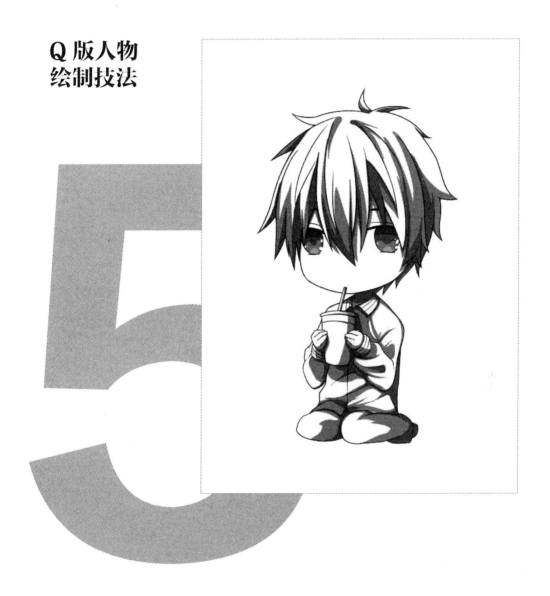

第5章 ┃ Q版人物四肢的绘制技法

本章主要介绍有关人物肢体及其造型方面的知识。在漫画人物的绘制中，骨骼与肌肉的分布与具体形态是绘画初学者要掌握的基础知识，了解人物的骨骼和肌肉走向在绘画中是非常重要的。在 Q 版人物的绘制中，虽然对人物肌肉以及骨骼的要求不多，但是在掌握好正常人体的肌肉骨骼后才能对绘制 Q 版人物胸有成竹。

5.1 人体的基本结构

不管是写实还是漫画绘制，人物的塑造都是以现实人物的人体形态为基础的，了解人体的结构对于绘制人物有着非常重要的作用，因此对于人体结构的学习是绘画学习者必不可少的课程。掌握了人物肌肉结构的基础知识后，绘制 Q 版人物会更得心应手。

人体由 206 块骨头、600 多块肌肉组成。不同部位的肌肉有着不同的结构形态。人体的部分骨骼结构和肌肉的名称如图 5-1 所示。

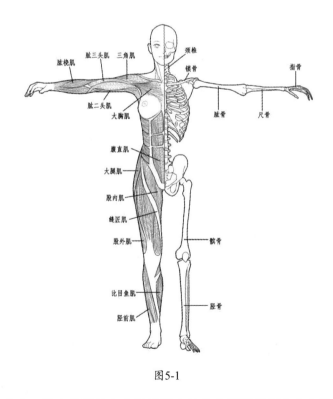

图5-1

人物的肌肉走向、肌肉体积的大小以及肌肉的分布情况都是决定人物外形的因素。而骨骼用于决定人物的身高和体格。

5.2 身体各部位的绘制方法

除了人物的头部以外，人体的颈部、四肢、躯干也是极为重要的部分，他们相互组合在一起构成了复杂多变的人体动态。

前面已经了解了人体的基本骨骼结构和肌肉走向，下面通过几个例子来分析不同部位的绘制技法和表现方法。

5.2.1 手的绘制方法

在人物的绘制中，因为手比较灵活，动作较多，所以在绘制过程中有一定的难度。在透视较大的画面中，手部的动态往往有着决定性的作用，有时候可以透过手的动态去把握整个画面的透视。

1 手的基本结构

我们可以把手简单地理解为是由多个多边形组合而成，手一旦产生一定的动作透视，手部结构的绘制就会变得非常复杂。所以对于手的绘制，初学者一定要多多练习，努力把握好手的动态结构。

接下来我们先初步了解一下手的基本结构。

手可分为4个部分，即腕部、手掌、手背和手指。手指与腕后区之间的部分称为手背；手指又分指腹、指尖、指甲。每只手有5个手指，分别称为拇指、食指（示指）、中指、无名指（环指）、小指，如图5-2和图5-3所示。

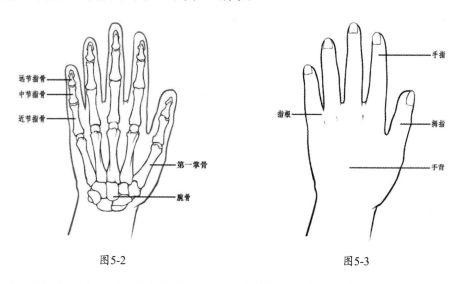

图5-2　　　　　　　　　　图5-3

手部骨骼和肌肉的运动会产生各种手势，在绘制的时候要注意各个手指之间的透视关系，如图5-4所示。

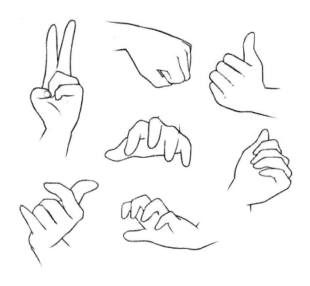

图5-4

绘制Q版人物手部的时候,需要在写实版手部结构的基础上进行简化。Q版的手部可以理解为写实版小孩的手,如图5-5所示。

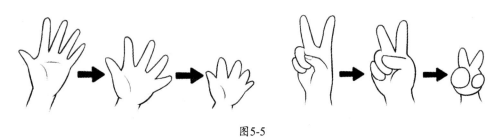

图5-5

2 实战演练

接下来我们通过几个不同的手部动作案例,来学习手的绘制技巧。

01 用多个椭圆形图案,勾勒出手掌部分以及手指的区域,如图5-6所示。

02 用简洁利落的硬线条,细化四根手指,注意手指的长度不同以及弯曲处的结构转折,如图5-7所示。

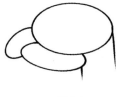

图5-6

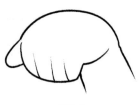

图5-7

03 整理画面，用流畅的线条完善手指，注意表现手指指节处以及手腕处的骨感，如图5-8所示。

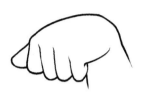

图5-8

05 逐渐细化出手指的形态，注意手指间的前后关系，如图5-10所示。

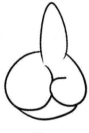

图5-10

07 用椭圆形图案组合手部的大概形状，如图5-12所示。

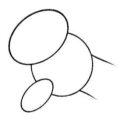

图5-12

09 整理画面，用干净的线条勾勒出最终效果，如图5-14所示。

04 用多个椭圆形图案，勾勒出手部的大致造型，如图5-9所示。

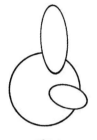

图5-9

06 根据草图绘制出手的最终效果，如图5-11所示。

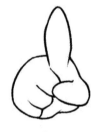

图5-11

08 用简单利落的线条画出手指的位置以及手指间的空间关系，如图5-13所示。

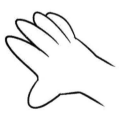

图5-13

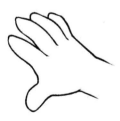

图5-14

3 练习参考

初学者可以按照之前所讲解的手掌绘制过程对图 5-15 所示的手部造型进行练习。

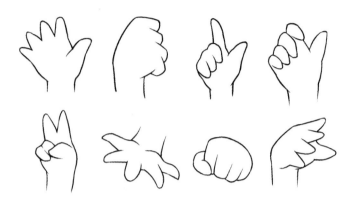

图5-15

5.2.2 脚的绘制方法

脚部的骨头大部分都是固定不动的,所以脚的绘制相对于手要容易一些,它的透视变化没有手那么复杂。脚也可以理解为由多个多边形组合而成,接下来我们先讲解脚的结构,再对案例进行分析讲解。

1 脚的基本结构

脚部的动作透视幅度较小,所以把握了脚步的基本结构,再加上案例中的绘制方法,我们就可以轻松掌握画法。

接下来我们就先初步了解脚的基本结构。脚步的结构一般大致分为脚背、足弓、脚趾三部分。脚部的骨骼细分如图 5-16 所示。

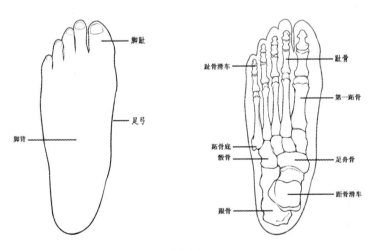

图5-16

掌握好脚部的结构后再尝试绘制脚部不同的动态。绘制人物脚部动态的时候注意脚部各部分之间的透视以及角度关系，如图 5-17 所示。

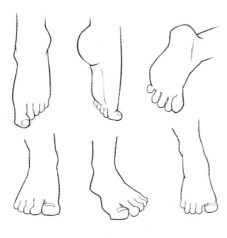

图5-17

在掌握好人物脚部的结构以及脚部的动态之后，可尝试将脚部的结构简化，绘制 Q 版人物的脚部。Q 版人物的脚部结构较简单，将人物脚部的脚趾省略成一块，如图 5-18 所示。

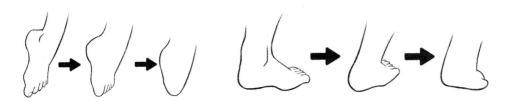

图5-18

2 实战演练

接下来我们通过几个不同的动作透视案例，来了解并学习脚的绘画技巧。

01 用多个图形的组合，勾勒出脚腕、脚掌、脚指的区域，如图 5-19 所示。

02 细化脚踝关节以及四个脚指，注意脚趾间的透视关系，如图 5-20 所示。

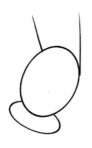

图5-19

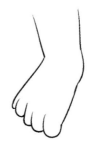

图5-20

03 整理画面，完善脚趾，注意线条应流畅，如图 5-21 所示。

04 勾勒出脚掌和脚趾的大致形态，如图 5-22 所示。

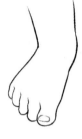

图 5-21

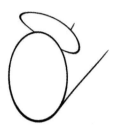

图 5-22

05 简单利落的线条，画出脚趾和脚底的大体位置和脚趾的空间关系，如图 5-23 所示。

06 整理画面，用干净的线条勾勒出最终效果，如图 5-24 所示。

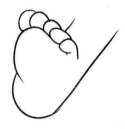

图 5-23

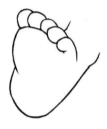

图 5-24

07 勾勒出脚腕、脚背以及脚趾的大致形状，如图 5-25 所示。

08 根据形状逐渐细化出脚趾的形态，注意上下的透视关系，如图 5-26 所示。

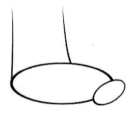

图 5-25

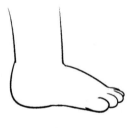

图 5-26

09 根据草图绘制出脚的最终效果，注意脚趾处透视的线条转折，如图 5-27 所示。

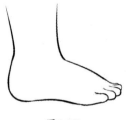

图 5-27

3 练习参考

掌握了脚部结构的基础知识，初学者可以按照之前所讲解的脚的绘制过程进行练习，参考图如图5-28所示。

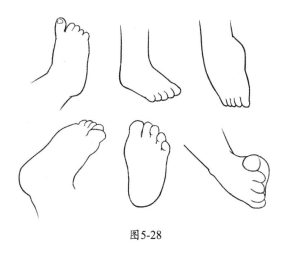

图5-28

5.2.3 手臂的绘制方法

在绘制手臂的时候掌握好关节点的位置就可以轻松绘制出手臂的动态。

1 手臂的基本结构

手臂由骨骼和肌肉组成，手臂关节部分的肌肉较少；形成凹陷，关节之间的肌肉较多，形成突起。注意女性肌肉较为平滑，线条非常柔和，男性的手臂较为粗壮，所以绘制的时候肌肉的特征会更加明显。

接下来我们先初步了解一下手臂的基本结构。手臂是由大小臂组成，而大小臂又由各自不同的肌肉和骨骼组成，如图5-29所示。

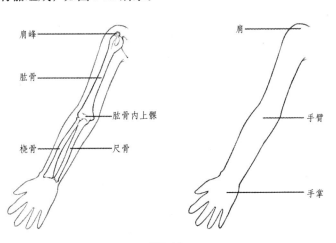

图5-29

理清了人物手臂的骨骼以及肌肉结构后，尝试依靠掌握的基础知识进行手臂动态的绘制，参考图如图 5-30 所示。

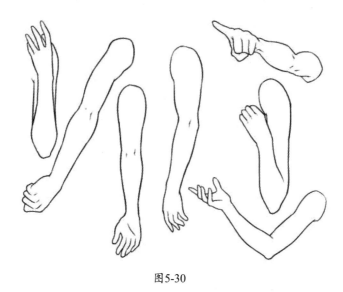

图5-30

掌握手臂的绘制后，我们尝试着将手臂结构进行简化。Q 版人物手臂的长度没有写实人物的手臂长，与婴幼儿的手臂长度比例接近，如图 5-31 所示。

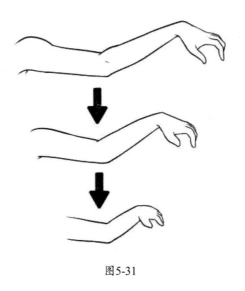

图5-31

2 实战演练

学习了手臂的基础知识以及手臂如何简化为 Q 版手臂后，接下来我们通过几个不同手臂的动作透视案例，来了解并学习 Q 版手臂的绘画技巧。

01 用直线和圆圈表示手臂的动态和关节，大致表现出手臂的状态，如图5-32所示。

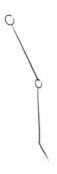

图5-32

02 用简单几何图形绘制人物手臂的大块结构，注意手臂弯曲处的结构转折，如图5-33所示。

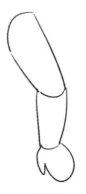

图5-33

03 整理画面，用流畅的线条绘制完整的手臂，如图5-34所示。

04 用直线和圆圈表示手臂的动态和关节，勾勒出人物手臂弯曲的动态造型，如图5-35所示。

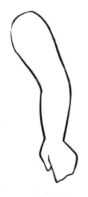

图5-34

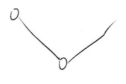

图5-35

05 根据手臂动态的造型，用多边形图案表示出手臂的形态。注意透视关系，如图5-36所示。

06 用流畅线条绘制出手臂弯曲的造型，注意表现肩部的骨感、转折处的肉感，如图5-37所示。

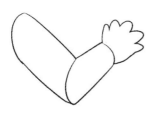

图5-36

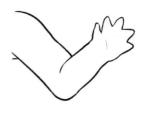

图5-37

07 用直线和圆圈表示手臂的动态和关节，勾勒出手臂的大致动态，如图5-38所示。

08 使用简单的多边形图案交代出手臂的大体位置和空间关系，如图5-39所示。

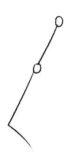

图5-38

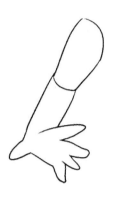

图5-39

09 整理画面，用顺畅的线条将手掌的透视交代清楚，如图5-40所示。

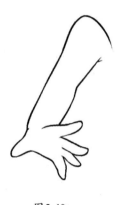

图5-40

3 练习参考

在经过手臂的各种角度的练习后，初学者可以按照之前的方法临摹更多形态的手臂图（见图5-41）进行练习。

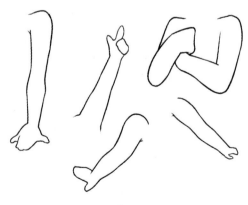

图5-41

5.2.4 腿的绘制方法

人物身体的一些动态是依靠腿的动态变化来凸显的。在绘制男性腿部的时候,要注意男性肌肉比较发达的特点,绘制时线条要坚硬;而女性腿部肌肉平滑,线条应流畅优美。

1 腿的基本结构

腿部是由大腿、膝盖、小腿、脚4部分组成,大腿与小腿的长度比约为1:1,一双修长的腿约占人物整个身体长度的一半,如图5-42所示。

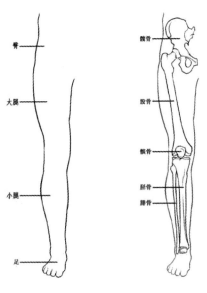

图5-42

掌握人物腿部的基础知识后,结合腿部的基础知识来绘制人物腿部的动态,读者可以参考图5-43进行练习。

掌握腿部的基础知识并能够绘制一些腿部的动态后,我们开始尝试对腿部进行简化,来绘制Q版人物的腿部。Q版人物的腿部结构比较简单,将腿部的肉感绘制出来,显得更加可爱,如图5-44所示。

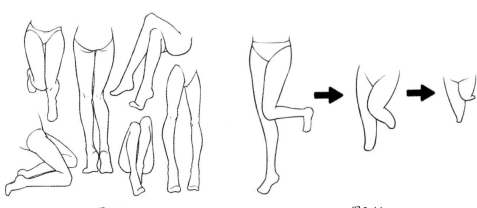

图5-43　　　　　　　　　　图5-44

2 实战演练

下面通过几个不同的腿的动作透视案例，来学习腿的绘画技巧。

01 用简单直线和圆圈表示腿部的动态和关节，勾勒出腿部的大致动态，如图5-45所示。

02 用简单几何图形表示腿部形状，如图5-46所示。

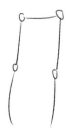

图5-45

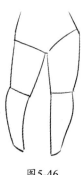

图5-46

03 整理画面，用流畅的线条完善腿部结构，注意表现腿部的肉感，如图5-47所示。

04 用直线和圆圈勾勒出腿部的动态，如图5-48所示。

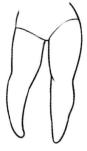

图5-47

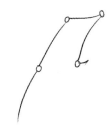

图5-48

05 用多边形图案表示出腿部的形态，注意腿部的动态表现，如图5-49所示。

06 完善线稿，绘制出腿部的最终效果，注意前后的透视和遮挡关系，如图5-50所示。

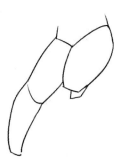

图5-49

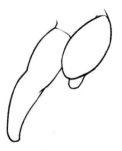

图5-50

07 用直线和圆圈表示腿部的动态和关节，对腿部动态进行定位，如图5-51所示。

08 用简单的多边形图案画出腿部的大体位置和空间关系，如图5-52所示。

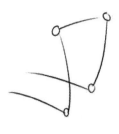

图5-51

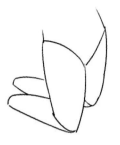

图5-52

09 整理画面，用流畅的线条勾勒出最终效果，如图5-53所示。

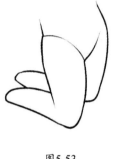

图5-53

3 练习参考

经过各种练习以及讲解后，初学者可以按照之前所讲解的腿部绘制过程进行Q版腿部的绘制练习，参考图如图5-54所示。

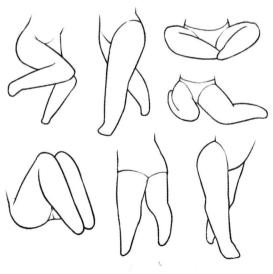

图5-54

5.2.5 躯干的绘制方法

躯干是人体中最重要的部分之一。躯干连接着四肢以及头部，在身体的构成中起重要的连接作用。

1 躯干的基本结构

决定人体躯干形态的主要是脊椎，通过脊椎的变动使人体呈现出各种不同的动作，让人物有不同的动作造型。躯干的透视关系较为复杂，需要多加练习，才能很好地把握躯干的动态结构。

躯干主要由脊柱骨、胸椎以及肋组合。各部位骨骼肌肉之间相互配合才能可以使人物摆出各种不同的姿势，如图5-55所示。

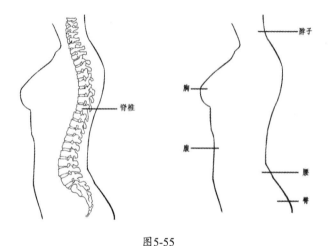

图5-55

掌握了躯干的基础知识之后，可尝试着用基础知识来绘制男性以及女性的躯干。反复地练习可以加深对躯干结构的理解，参考图如图5-56所示。

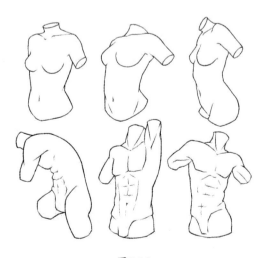

图5-56

在练习了一定的躯干动态姿势后，我们尝试将男性以及女性的躯干进行简化，如图5-57所示。

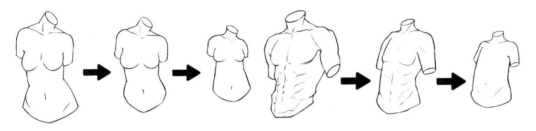

图5-57

2 实战演练

在理清了人物的躯干结构后，接下来通过几个不同躯干的动作透视案例，来学习Q版躯干的绘画技巧。

01 用圆圈代表连接躯干的关节，然后用弯曲的线条勾勒出躯干的动态，如图5-58所示。

02 根据结构动态线，用直线绘制出人物的躯干大致轮廓，如图5-59所示。

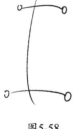

图5-58

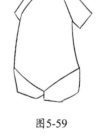

图5-59

03 整理画面，完善人物的躯干，注意透视下的肩部前后关系的处理，如图5-60所示。

04 用曲线表示颈椎、肩部以及臀部的大致动态，注意肩部与臀部线条的变化，如图5-61所示。

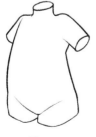

图5-60

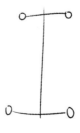

图5-61

05 根据躯干的动态，用短直线快速勾画出人物的躯干，如图 5-62 所示。

06 根据草图绘制出躯干的最终效果。注意肢体与躯干之间的衔接关系，如图 5-63 所示。

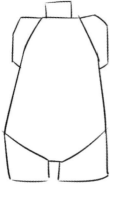

图5-62

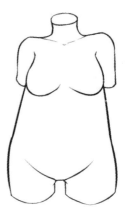

图5-63

07 用直线和圆圈表示躯干动态和关节，确定躯干的动态位置，如图 5-64 所示。

08 根据动态，用短直线绘制出人物躯干的透视草图，如图 5-65 所示。

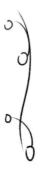

图5-64

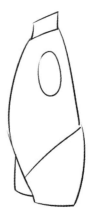

图5-65

09 整理画面，擦除多余的线条。用流畅的线条勾勒出躯干的动态关系，如图 5-66 所示。

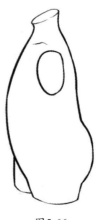

图5-66

3 练习参考

学习了躯干的基础知识，了解躯干的绘制方法以及过程后，初学者可以按照之前所讲解的躯干绘制方法进行练习，参考图如图5-67所示。

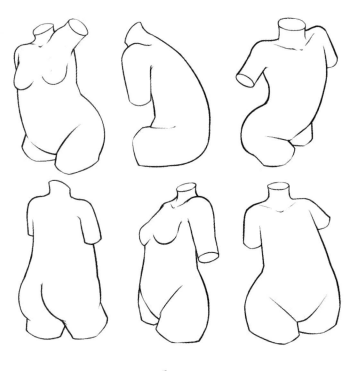

图5-67

5.3 角色造型案例

前面已经讲解了漫画人物的四肢和躯干的绘制方法，下面通过几种不同头身比例的人物案例来进行人物完整的绘制。

头身比例小的人物形象比较可爱，一般多用来表现Q版的人物或者是婴儿。Q版中的人物大多都是以2、3头身为主。

下面讲解的是一个可爱的男生的案例。

1 绘制动态

01 用简单的线条勾勒出人物的动态,注意人物坐姿的表现,如图5-68所示。

02 根据动态绘制人物的身体结构。注意身体的透视关系。用简单的"十"字定位人物的五官,如图5-69所示。

03 擦除多余的线条,用流畅的线条整理身体的轮廓。注意线条之间的衔接关系,如图5-70所示。

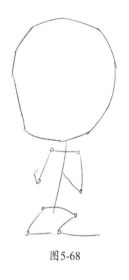
图5-68

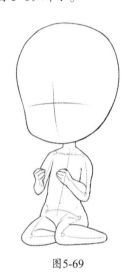
图5-69

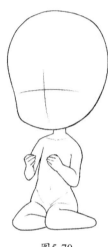
图5-70

2 绘制草图

01 按照之前对人物头部的设定,根据人物头部的结构绘制头发,注意头发前后的关系,如图5-71所示。

02 绘制人物上半身的衣服以及手部的饮品造型,注意手部的前后透视关系,如图5-72所示。

03 勾勒裤子的外形轮廓,注意人物的坐姿对裤子线条的影响。绘制腿部与衣服之间的连接,如图5-73所示。

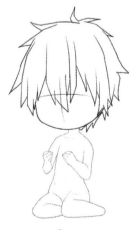
图5-71

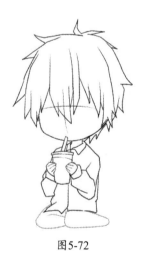
图5-72

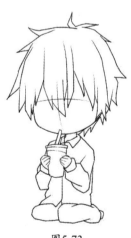
图5-73

3 线稿绘制

01 根据之前对头发进行设定的草图，观察头发的前后空间关系，如图5-74所示。

02 详细刻画人物的头发，注意头发的动态走向，如图5-75所示。

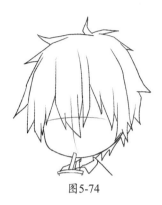

图5-74

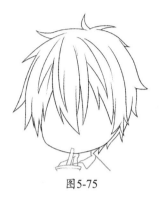

图5-75

03 绘制右眼的线稿结构，注意刘海对人物眼部的遮挡关系，如图5-76所示。

04 完善左边眼睛的绘制，注意"近大远小"的透视关系，如图5-77所示。

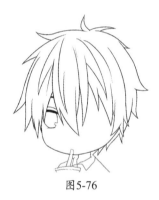

图5-76

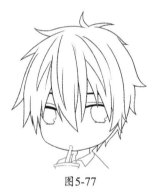

图5-77

05 结合之前对人物手中饮品杯的设定草图，观察饮品杯的结构，如图5-78所示。

06 绘制饮品杯的造型，注意饮品杯上线条的衔接关系，如图5-79所示。

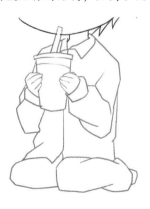

图5-78

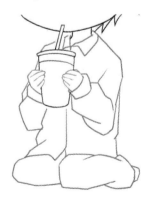

图5-79

07 根据之前对人物上半身衣服的设定草图，绘制人物衣服以及手部外形。注意衣服转折处线条与线条之间的衔接关系，如图5-80所示。

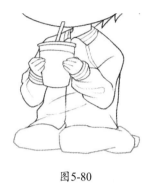

图5-80

08 绘制人物的裤子。结合人体动态绘制出衣服的紧身质感，结合前后透视关系描绘裤子线条的走向，如图5-81所示。线稿最终完成效果如图5-82所示。

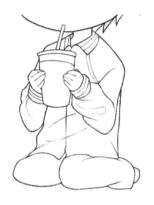

图5-81

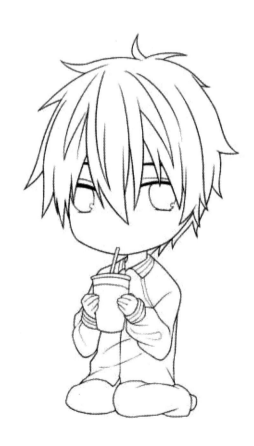

图5-82

4 绘制阴影

01 绘制人物右边头发的浅色阴影，根据光源对头发的影响来绘制，如图5-83所示。

02 根据人物右边头发的阴影完善人物左边的浅色阴影，注意头发转折处阴影的处理，如图5-84所示。

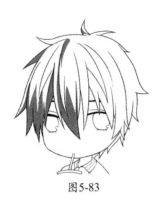

图5-83

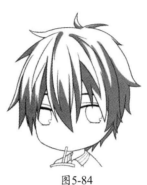

图5-84

03 绘制人物头发的暗部阴影，增加人物的主体感，如图5-85所示。

04 绘制人物额头以及脖子的浅色阴影。注意光源下头发对额头的阴影投射，如图5-86所示。

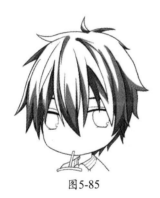

图5-85

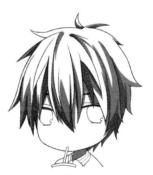

图5-86

05 绘制额头、脖子的暗部阴影。注意在处理暗部阴影的时候要绘制在需要的地方，不可进行大幅度的绘制，如图5-87所示。

06 接下来开始绘制眼睛的暗部阴影，注意眼部结构的表现，如图5-88所示。

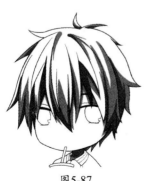

图5-87

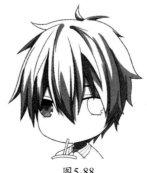

图5-88

07 完善左边眼睛的明暗关系，注意光源对瞳孔的亮部影响，如图5-89所示。

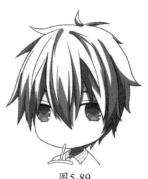

图5-89

08 绘制饮品的浅色阴影，注意手在饮品杯上的投影，如图5-90所示。

09 绘制饮品杯的暗部阴影，加强前后明暗对比关系，如图5-91所示。

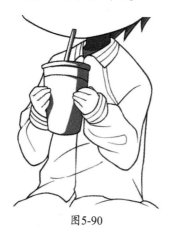

图5-90

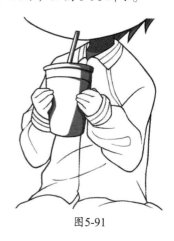

图5-91

10 绘制人物衣服的浅色阴影，注意光影在衣服褶皱处阴影的转折，如图5-92所示。

11 绘制衣服的深色阴影。增加一层更深的暗部阴影，丰富衣服层次感，如图5-93所示。

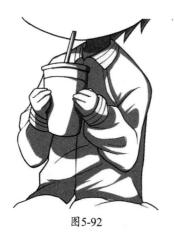

图5-92

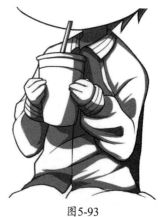

图5-93

12 绘制人物裤子的阴影，用阴影的转折来表现裤子的体积感，如图 5-94 所示。

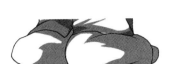

图5-94

13 绘制人物裤子的暗部阴影。加深裤子的阴影，与整体阴影协调统一，如图 5-95 所示。最终效果如图 5-96 所示。

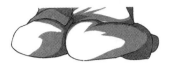

图5-95

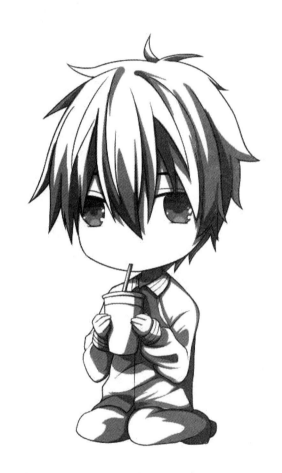

图5-96

Q版人物绘制技法

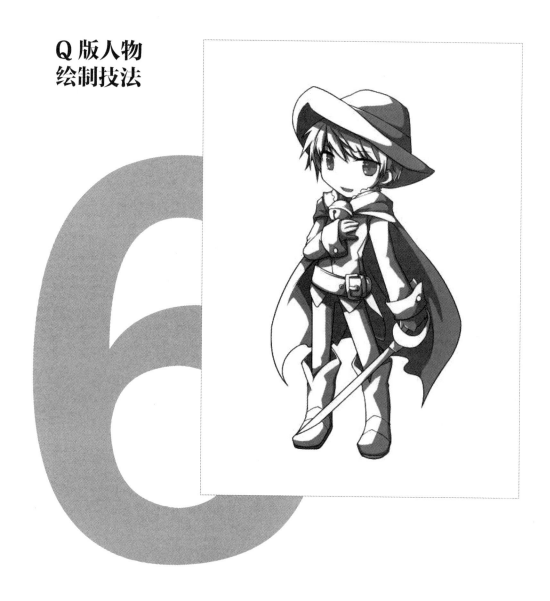

第6章 ┃ Q版人物肢体动作的表现

怎样才能让笔下的人物"活"起来呢？这是在漫画创作过程中最困扰画师的问题。灵动、逼真的人物动态，是赋予漫画角色"灵魂"的关键，也是难点所在。

本章结合案例来讲解人体基本肢体动作。案例中的人体动作分成站姿、坐姿、跑姿等基础动作，打球、演唱、手持武器等日常动作，通过这些不同案例的草图线稿以及阴影的绘制流程，帮助读者了解动漫角色肢体动作的绘制技法。

6.1 基础动作

基础动作基本分为站姿、坐姿、跑姿三类，是漫画人物设定中常用的人体动态，能够更好地表现出人体比例，以及服装上的设定细节。接下来就通过这三类的案例分解，帮助读者掌握绘制人体基本肢体动作的方法。

6.1.1 人物站姿绘制案例

在动漫人物设计中，站姿是最容易体现人物比例的姿势，本案例是一个手抱小熊娃娃的可爱女孩子，修长的身材，透露着小公主的文静。画这个人物主要难点是人体重心的平衡，一旦没找对，人物会感觉要倒下一样。

1 绘制动态

01 用简单的线条勾勒出人物的大致动态、用小圆圈代表人体四肢关节，进行简单的动态定位，如图6-1所示。

02 根据简单的动态定位，将人体的形体绘制出来，注意腿部动态的透视关系，如图6-2所示。

03 用流畅的线条整理躯干的轮廓，擦除多余线条，确定好人物的动态，如图6-3所示。

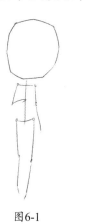

图6-1

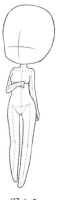

图6-2

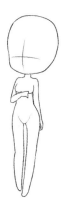

图6-3

2 绘制草图

根据人物结构图,绘制头部、躯干、四肢以及服饰的轮廓,注意比例要合适。此小节主要介绍确定人物的大致位置,与之后的人物最终线稿以及阴影的绘制紧密相关。

01 根据人物动态,大致勾勒出头部的刘海及头饰蝴蝶结的轮廓,确定五官位置,如图6-4所示。

02 勾勒出人物前面卷发的大致结构,卷发一般用螺旋状的外形,如图6-5所示。

03 结合人物动态,勾勒出人物上半身服饰以及玩偶的外形轮廓,如图6-6所示。

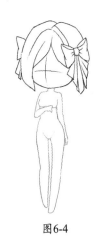

图6-4

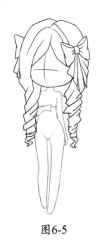

图6-5

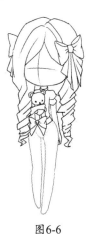

图6-6

04 根据人物设定,勾勒出人物裙子外形,如图6-7所示。

05 确定腿部动态,勾勒出腿部外形和鞋子的造型,注意前后脚的穿插,如图6-8所示。

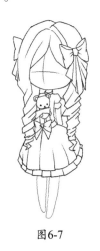

图6-7

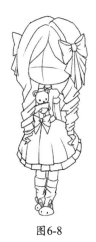

图6-8

3 细化线稿

根据上小节的草图设定,下面介绍细化人物角色的具体细节,将多余的草图线条和辅助线擦除,再对主线条进行检查、修改和整理,让人物角色的线稿更加完善,使线条更加清晰明确。

01 对人物头部结构进行定位，如图6-9所示。

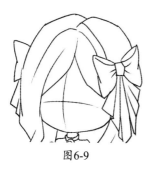

图6-9

02 详细地描绘出人物的刘海和头饰蝴蝶结，注意前后蝴蝶结的透视关系，如图6-10所示。

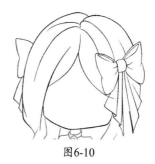

图6-10

03 完善额前刘海及头饰后开始绘制右边的眼睛，注意眼睛的大小比例，如图6-11所示。

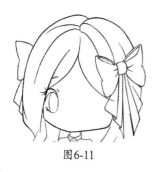

图6-11

04 结合右边的眼睛，完成左边的眼睛，同时完成嘴巴的绘制，如图6-12所示。

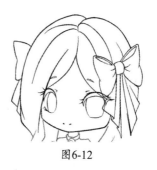

图6-12

05 根据之前对人物的设定草图，观察头发与衣服的穿插关系，如图6-13所示。

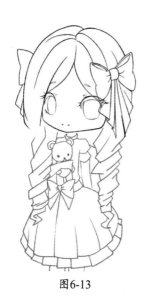

图6-13

06 细化人物长卷发的细节，注意卷发的结构走向以及疏密关系，如图6-14所示。

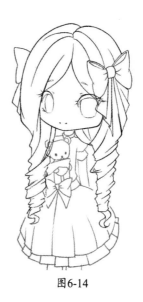

图6-14

07 结合透视关系完善上半身线条，注意小熊玩偶和身体及服装之间的穿插关系，如图 6-15 所示。

08 有公主梦的小女孩必不可少的就是带有蕾丝边的蓬蓬裙了，结合人物动态绘制裙子褶皱走向，体现裙子质感，如图 6-16 所示。

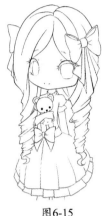

图6-15

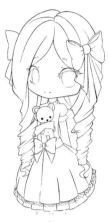

图6-16

09 观察腿部细节，确定前后透视关系，如图 6-17 所示。

10 完善腿部线稿，进行整体调整、擦除多余草图，如图 6-18 所示。

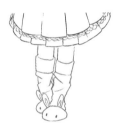

图6-17

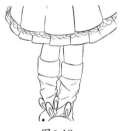

图6-18

11 整理画面，根据人物的动态丰富衣服褶皱，增加人物的生动性，擦除多余线条，如图 6-19 所示。

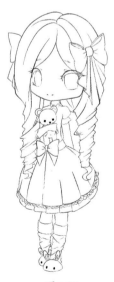

图6-19

4 阴影绘制

本节在前面草图的基础上需要进行更深层次的细化,要进行线条的整理与阴影的绘制,让效果更加丰富和完美。阴影能够增加一幅画的空间感、层次感,让画面变得厚重,让人物更加立体。

绘制阴影前,要确定光源,找出亮面与暗面,投影要与光源统一、有规律。

01 确定光源,绘制出人物右边的头发阴影,进行大面积的定位,如图6-20所示。

02 完善人物左边头发的暗部阴影,注意左右阴影关系的协调统一,如图6-21所示。

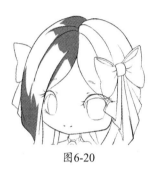

图6-20

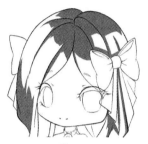

图6-21

03 在原有基础上加上一层暗部阴影,拉大头发的层次关系,如图6-22所示。

04 结合人物头发的暗部阴影关系,完善发饰的暗部阴影绘制,如图6-23所示。

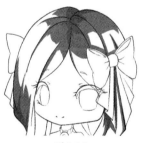

图6-22

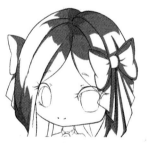

图6-23

05 在原有阴影基础上加上一层暗部阴影,增强发饰的体积感、体现质感,如图6-24所示。

06 绘制人物右边眼睛的光影关系,注意瞳孔与瞳仁之间的颜色深浅关系,如图6-25所示。

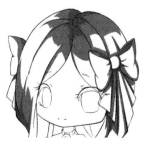

图6-24

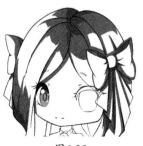

图6-25

07 结合右边眼睛的光影绘制，完善左边眼睛的光影绘制，注意体现少女闪闪大眼的感觉，如图6-26所示。

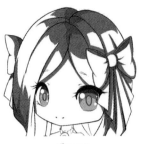

图6-26

Q版人物绘制技法

08 绘制皮肤的浅色阴影，结合光源给皮肤的阴影进行定位，在遮挡部位进行大面积阴影覆盖，如图6-27所示。

09 绘制皮肤的深色阴影部分，丰富层次，拉大空间对比关系，如图6-28所示。

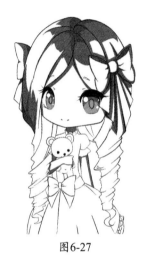

图6-27

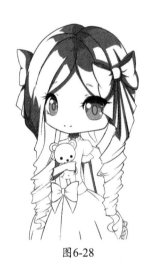

图6-28

10 绘制人物长卷发的阴影，结合光源以及卷发的走向对长卷发阴影进行定位，如图6-29所示。

11 绘制人物长卷发的深色阴影部分，增强并丰富明暗层次关系，体现卷发的体积感，如图6-30所示。

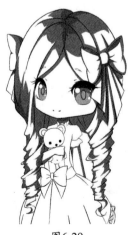

图6-29

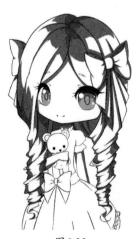

图6-30

12 绘制小熊玩具的浅色阴影，结合光源和手臂之间的前后关系，对小熊玩具的阴影进行初步定位，如图6-31所示。

13 绘制小熊玩具的深色阴影，注意前后明暗层次关系要协调统一，如图6-32所示。

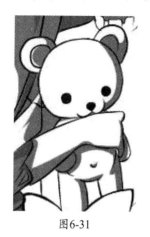

图6-31

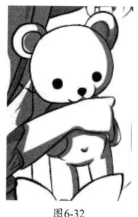

图6-32

14 绘制裙子的浅色阴影，结合光源绘制裙子的阴影部分，注意体现蓬蓬裙的体积感，如图6-33所示。

15 绘制裙子的深色阴影部分，增强立体感，同时可使人物裙摆的层次感更加分明，如图6-34所示。

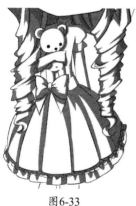

图6-33

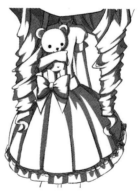

图6-34

16 绘制腿部以及鞋子的阴影，对浅色阴影进行初步定位，注意光源以及裙子之间的遮挡关系，如图6-35所示。

17 绘制腿部以及鞋子的深色阴影，加强前后的对比关系，注意袜子褶皱质感的体现，如图6-36所示。

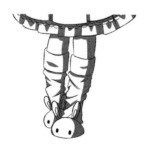

图6-35

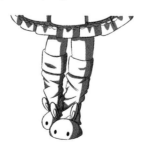

图6-36

这个案例的难点在于人物的长卷发和裙子的质感体现，只要把握住了结构走向，阴影的绘制基本上没有特别需要注意的问题，线条流畅，具有概括性即可，最终完成效果如图6-37所示。

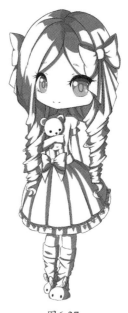

图6-37

6.1.2 人物坐姿绘制案例

坐姿可以体现出一个人的状态，比如双脚并拢的严肃状态，双腿岔开的悠闲状态等。这个案例是一个手抱玩偶的小男孩，坐姿悠闲，怀抱海豚玩偶，带点小害羞的表情，表现出小男孩的俏皮可爱。这个案例的难点在于人物的腿部动态的透视关系，人物重心落在臀部即可。

1 绘制动态

01 用简单的线条勾勒出人物的大致动态、用小圆圈表示人体躯干关节，进行简单的动态定位，如图6-38所示。

02 根据简单的动态定位，从上到下将人体的形体绘制出来，如图6-39所示。

03 用流畅的线条整理躯干以及动态的线条，确定人物的动态，如图6-40所示。

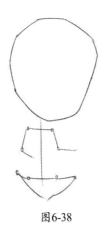

图6-38

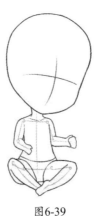

图6-39

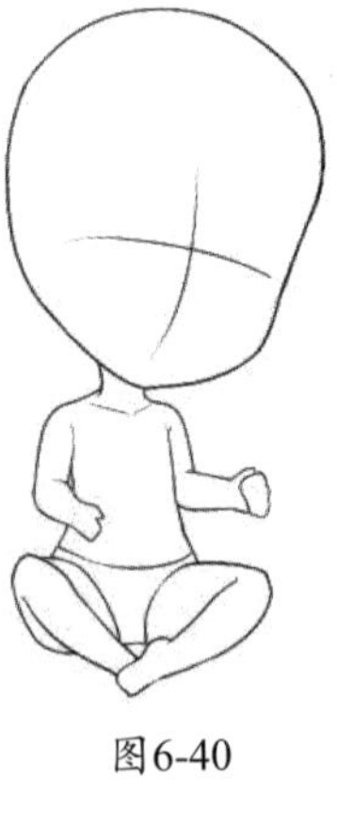

图6-40

2 绘制草图

01 结合人物动态，大致勾勒出头部的刘海及短发的动态走向轮廓，确定五官位置，如图6-41所示。

02 大致勾勒出人物领口围脖以及双手衣袖的外形轮廓，注意手臂的动态位置以及前后透视关系，如图6-42所示。

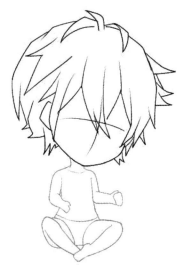

图6-41

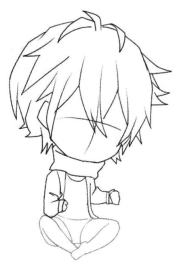

图6-42

03 结合人物动态，勾勒出服装的外形以及服装的装饰物，注意衣服的堆积感，如图6-43所示。

04 大致勾勒出海豚玩偶的轮廓外形，注意前后的遮挡关系，如图6-44所示。

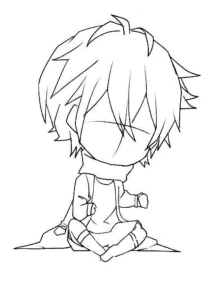

图6-43

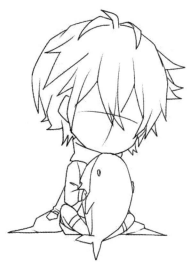

图6-44

3 细化线稿

01 根据之前确立的人物动态设定草图，观察头部结构，确定头发走向，如图6-45所示。

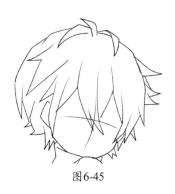

图6-45

02 详细地描绘出人物的刘海，注意把握头发的动态走向以及前后的穿插关系，如图6-46所示。

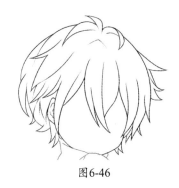

图6-46

03 完善头发的细节后，绘制人物右边的眼睛，短小的眉毛凸显人物的可爱，如图6-47所示。

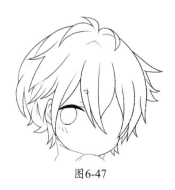

图6-47

04 结合右边的眼睛，绘制左边的眼睛，注意两眼之间的间距。加上可爱的嘴型，丰富人物的性格，如图6-48所示。

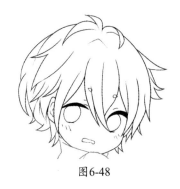

图6-48

05 结合人物服饰的设定草图，完善人物服饰的细节，注意转折处的褶皱处理，如图6-49所示。

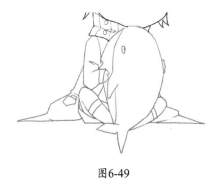

图6-49

06 整理画面，根据人物的动态调整透视关系，袜子加上小鱼状的花纹，增加趣味性，和海豚玩偶相呼应，如图6-50所示。

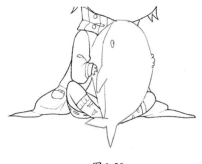

图6-50

07 绘制海豚玩偶的线稿，注意线条的圆润、流畅，以及和手臂之间的衔接关系，如图6-51所示。

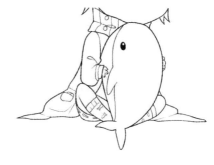

图6-51

08 整理画面，根据人物的动态调整透视关系，协调统一，如图6-52所示。

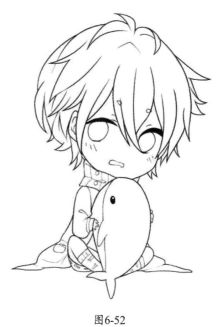

图6-52

4 阴影绘制

01 根据光源，绘制出右边头发阴影，耳朵后面背光，可大面积进行填充，如图6-53所示。

02 完善左边头发的阴影，注意结合头发的整体结构走向进行绘制，如图6-54所示。

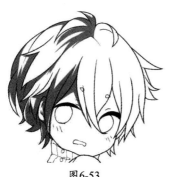

图6-53

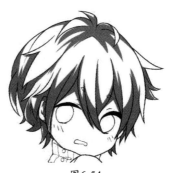

图6-54

03 在原有阴影的基础上加一层深色阴影，增强整体的头发层次感，如图6-55所示。

04 绘制右边的眼睛光影，注意瞳孔与瞳仁之间的颜色深浅关系，如图6-56所示。

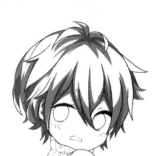

图6-55

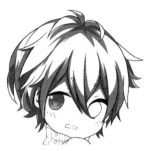

图6-56

05 结合右边眼睛的光影绘制，完善左边眼睛的光影绘制，为嘴巴填充深浅色调，整体协调统一，如图6-57所示。

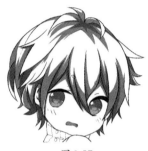

图6-57

06 绘制皮肤的浅色阴影，结合光源给皮肤的阴影进行定位，如图6-58所示。

07 绘制皮肤的深色阴影，丰富层次关系，如图6-59所示。

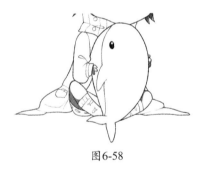

图6-58

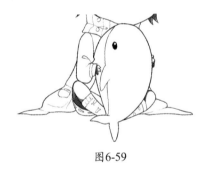

图6-59

08 绘制人物上半身服装的浅色阴影，注意褶皱处的暗部转折变化以及前后的遮挡关系，如图6-60所示。

09 绘制人物上半身服装的深色阴影，加大衣服的质感变化，丰富层次，如图6-61所示。

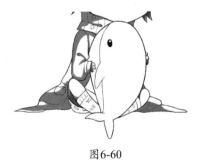

图6-60

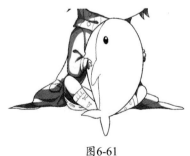

图6-61

10 绘制人物下半身短裤和袜子的浅色阴影，这两处处于背光、被遮挡的位置，可大面积绘制阴影，如图6-62所示。

11 绘制人物下半身短裤和袜子的深色阴影，丰富明暗层次变化，增添质感的体现，如图6-63所示。

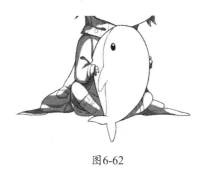

图6-62

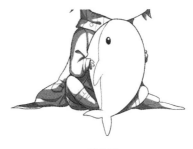

图6-63

12 根据海豚玩偶的固有色明暗对比关系，绘制阴影，并结合光源增加小部分阴影，如图6-64所示。

13 加一层深色阴影，凸显玩偶的体积感、厚实感，如图6-65所示。

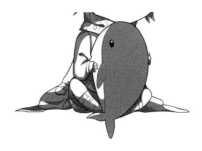

图6-64

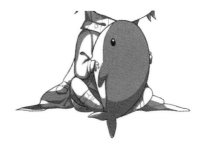

图6-65

14 整理画面，最终效果如图6-66所示。

这是一个小学生的形象，干净利索的短发凸显人物开朗的性格，这个人物的难点在腿部的透视关系以及整体的协调性，绘制阴影时注意把握人物身体和海豚玩偶之间的前后遮挡关系。

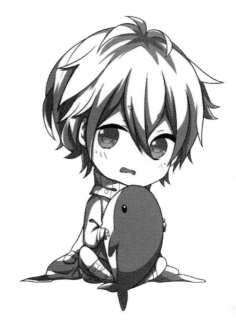

图6-66

6.1.3 人物跑姿绘制案例

在动漫人物设计中，人体动态的协调统一是最基本的要求，跑姿是体现人物肢体动态是否协调的表现方式之一。下面这个案例是一个正在小跑的女生，脖子上套着耳机，让人物显得很有活力。人物在奔跑过程中都需要维持一个重心，不然会容易跌倒，这个案例的难点在于人物的重心体现。

1 绘制动态

01 用线条勾勒出人物的大概动态，以确定人物的位置和重心，如图6-67所示。

02 绘制出人物的身体结构外形，注意人物的四肢关节影响着人物的动作变化，如图6-68所示。

03 用流畅的线条整理躯干以及动态的线条，调整好前后的透视关系，如图6-69所示。

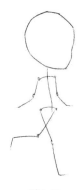

图6-67

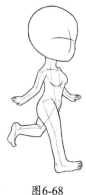

图6-68

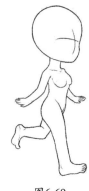

图6-69

2 绘制草图

01 结合人物动态，勾勒出头部刘海以及整个头部的外形轮廓，用"十"字形确定五官位置，如图6-70所示。

02 勾勒人物头部马尾辫的外形轮廓，注意头发的走向，如图6-71所示。

03 勾勒出装饰物耳机的外形轮廓，对耳机和脖子之间的遮挡关系进行初步定位，如图6-72所示。

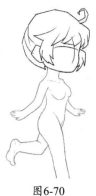

图6-70

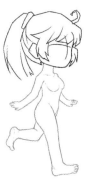

图6-71

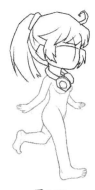

图6-72

04 结合人物动态，给人物添加连衣裙的外形，注意两只手的位置关系，如图6-73所示。

05 完善人物腿部以及鞋子的外形轮廓，注意透视关系，如图6-74所示。

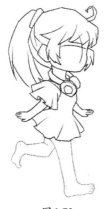

图6-73

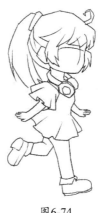

图6-74

3 细化线稿

01 结合之前的草图设定，观察人物头部的外形轮廓以及前后透视关系，如图6-75所示。

02 完善人物刘海及整个头部的细节，如图6-76所示。

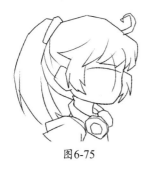

图6-75

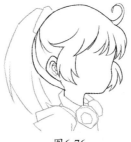

图6-76

03 完善人物马尾的细节，注意线条之间的穿插，体现头发质感，如图6-77所示。

04 绘制右边的眼睛线稿细节，注意眼睛的外形大小、眉毛的弧度，以及眉毛与眼睛之间的间距，如图 6-78 所示。

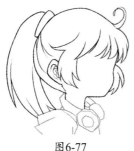

图6-77

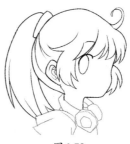

图6-78

05 完善左边眼睛的绘制，同时点上鼻子、小"o"形的嘴巴，注意左右眼睛近大远小的透视关系，如图6-79所示。

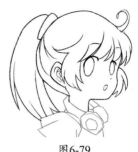

图6-79

Q版人物绘制技法

06 结合人物身体部位的草图设定，确定耳机和连衣裙之间的遮挡关系，如图6-80所示。

07 完善耳机的细节刻画，注意耳机和脖子之间的前后关系，如图6-81所示。

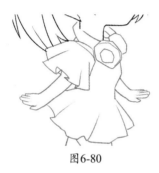

图6-80

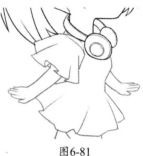

图6-81

08 完善人物连衣裙的细节，增加褶皱的变化以及疏密关系，体现奔跑过程中飘逸的质感，如图6-82所示。

09 细化人物双臂，注意手指动态的刻画和左右手的透视关系，如图6-83所示。

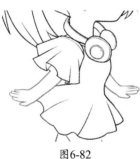

图6-82

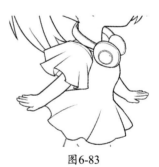

图6-83

10 观察人物草图设定，确定腿部位置以及鞋子的细节，如图6-84所示。

11 完善腿部和鞋子的线稿，进行整体调整，擦除多余草图，如图6-85所示。

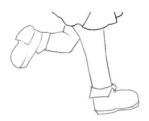

图6-84

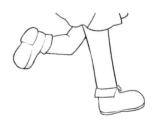

图6-85

12 整理画面，擦除多余线条，调整透视关系，如图 6-86 所示。

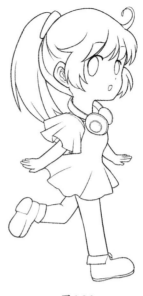

图6-86

4 阴影绘制

01 结合光源和头发的动态走向绘制人物头部及刘海的阴影，如图 6-87 所示。

02 完善马尾辫的阴影，可进行大面积平铺，拉大空间关系，如图 6-88 所示。

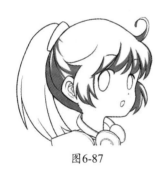

图6-87

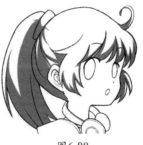

图6-88

03 在原有阴影的基础上再加深一层暗部阴影，加强前后的对比关系，如图 6-89 所示。

04 绘制人物脖子皮肤的浅色阴影部分，进行初步定位，如图 6-90 所示。

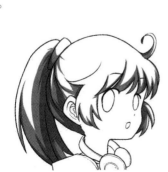

图6-89

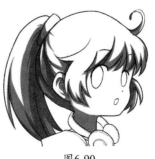

图6-90

05 在原有阴影基础上加上一层暗部阴影，增强空间关系，如图6-91所示。

06 绘制右边眼睛的光影，注意瞳孔与瞳仁之间的颜色深浅关系，如图6-92所示。

07 结合右边眼睛的光影绘制，完善左边眼睛的光影绘制，如图6-93所示。

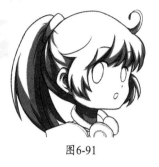
图6-91

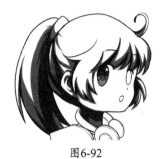
图6-92

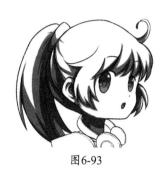
图6-93

08 绘制身体皮肤的浅色阴影，根据光源的位置对皮肤的阴影进行定位，如图6-94所示。

09 对身体皮肤的阴影进行加深，凸显层次关系，拉大空间对比关系，如图6-95所示。

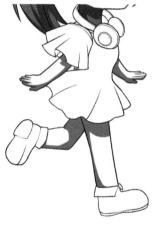
图6-94

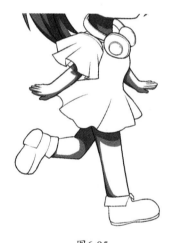
图6-95

10 绘制颈部耳机的浅色阴影，对阴影进行大面积平铺，如图6-96所示。

11 对颈部耳机的阴影进行加深，加强体积感和光影效果，如图6-97所示。

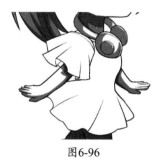
图6-96

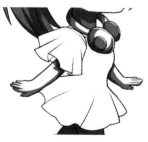
图6-97

12 完善上半身衣服的浅色阴影，对阴影进行定位，注意背光处大面积阴影的处理，如图6-98所示。

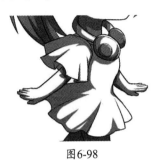

图6-98

13 完善上半身衣服的深色阴影，增加衣服的贴身质感，丰富明暗层次关系，如图6-99所示。

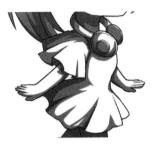

图6-99

14 绘制腿部和鞋子的暗部阴影，因顶光效果，接近裙子部分可以大面积平铺，如图6-100所示。

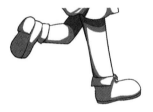

图6-100

15 在原有阴影基础上加深暗部阴影效果，拉大空间层次感，如图6-101所示。

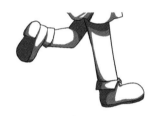

图6-101

16 整理画面，最终效果如图6-102所示。

这个案例的难点在于人物的整体重心的协调和透视关系。结合光源，对整体阴影的理解会轻松许多，特别是顶光效果的阴影部分的体现，根据结构走向大面积平铺即可。衣服的材质比较柔软，结合动态，线条要流畅柔顺，注意线条之间的穿插关系。

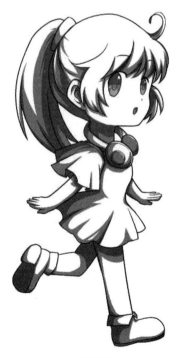

图6-102

6.2 日常动作表现

基础动作可以衍生出很多人体肢体动态，也就是我们现在所说的人体动态。人体动态可以让动漫人物在平面的纸张上活灵活现，具有一定的"灵"性。而这种"灵"性的细节刻画，是通过对真人日常生活的观察，将动态细节概括于纸上的。上面已经讲解过人的基础动作，接下来我们就在此基础上通过几个不同的日常生活动作案例的讲解，帮助读者掌握如何绘制人物肢体动作。

6.2.1 运球动作绘制

打篮球是世界上最受欢迎的运动之一，篮球运动有着许多不同的动作，例如运球、灌篮、投球等。下面这个案例绘制的是一个穿着球服、正在运球的小男孩，难点在于人体动态的重心把握。

1 绘制动态

01 将人物的动作用简单的线条绘制出来，用小圆圈代表着人体关节，进行简单的动态定位，如图6-103所示。

02 根据简单的动态定位，将人体的形体绘制出来，确定五官大致位置，如图6-104所示。

03 擦除多余线条，对动态进行整体修改，如图6-105所示。

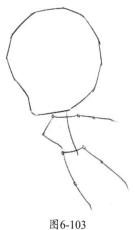

图6-103

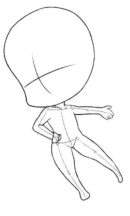

图6-104

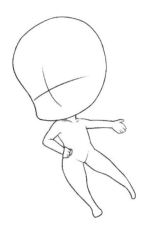

图6-105

2 绘制草图

01 勾勒出头部头发的外形轮廓，确定五官的位置，如图6-106所示。

02 勾勒出人物上半身球服和球服号码字符的外形轮廓，确定透视关系，如图6-107所示。

03 确定手臂的前后穿插关系，勾勒手臂的外形，如图6-108所示。

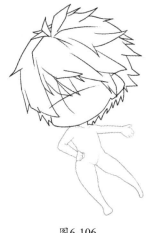

图6-106

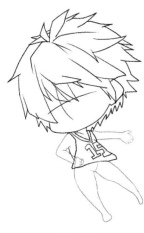

图6-107

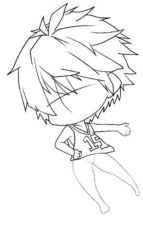

图6-108

04 勾勒出腿部以及球裤的外形轮廓，对褶皱的结构走向进行初步定位，如图6-109所示。

05 结合人物动态，确定篮球位置并画出外形轮廓，擦除遮挡部分的手形，如图6-110所示。

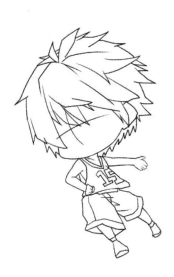

图6-109

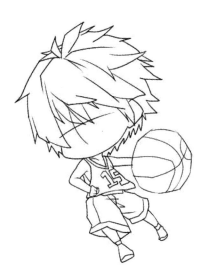

图6-110

3 细化线稿

01 根据之前确立的动作和设定草图，观察头发外形结构，如图6-111所示。

02 详细地描绘出人物的头发，注意把握头发的走向、层次关系，如图6-112所示。

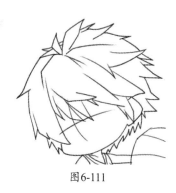

图6-111

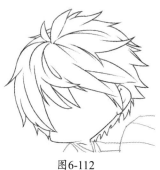

图6-112

03 绘制人物右眼，注意眼睛比例、眉毛的弧度，以及眉毛和眼睛之间的距离，如图6-113所示。

04 结合右边眼睛的绘制，完善左眼以及鼻子嘴巴，在脸上加个"U"形汗滴，表现人物状态，如图6-114所示。

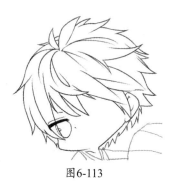

图6-113

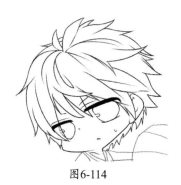

图6-114

05 根据之前对人物角色的设定草图，观察衣服的细节，如图6-115所示。

06 细化人物上半身球服，注意字母的扭曲幅度，凸显衣服质感动态，如图6-116所示。

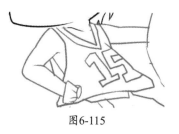

图6-115

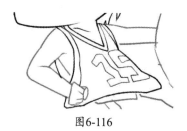

图6-116

07 完善手臂的细节,注意手势的绘制、手臂与球服之间的前后关系,如图6-117所示。

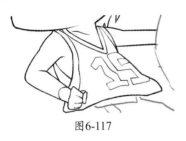

图6-117

08 根据之前的人物角色设定草图,观察下半身的细节,如图6-118所示。

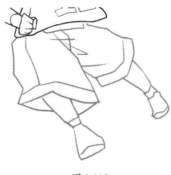

图6-118

09 将下半身球裤细化,注意褶皱线之间的关系,增加服饰的质感和立体感,如图6-119所示。

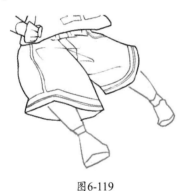

图6-119

10 细化腿部以及鞋子,擦除多余线条,繁杂的地方可适当删减,如图6-120所示。

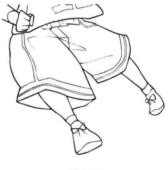

图6-120

11 根据之前的人物草图设定,观察篮球的细节,如图6-121所示。

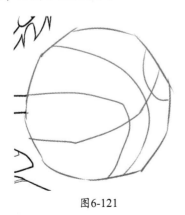

图6-121

12 细化篮球,注意和手臂线条之间的衔接关系,如图6-122所示。

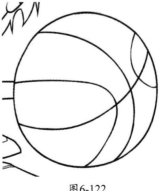

图6-122

13 整理画面，擦除多余线条，调整透视关系，如图6-123所示。

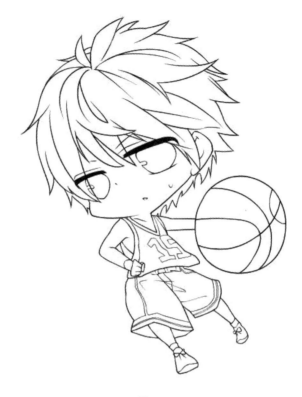

图6-123

4 阴影绘制

01 根据光源，结合头发丝的走向填充右边头发的阴影，如图6-124所示。

02 结合右边头发阴影，完善左边头发阴影，注意发丝间的阴影穿插关系，如图6-125所示。

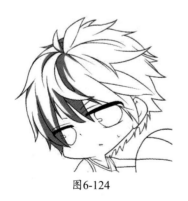

图6-124

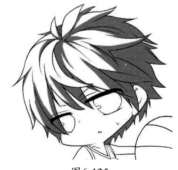

图6-125

03 在原有阴影的基础上再加深一层阴影，拉大前后的空间层次感，丰富画面，如图6-126所示。

04 绘制脸部皮肤的浅色阴影，对阴影进行初步定位，如图6-127所示。

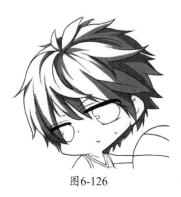

图6-126

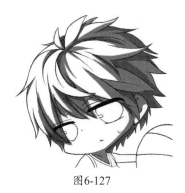

图6-127

05 在原阴影的基础上再加深一层暗部阴影，凸显脸部的光影效果，如图6-128所示。

06 绘制右眼的阴影，注意瞳孔与瞳仁之间的颜色深浅关系，如图6-129所示。

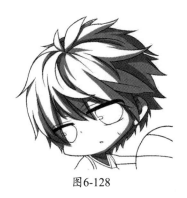

图6-128

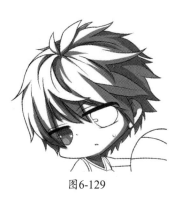

图6-129

07 结合右眼阴影的绘制，完善左边眼睛阴影，如图6-130所示。

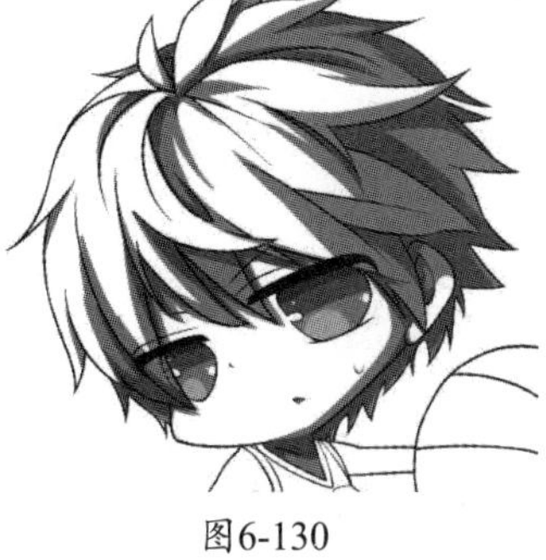

图6-130

08 绘制皮肤的浅色阴影以及顶光效果，可进行大面积阴影定位，如图6-131所示。

09 绘制皮肤的深色阴影，注意阴影的边缘要平滑，层次关系要丰富，如图6-132所示。

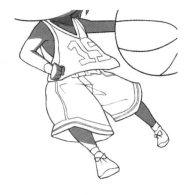

图6-131

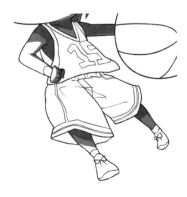

图6-132

10 绘制上半身球服的浅色阴影，靠近脖子部分因顶光效果，可进行大面积阴影定位，如图6-133所示。

11 绘制上半身球服的深色阴影部分，层次感要明确，体现奔跑起来的衣服质感，如图6-134所示。

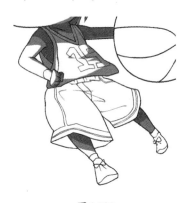

图6-133

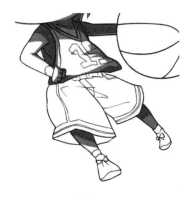

图6-134

12 绘制下半身球裤的浅色阴影，进行明暗关系层次的定位，如图6-135所示。

13 绘制下半身球裤的深色阴影部分，增强整体服装的质感和层次，拉大明暗对比关系，如图6-136所示。

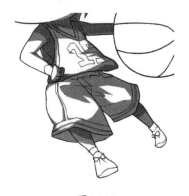

图6-135

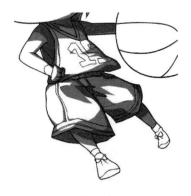

图6-136

14 绘制鞋子浅色阴影，对鞋子的阴影进行定位，如图6-137所示。

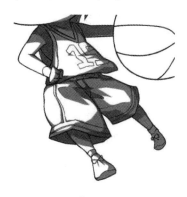

图6-137

15 绘制鞋子深色阴影部分，注意鞋子与腿部之间的对比关系，如图6-138所示。

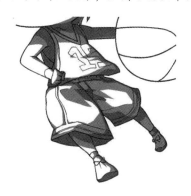

图6-138

16 绘制篮球的浅色阴影，进行大面积的阴影定位，如图6-139所示。

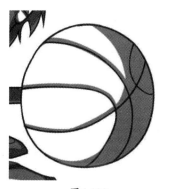

图6-139

17 绘制篮球的深色阴影，凸显篮球的体积感，如图6-140所示。

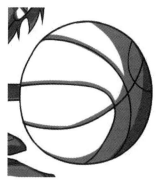

图6-140

18 整理画面，最终效果如图6-141所示。

这个案例的难点在于人物的重心的协调，保证人物重心点垂直于地面即可。还有就是服装上的质感体现，可以通过顶光效果来大面积地表现褶皱之间的明暗对比变化，来体现服装质感以及体积感。当然，线条与线条之间的穿插关系也起着很重要的表现作用。

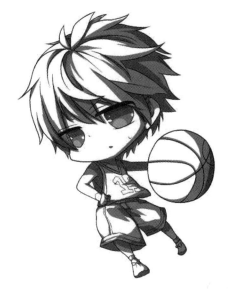

图6-141

6.2.2 唱歌动作绘制

下面这个案例绘制一个手持麦克风的小女孩，因为是带点俯视的角度，所以这个人物的难点是对上下人体透视关系的把握。

1 绘制动态

01 用线条将人物的大概身姿勾勒出来，面部的朝向要明确，如图6-142所示。

02 将人物的身体勾勒出来，对五官位置进行定位，如图6-143所示。

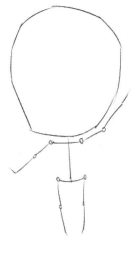

图6-142

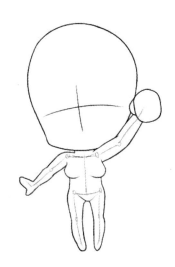

图6-143

03 用干净利落的线条完善整个人体动态，注意近大远小的透视关系，如图6-144所示。

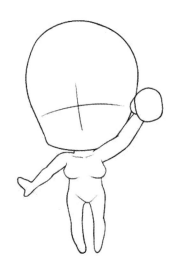

图6-144

2 绘制草图

01 结合头部结构绘制出短发和发饰的大致轮廓，确定头发的大致走向，如图6-145所示。

02 绘制人物上半身服饰的外形轮廓，注意透视关系和双臂的姿态，如图6-146所示。

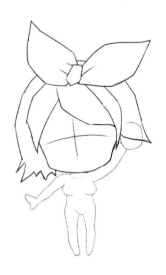

图6-145

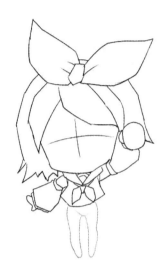

图6-146

03 绘制麦克风，注意其和手部的前后遮挡关系，如图6-147所示。

04 完善腿部服饰的外形，如图6-148所示。

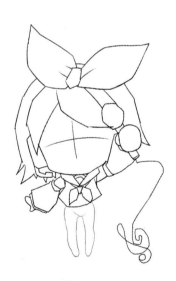

图6-147

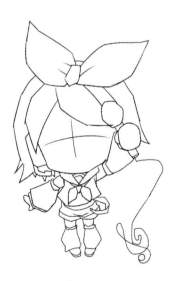

图6-148

3 细化线稿

01 结合之前的大致结构图,确定人物头发以及发饰的动态走向,如图6-149所示。

02 详细绘制出人物头发和发饰的线稿,注意线条之间的穿插,表现出头饰蝴蝶结的饱满,如图6-150所示。

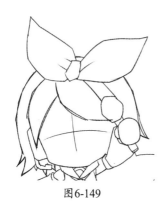

图6-149

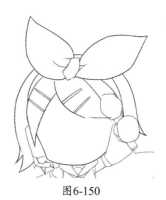

图6-150

03 根据人物设定,细化右边的眼睛结构,注意眼睛的大小比例,如图6-151所示。

04 结合右边的眼睛结构,完善左边的眼睛和嘴巴的结构绘制,如图6-152所示。

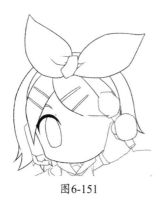

图6-151

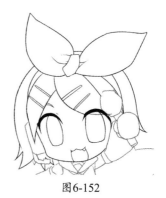

图6-152

05 结合之前的草图设定,观察耳麦和头发之间的穿插关系、麦克风的外形结构特点,如图6-153所示。

06 细化耳麦和麦克风,注意线条要流畅、交叉部位的衔接关系要清晰,如图6-154所示。

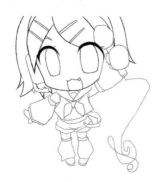

图6-153

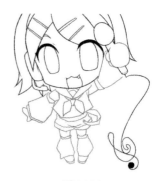

图6-154

07 根据人物设定草图,观察人物上半身服饰的造型特点,如图6-155所示。

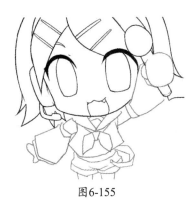

图6-155

08 结合上下空间层次关系,细化上半身衣服的线稿,注意其和脸部的透视衔接,如图6-156所示。

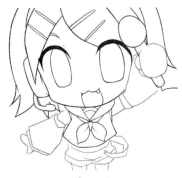

图6-156

09 确定左右手位置并进行细节绘制,添加手部装饰物,增强趣味性,如图6-157所示。

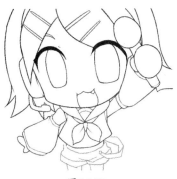

图6-157

10 结合之前的草图设定,观察腿部裤子以及鞋子的走向,确定需要体现的质感,如图6-158所示。

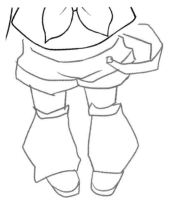

图6-158

11 详细绘制出腿部裤子以及鞋子的线稿,注意腰胯与腿部连接处的线条以及腰带的细节刻画,如图6-159所示。

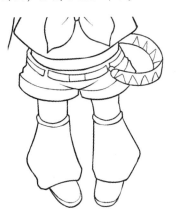

图6-159

12 擦除多余线条，整体调整线稿，统一协调透视关系，如图6-160所示。

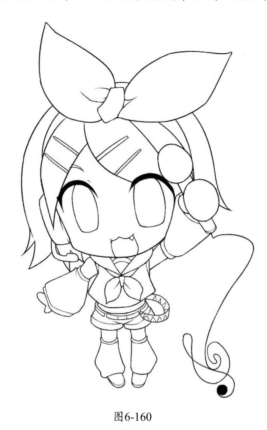

图6-160

4 阴影绘制

01 根据光源，填充人物头发阴影，注意头发的动态走向和发饰下面的遮挡效果，如图6-161所示。

02 完善发饰的明暗对比，注意体现蝴蝶结的体积感，如图6-162所示。

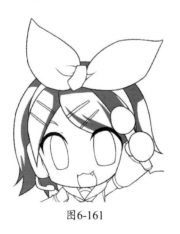

图6-161

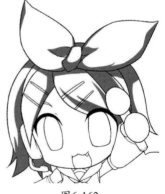

图6-162

03 在原有阴影的基础上再加一层深色阴影，使整体效果更具有表现力，如图6-163所示。

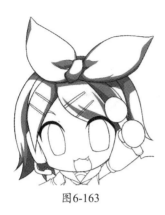

图6-163

04 画完头发和发饰阴影，详细绘制右边的眼睛明暗对比关系，注意受光部位的定位，如图6-164所示。

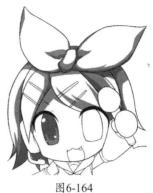

图6-164

05 结合右边眼睛的阴影，完善左边眼睛的阴影绘制，透视关系要把握好，如图6-165所示。

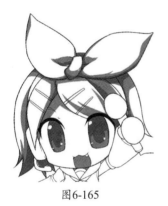

图6-165

06 绘制麦克风以及耳麦的浅色阴影部分，结合发丝走向大面积定位阴影，如图6-166所示。

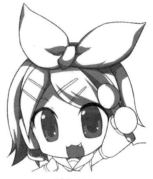

图6-166

07 绘制麦克风以及耳麦的深色阴影部分，加强层次感，如图6-167所示。

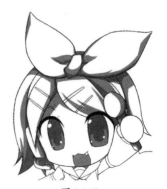

图6-167

08 绘制人物皮肤的浅色阴影部分以及顶光效果，注意颈部下面的阴影面积形状，如图6-168所示。

09 加深人物皮肤的阴影，突出层次感，如图6-169所示。

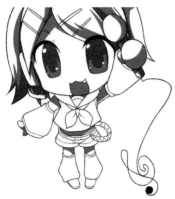

图6-168

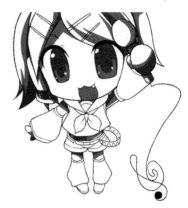

图6-169

10 绘制人物衣服的浅色阴影，对衣服褶皱的走向进行定位，如图6-170所示。

11 增加一层更深的暗部阴影，注意褶皱转折处暗部的处理，如图6-171所示。

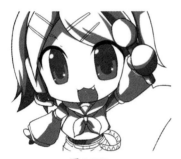

图6-170

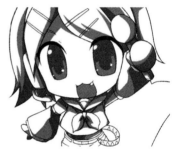

图6-171

12 绘制下半身服饰的黑白灰关系，大面积填充阴影表现服饰的体积感，特别是裤子的质感表现，如图6-172所示。

13 添加暗部阴影，表现出人物腿部的体积感，加强整体画面感，如图6-173所示。

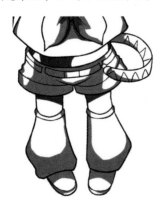

图6-172

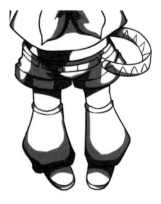

图6-173

14 整理画面，统一透视关系，最终效果如图6-174所示。

　　这个案例的难点在于人物的整体透视关系，把握"近大远小"的透视关系就不会出现很大的结构问题。对于上半身衣服的蓬松感和裤子的紧致感的体现，用准确的明暗对比即可达成。

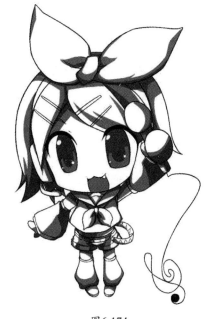

图6-174

6.2.3 持剑人物动态绘制

　　在动漫人物设计中，拿武器的角色设计不在少数，尤其在游戏角色的设计上。下面这个案例绘制的是一个拿剑的牛仔骑士，这个人物的难点也是人体透视，人物的服饰增添了一定的难度。

1 绘制动态

01 将人物的动作用简单的线条绘制出来，用小圆圈和线条代表人体关节和躯干，进行简单的动态定位，如图6-175所示。

02 根据简单的动态定位，从上到下将人体的形体绘制出来，对五官位置进行简单的定位，如图6-176所示。

03 擦除多余线条，对人体动态进行修整，如图6-177所示。

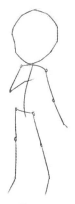

图6-175

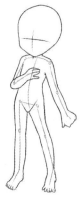

图6-176

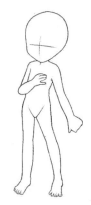

图6-177

2 绘制草图

01 勾勒出头部的刘海以及牛仔帽的形状，确定五官的位置，如图 6-178 所示。

02 勾勒出颈部装饰物以及披风的大致外形，如图 6-179 所示。

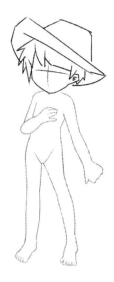

图6-178

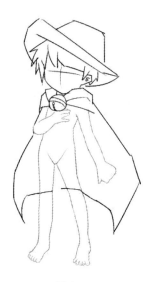

图6-179

03 勾勒出人物上半身服饰的外形，确定双臂的姿势和位置，如图 6-180 所示。

04 勾勒出人物腿部外形，注意其与衣服的前后穿插关系，如图 6-181 所示。

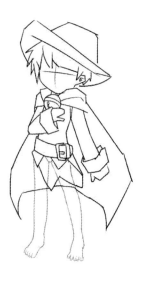

图6-180

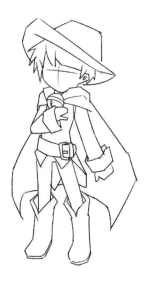

图6-181

05 勾勒出武器的外形，注意其与人物的前后遮挡关系，如图6-182所示。

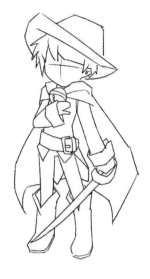

图6-182

3 细化线稿

01 根据之前的设定草图，观察头部外形结构，如图6-183所示。

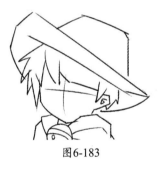

图6-183

02 详细地描绘出人物的刘海，注意把握人物头发的走向，如图6-184所示。

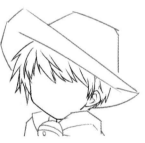

图6-184

03 完善牛仔帽，注意其和头部大小比例关系以及与头发的前后穿插关系，如图6-185所示。

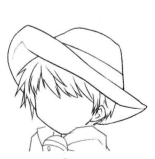

图6-185

04 完善头部的刘海以及牛仔帽后，绘制右边的眼睛。注意眼睛比例、眉毛的弧度以及眉毛和眼睛之间的间距，如图6-186所示。

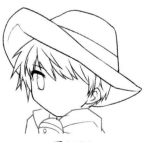

图6-186

05 结合右边眼睛的绘制，完善左边的眼睛和嘴巴，注意眼睛的弧度，凸显人物的英气，如图6-187所示。

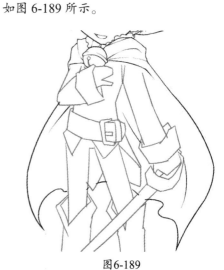

图6-187

Q版人物绘制技法

06 根据之前对人物的设定草图，观察衣服的细节部分，如图6-188所示。

07 细化人物领口处的装饰物，注意蕾丝边的褶皱穿插关系以及披风质感的体现，如图6-189所示。

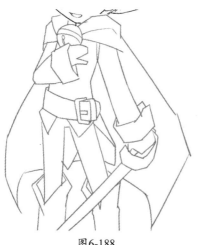

图6-188

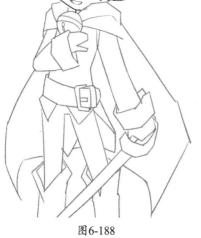

图6-189

08 完善人物上半身服饰的细节，注意体现燕尾服的紧致感，繁杂的地方适当删减，如图6-190所示。

09 完善腰带的细节刻画，注意结合胯部的结构特点绘制，如图6-191所示。

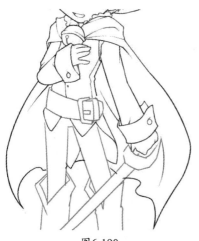

图6-190

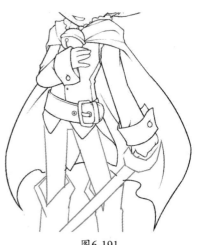

图6-191

10 结合之前的草图设定，观察人物下半身服饰的造型特点，如图6-192所示。

11 将腿部以及鞋子的造型特点细化出来，注意线与线之间的关系，体现质感和立体感，如图6-193所示。

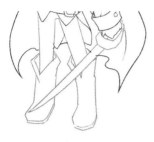

图6-192

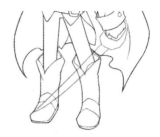

图6-193

12 细化武器的线稿，结合前后的遮挡关系，擦除多余线条，如图6-194所示。

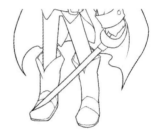

图6-194

13 整理画面，根据人物的动态调整透视关系，如图6-195所示。

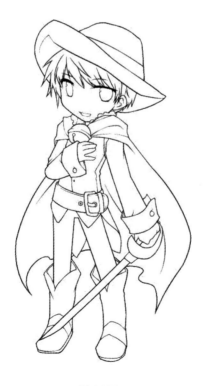

图6-195

4 阴影绘制

01 根据光源，结合头发丝的走向对头发的阴影进行填充，如图6-196所示。

02 结合头发阴影，完善牛仔帽的阴影部分，注意明暗部分的比例，如图6-197所示。

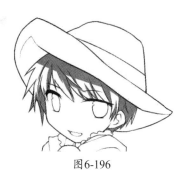

图6-196

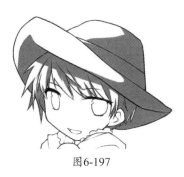

图6-197

03 再加一层深色阴影，拉大前后的空间层次感，增强明暗关系的对比，如图6-198所示。

04 绘制脸部皮肤的浅色阴影，结合光源对皮肤的阴影进行定位，如图6-199所示。

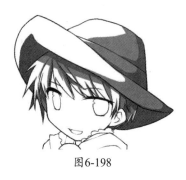

图6-198

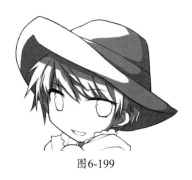

图6-199

05 绘制脸部皮肤的深色阴影，注意阴影的边缘要平滑，丰富层次关系，如图6-200所示。

06 绘制右边眼睛，注意瞳孔与瞳仁之间的颜色深浅关系，如图6-201所示。

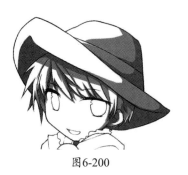

图6-200

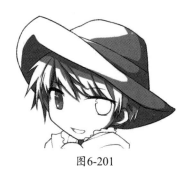

图6-201

07 结合右边眼睛的绘制，完善左边眼睛以及嘴巴的阴影绘制，如图6-202所示。

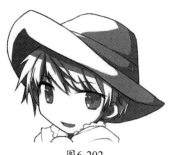

图6-202

08 绘制手部皮肤的浅色阴影，手部基本处于背光处，结合姿势动态走向绘制大面积阴影，如图6-203所示。

09 绘制手部皮肤的深色阴影，明确层次感，如图6-204所示。

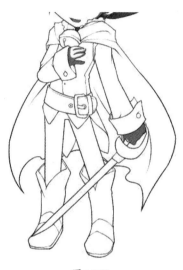

图6-203

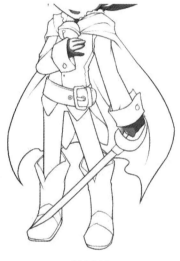

图6-204

10 绘制领口装饰物以及披风的浅色阴影，进行明暗关系层次的定位，如图6-205所示。

11 绘制领口装饰物以及披风的深色阴影，增强质感和层次，体现明暗空间关系，如图6-206所示。

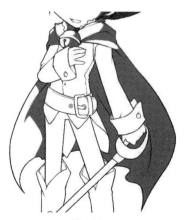

图6-205

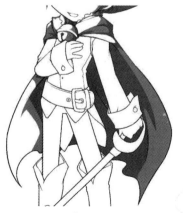

图6-206

12 绘制人物上半身服饰的浅色阴影，结合光源对阴影进行定位，如图6-207所示。

13 再加一层深色阴影，表现衣服紧致的体积感，拉大明暗对比关系，如图6-208所示。

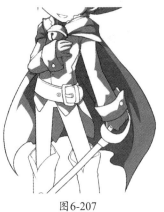

图6-207

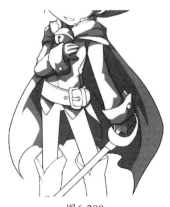

图6-208

14 绘制腰带的浅色阴影部分，结合整体效果进行大面积的阴影行定位，如图6-209所示。

15 绘制腰带的深色阴影，如图6-210所示。

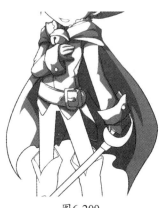

图6-209

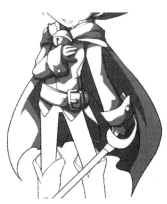

图6-210

16 绘制腿部以及鞋子的浅色阴影，注意鞋子的阴影定位，如图6-211所示。

17 绘制腿部以及鞋子的深色阴影，拉开与披风的前后空间对比关系，如图6-212所示。

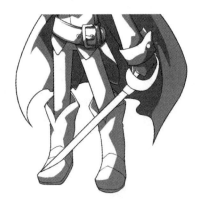

图6-211

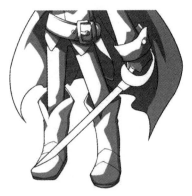

图6-212

18 完善武器的浅色阴影，注意结合光源体现剑的材质质感，如图 6-213 所示。

19 在原有阴影的基础上再加深阴影，统一整体的明暗关系，如图 6-214 所示。

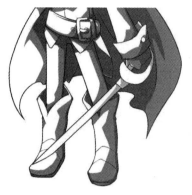

图6-213

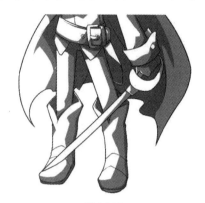

图6-214

20 整理画面，最终效果如图 6-215 所示。

这个案例的难点在于人物的"近大远小"透视关系，以及衣服质感的体现、褶皱之间线与线的穿插关系，特别是披风的飘逸感的表现，用大面积的明暗对比，在整体层次上产生了很大的空间对比。

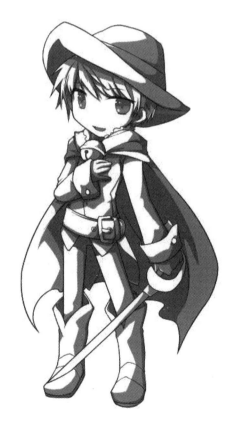

图6-215

Q版人物
绘制技法

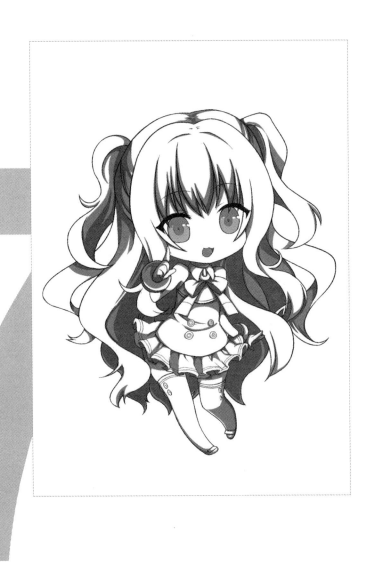

第7章 | 人物服饰造型设计

在动漫中，对角色的最初设定就是性格，而要把这种性格特征非常直观、简单地表现出来，就是通过穿着的服装，所以服装设计在人物塑造中占有非常大的比重。

7.1 人物服装的基础知识

适当得体的服装能够衬托出一个人的气质，在漫画人物设计中，服饰不仅能表现漫画人物的性格特征，同时还能表现出漫画人物的生活环境、地位及社会背景。所以在漫画中，我们观察到人物角色发生转变时，往往都伴随着服饰的变化。

服饰的褶皱是服饰表现力最为重要的部分，以下通过案例讲解衣服在不同状态下的褶皱表现。

7.1.1 衣服褶皱的分类

衣服的褶皱有很多分类，下面就来讲解在不同状态下所产生的褶皱样式。

1 下垂褶皱

在人体上找到某个区域作为悬挂点，让衣物自然垂落所形成的垂直向下的褶皱即为下垂褶皱。一般都出现在宽松的服饰上面，注意悬垂挂点附近的波形折痕最明显，线条流畅自然即可，如图7-1所示。

2 悬吊褶皱

一块布拥有两个不同的悬挂点，被拉起形成的倒"八"字形状的褶皱即为悬吊褶皱。越靠近悬挂点，被拉起的褶皱越深、越密集，如图7-2所示。

3 螺旋褶皱

使原本悬垂的衣物相互层叠挤压，产生绕人体躯干的斜向螺旋折痕即为螺旋褶皱。这里的褶皱集中且密集。比如人物臂膀的袖子高挽，会形成更多明显的、不规则的螺旋折痕，如图7-3所示。

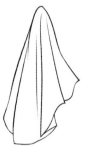
图7-1
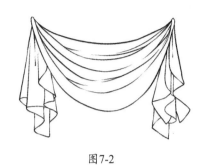
图7-2
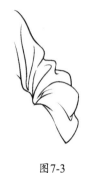
图7-3

7.1.2 衣服褶皱的应用

衣服褶皱是人物在进行动作时，对布料产生挤压而形成的。褶皱的多少是由动作的转折变化程度以及衣服材质所决定的，所以绘制褶皱时不仅仅要了解人物具体的动态姿势以及环境影响，同时还要了解衣服到底是什么材质，这样才能更好地表现出衣服的质感，丰富人物性格。

下面我们来了解不同材质的服饰所带来的不同褶皱效果。

- 毛衣：质感厚实、蓬松。结合人物动态，找到受力点，褶皱少而大，线条柔和，如图7-4所示。
- 运动绵衫：质感柔软。结合人物动态，找到受力点，褶皱较少，线条转折紧凑、柔和，如图7-5所示。

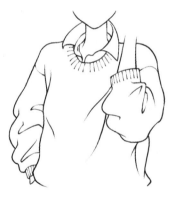
图7-4
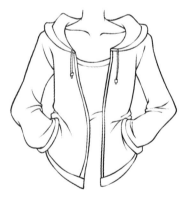
图7-5

- 皮衣：质感贴身、紧致。结合人物动态，找到受力点，褶皱较大，且变化多，主要需要表现出皮衣光泽感，如图7-6所示。
- 棉袄：质感蓬松、柔软。结合人物动态，找到受力点，褶皱多而细碎，最为蓬松的地方没有褶皱，如图7-7所示。

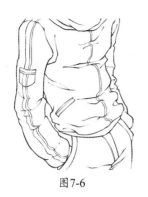
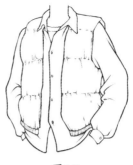

图7-6　　　　　　　图7-7

7.2　各种服饰造型案例

在漫画人物设计中，服饰是可以透露出许多信息的，比如一个人物的生活背景、性格特点以及兴趣爱好，等等。在漫画中很少会在一个人身上绘制多种不同的服饰。下面就介位漫画中几种常见的服饰案例在Q版人物绘制中的应用。

7.2.1　军装绘制案例

军装指军队的制服。军装是一种制式服装，通过一个国家、一个时期军服的质地、颜色和款式，不仅可以品出时代的审美，同时可以读出政治、军事、经济、科技等方面的内涵。下面这个Q版人物是一个身穿绿色军装的军官。

1 绘制动态

01 用简单的线条勾勒出人物的大致动态，确定人物的头身比例，如图7-8所示。

02 根据动态定位、从上到下绘制人体动态结构，确定双手位置，如图7-9所示。

03 擦除多余线条，注意双腿间的透视关系，如图7-10所示。

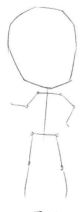
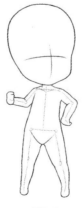
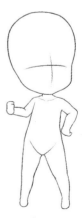

图7-8　　　　　　　　　图7-9　　　　　　　　　图7-10

2 绘制草图

根据人物结构图绘制头部、躯干、四肢以及服饰的轮廓，注意比例要合适。此小节是对人物角色的大致设定，与之后的人物最终线稿以及阴影的绘制紧密相关。

01 大致勾勒出人物头发位置，注意头发的动态走向以及和脸部的遮挡关系，如图7-11所示。

02 勾勒出衣服内衬以及领结的外形轮廓，注意前后的穿插关系，如图7-12所示。

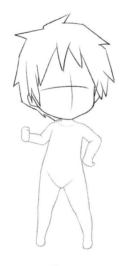

图7-11

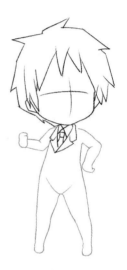

图7-12

03 勾勒出人物上半身服装的大致外形，确定衣服的样式，如图7-13所示。

04 结合上半身服装的样式，完善下半身服装的外形，注意左右脚前后的透视关系，如图7-14所示。

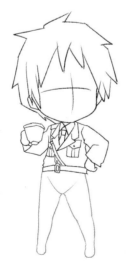

图7-13

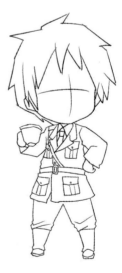

图7-14

3 细化线稿

本步骤是让人物角色的线稿更加完善,将多余的草图线条和辅助线擦除,处理线条之间的虚实、方圆及前后线段的穿插关系,对主线条进行检查、修改和整理。

01 结合之前的草图定位,观察人物头部头发走向,确定头发分布位置,如图7-15所示。

02 细化人物角色头发线稿,注意线条要流畅,把握头发线与线之间的穿插关系,如图7-16所示。

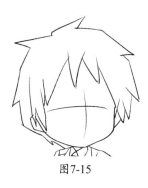

图7-15

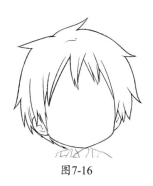

图7-16

03 绘制右边的眼睛结构和眉毛,如图7-17所示。

04 结合右边的眼睛结构,完善左边的眼睛结构,注意双眼的间距以及透视关系,如图7-18所示。

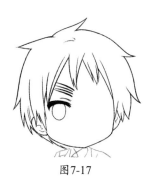

图7-17

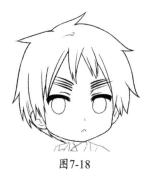

图7-18

05 结合之前的草图定位,确定衣服上的装饰物位置以及茶杯和右手臂的前后关系,如图7-19所示。

06 细化人物茶杯的外形结构,注意透视关系,如图7-20所示。

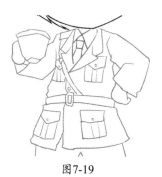

图7-19

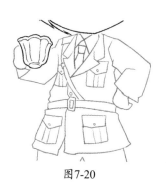

图7-20

07 细化双手以及上半身衣服及装饰物，注意褶皱间的交叉关系，如图7-21所示。

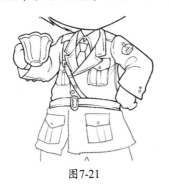

图7-21

08 完善整体外衣的外形以及样式的细节，线条应圆润、简洁概括，如图7-22所示。

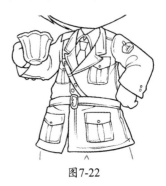

图7-22

09 结合之前草图设定，分析双脚的前后透视关系以及裤子和鞋子的衔接关系，如图7-23所示。

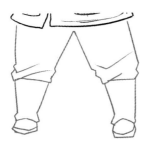

图7-23

10 擦除多余线条，完善腿部线稿的细节，注意腿部与上衣的遮盖关系，如图7-24所示。

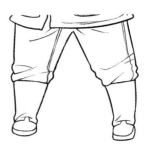

图7-24

11 整体调整线稿，统一协调透视关系，如图7-25所示。

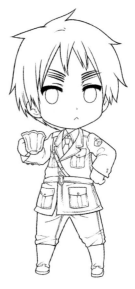

图7-25

4 阴影绘制

阴影可以增强人物的立体感和画面感，所以绘制时要把握好光影的方向和位置。

01 根据光源，结合头发的动态走向，绘制人物头部右边暗部阴影，如图7-26所示。

02 结合右边头发暗部阴影，完成左边头发的暗部阴影绘制，如图7-27所示。

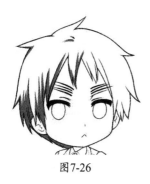

图7-26

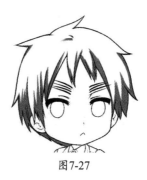

图7-27

03 在原有阴影的基础上，加深一层阴影，加大明暗层次关系，凸显光源对阴影的影响，如图7-28所示。

04 绘制脸部皮肤的浅色阴影，给皮肤的暗部阴影进行定位，如图7-29所示。

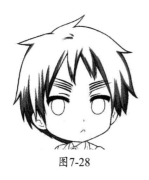

图7-28

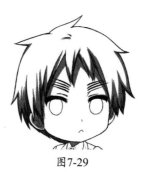

图7-29

05 再加深一层暗部阴影，增加整体的明暗关系，加强层次对比关系，如图7-30所示。

06 绘制右眼的明暗关系，注意瞳孔与瞳仁之间的明暗对比关系，如图7-31所示。

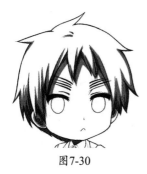

图7-30

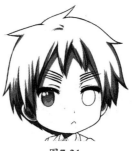

图7-31

07 结合右边眼睛的阴影，完善左边眼睛的阴影绘制，如图7-32所示。

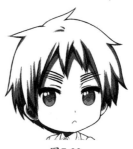

图7-32

第7章　人物服饰造型设计

08 绘制茶杯的浅色阴影，结合光源给暗部定位，如图7-33所示。

09 加深茶杯的暗部阴影，阴影体现出瓷器质感，如图7-34所示。

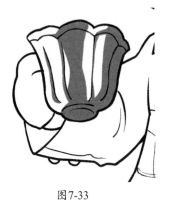

图7-33

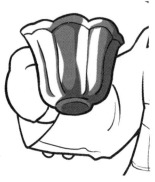

图7-34

10 绘制人物衣服的浅色阴影，根据衣服质感的体现，对阴影进行大面积的定位，如图7-35所示。

11 在原有阴影的基础上加深一层暗部阴影，增强前后的明暗关系对比，如图7-36所示。

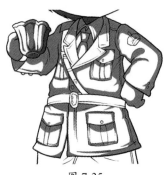

图7-35

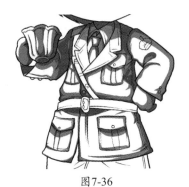

图7-36

12 结合衣服的明暗绘制，完善腰带的浅色阴影，如图7-37所示。

13 绘制腰带的深色阴影，小面积即可，协调整体明暗关系，如图7-38所示。

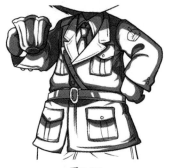

图7-37

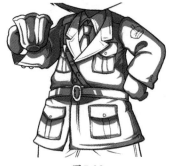

图7-38

14 绘制腿部和脚部浅色阴影，进行大面积定位，如图7-39所示。

15 加深暗部阴影，注意和上衣的遮挡关系对比以及鞋子的质感体现，如图7-40所示。

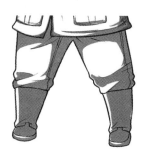

图7-39

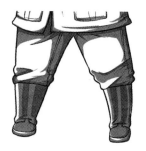

图7-40

16 整理画面明暗关系的对比，使其整体协调统一，最终效果如图7-41所示。

这个案例的难点在于人物的军装细节绘制，衣服明暗关系的对比会比较强烈，线条也要果断干脆，绘制时注意线条之间的穿插关系。

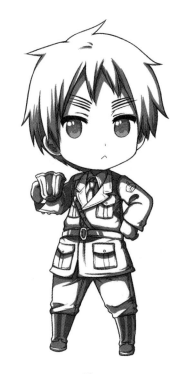

图7-41

7.2.2 休闲装绘制案例

休闲装俗称便装，它是人们在无拘无束、自由自在的生活中穿着的服装，展现人物简洁自然的风貌。

1 绘制动态

01 用简单的线条画出比例线，确定人体动态，注意头部朝向，它决定着后面的透视关系，如图 7-42 所示。

02 在比例线的基础上用简单的线条勾勒出人物的动态，主要体现出四肢的动作和关节的位置，如图 7-43 所示。

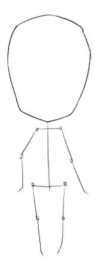

图 7-42

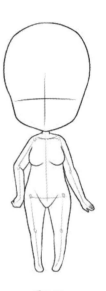

图 7-43

03 擦除多余线条，完善整个人体姿态，注意手的动态，如图 7-44 所示。

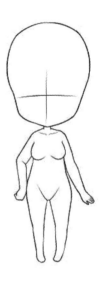

图 7-44

2 绘制草图

01 在原有的人物动态线上，勾勒出人物头部以及发箍的外形轮廓，确定五官位置，如图7-45所示。

02 描绘出人物马尾辫的外形轮廓，结合人物动态确定头发的动态走向，如图7-46所示。

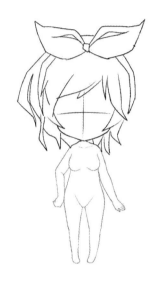

图7-45

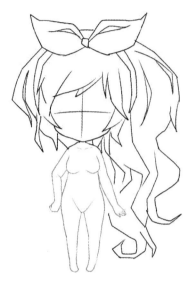

图7-46

03 完善人物上半身衣服外形轮廓并确定双臂位置，如图7-47所示。

04 结合人物动态，确认裤子和腿部位置，勾勒出大致外形，如图7-48所示。

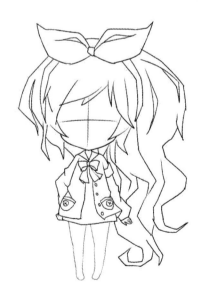

图7-47

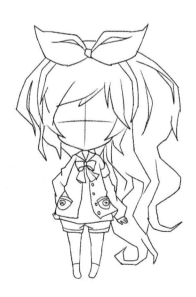

图7-48

3 细化线稿

01 观察头部头发与发箍之间的穿插关系，确认动态走向，如图 7-49 所示。

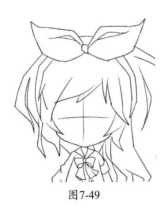

图 7-49

02 用流畅的线条详细描绘出人物头部以及刘海的准确大型，如图 7-50 所示。

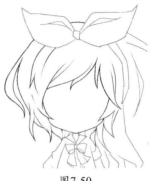

图 7-50

03 绘制发箍的线稿，注意遮挡关系，以及头发线条与线条之间的穿插关系，如图 7-51 所示。

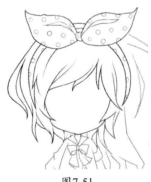

图 7-51

04 绘制人物五官，从右边的眼睛开始勾勒，圆润的大眼睛凸显女孩的可爱，如图 7-52 所示。

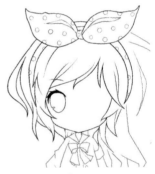

图 7-52

05 结合右边眼睛的绘制，完善左边眼睛，注意眼间距，确认鼻子和嘴巴位置，并完善整个五官，如图 7-53 所示。

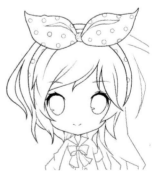

图 7-53

06 观察人物长马尾的动态走向和人物前后关系，如图7-54所示。

07 描绘长马尾的细节线稿，注意线条的转折，以及线与线之间的穿插，如图7-55所示。

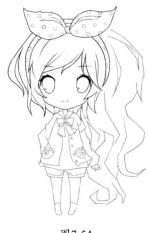

图7-54

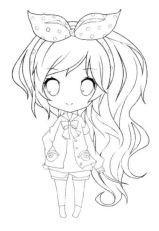

图7-55

08 观察人物上半身衣服外形，确认衣服样式，如图7-56所示。

09 绘制人物领口蝴蝶结装饰物的细节，注意线条穿插动态走向，如图7-57所示。

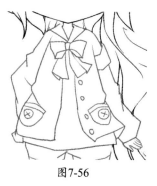

图7-56

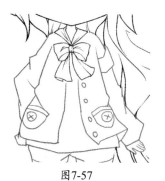

图7-57

10 完善人物上半身衣服的绘制，注意手型的细节刻画以及整体的透视关系，如图7-58所示。

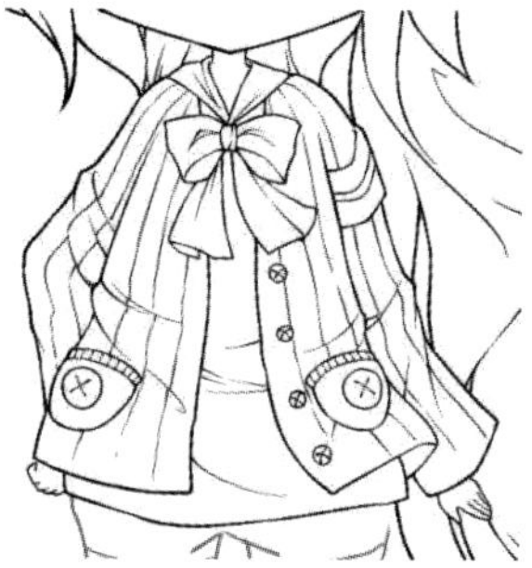

图7-58

11 根据草图,确定裤子和腿部外形以及透视关系,如图7-59所示。

12 用简洁的线条描绘出裤子和双腿,注意两者之间的连接,如图7-60所示。

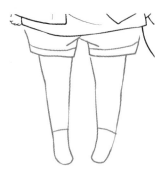

图7-59

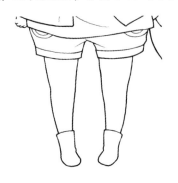

图7-60

13 整体调整线稿,统一协调透视关系,如图7-61所示。

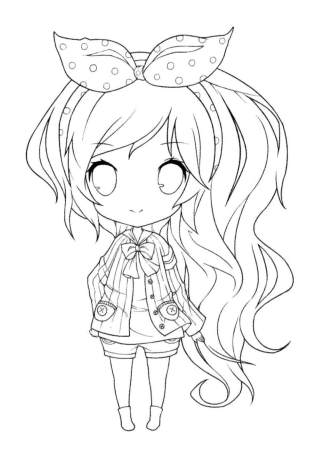

图7-61

4 阴影绘制

01 结合光源，根据头发的走向填充人物头发的暗部阴影，如图 7-62 所示。

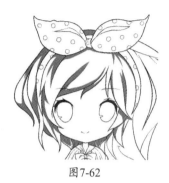

图 7-62

02 根据头发的暗部定位，对发箍的明暗关系进行定位，如图 7-63 所示。

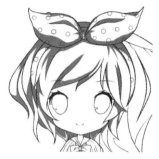

图 7-63

03 添加一层暗部阴影，近光处亮部多，背光处暗部多，如图 7-64 所示。

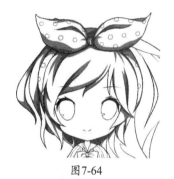

图 7-64

04 开始绘制人物五官的明暗关系，确认光源，从人物右边的眼睛开始绘制，如图 7-65 所示。

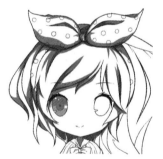

图 7-65

05 完善人物左边眼睛的绘制，注意受光部位的明暗关系，如图 7-66 所示。

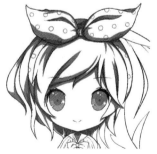

图 7-66

06 根据之前头发的明暗阴影,结合头发的动态走向给予长马尾辫一个浅色阴影定位,如图7-67所示。

07 在原有阴影的基础上,再加深一层暗部阴影,丰富前后的明暗对比,增强头发质感,如图7-68所示。

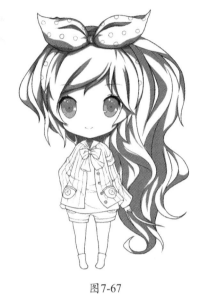

图7-67

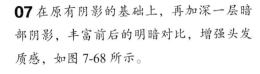

图7-68

08 绘制皮肤的浅色阴影,对人物皮肤阴影进行准确的定位,如图7-69所示。

09 根据顶光效果,加深皮肤阴影,加强光影关系的前后对比,突出空间感,如图7-70所示。

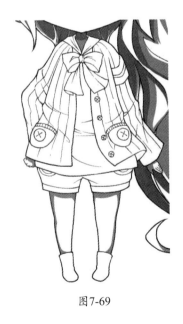

图7-69

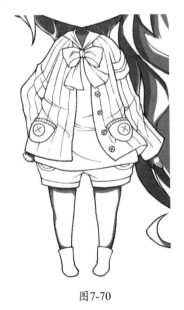

图7-70

10 绘制人物外套的浅色阴影，结合线条的褶皱走向对阴影进行初步定位，体现衣服质感，如图7-71所示。

11 加深上半身衣服的暗部阴影，凸显衣服质感，注意头部下面的阴影面积要大，以及衣服和胸前装饰物的前后穿插关系，如图7-72所示。

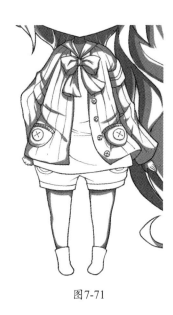

图7-71

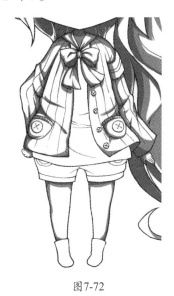

图7-72

12 结合外套的阴影，确定内衬的阴影部分，注意内衬和外套相接处的线条褶皱转折变化，如图7-73所示。

13 加深内衬的暗部阴影，体现休闲服的质感，注意转折以及堆压出的暗部填充，如图7-74所示。

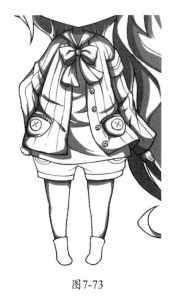

图7-73

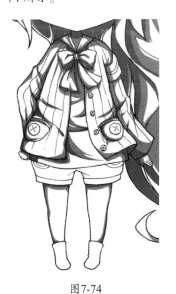

图7-74

14 结合光源以及整体明暗色调的对比，对人物裤子和鞋子的暗部阴影进行初步定位，如图 7-75 所示。

15 在原有阴影的基础上再加一层暗部阴影，小面积填充即可，以突出裤子和鞋子的体积感和空间质感，如图 7-76 所示。

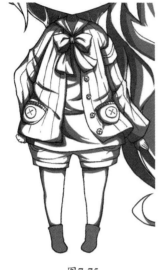

图7-75

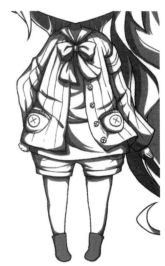

图7-76

16 整理画面，统一协调明暗关系的对比，最终效果如图 7-77 所示。

这个案例的难点在于人物服饰的明暗关系对比，以及衣服质感的表现。

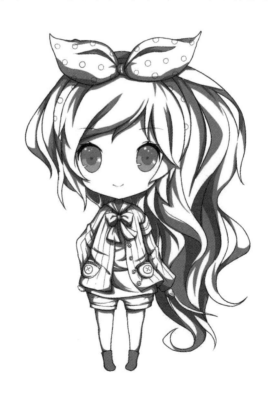

图7-77

7.2.3 嘻哈装绘制案例

"嘻哈"是英文 HIP HOP 的音译,照字面来看 HIP 是臀部,HOP 是跳跃的意思,实际上,它是一种生活文化的统称。它是一种生活文化的精神,结合了语言、音乐、舞蹈、生活方式等内容。下面这个案例的人物设定是一名具有嘻哈风格的酷小孩。

1 绘制动态

01 用简单线条和小圆圈表示躯干四肢和关节,勾勒出人物的大致动态,如图 7-78 所示。

02 在动态线的基础上绘制出人物的外形轮廓,确定各个部位的准确位置,如图 7-79 所示。

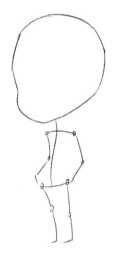

图7-78

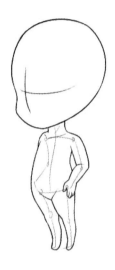

图7-79

03 擦除多余线条,调整人体动态,注意人物的头身比例,如图 7-80 所示。

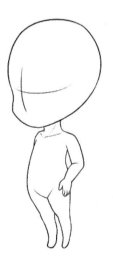

图7-80

2 绘制草图

01 结合之前的动态草图设定，绘制人物头发的大致外形轮廓，如图7-81所示。

02 为人物添加耳机饰品外形轮廓，丰富人物风格设定，如图7-82所示。

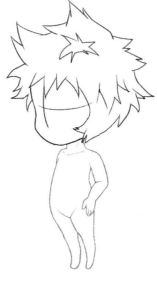

图7-81

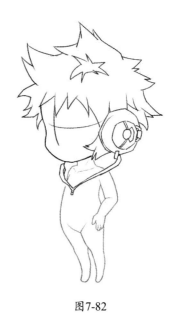

图7-82

03 确定双臂的位置及动态，画出双臂和上半身服饰的外形，注意弯曲部位的转折变化，如图7-83所示。

04 结合人体动态，完成人物裤子和鞋子的外形定位，如图7-84所示。

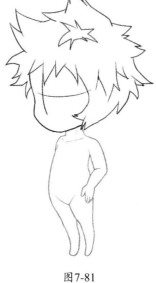

图7-83

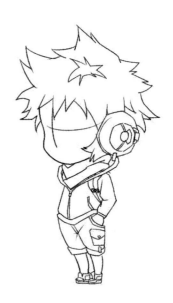

图7-84

Q版人物绘制技法

05 丰富人设，添加大背包的大致轮廓，注意和前后的穿插关系，如图7-85所示。

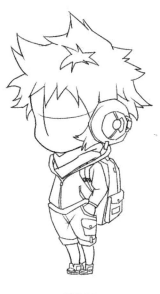

图7-85

3 细化线稿

01 观察之前的人物草图设定，确定头发的外形设定和动态走向，如图7-86所示。

02 详细绘制头发的细节，注意发丝之间的穿插关系以及和耳机的前后关系，如图7-87所示。

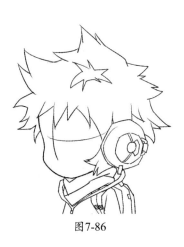

图7-86

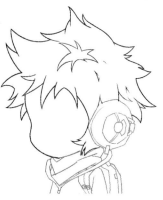

图7-87

03 开始刻画五官，注意右边眼睛的定位以及比例大小、透视关系，如图7-88所示。

04 继续左边眼睛和嘴巴的绘制，嘴巴可以稍加变动，体现人物肉嘟嘟的感觉，如图7-89所示。

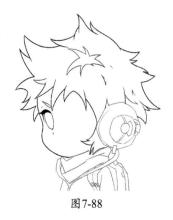

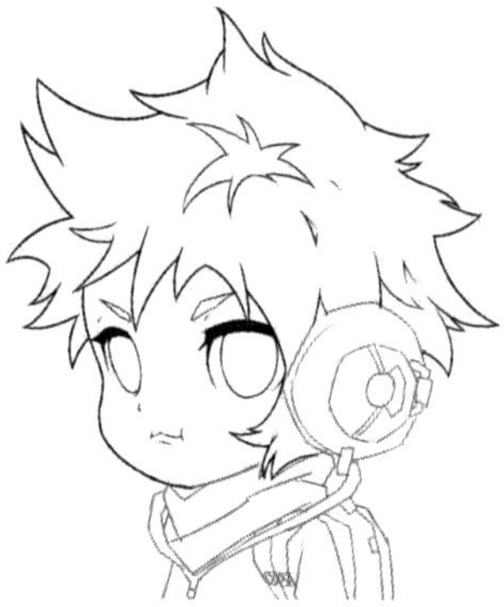

图7-88

图7-89

05 完善领口处围脖的细节，注意堆积感的线条穿插，确定转折变化，如图7-90所示。

06 结合人物设定，完成耳机结构细节，注意耳机和其他部位之间的前后遮挡关系，擦除多余线条，如图7-91所示。

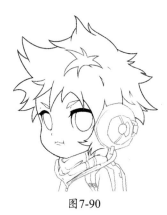 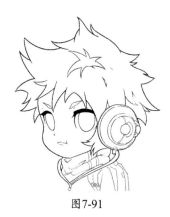

图7-90

图7-91

07 根据之前的草图，观察双臂和上衣的细节设定，确认动态比例，如图7-92所示。

08 绘制上衣的细节及手部姿势，注意结合人体动态与衣褶的线条表现，如图7-93所示。

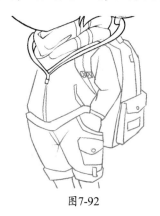 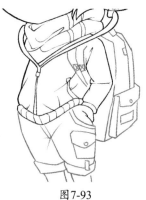

图7-92

图7-93

09 完善裤子的线稿细节,协调统一画面,如图 7-94 所示。

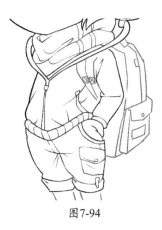

图7-94

10 详细刻画书包,注意和人物的前后穿插关系,并整理整个画面透视关系,如图 7-95 所示。

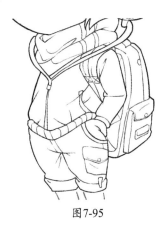

图7-95

11 结合之前的设定草图,观察人物腿部以及前后透视关系,如图 7-96 所示。

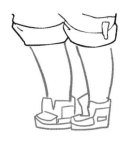

图7-96

12 完善人物腿部线稿的细节,绘制高帮鞋,细化腿部和鞋子之间的衔接部分,如图 7-97 所示。

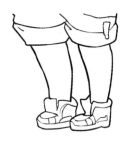

图7-97

13 整体调整线稿,统一协调透视关系,如图 7-98 所示。

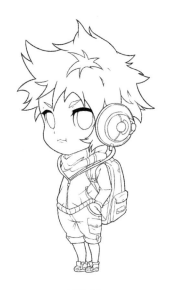

图7-98

4 阴影绘制

01 根据光源效果，填充人物头发右边的暗部阴影，注意结合头发的动态走向，如图7-99所示。

02 完善人物刘海左边的暗部阴影，戴耳机部位头发受到挤压，可大面积平铺，如图7-100所示。

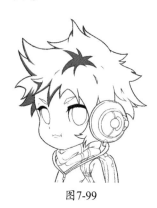

图7-99

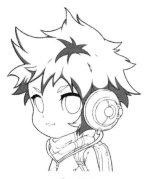

图7-100

03 在原有阴影的基础上添加一层深色阴影，丰富画面，表现头发的质感，如图7-101所示。

04 结合光源，给人物脸部进行大面积阴影定位，增强明暗关系的对比，如图7-102所示。

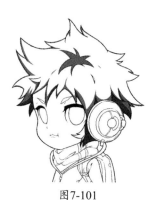

图7-101

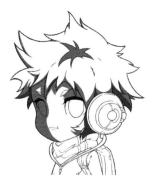

图7-102

05 添加一层暗部阴影，丰富画面层次感，拉开脸部和头发之间的空间关系，如图7-103所示。

06 结合光源效果，刻画右边眼睛的细节，注意整体的深浅关系，如图7-104所示。

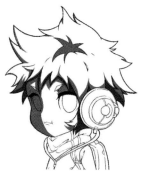

图7-103

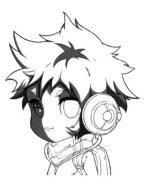

图7-104

07 完成左边眼睛的细节刻画，加强光影关系的绘制，注意亮部位置的刻画，如图7-105所示。

08 结合耳机的结构造型特点，填充浅色阴影，体现耳机的体积质感，如图7-106所示。

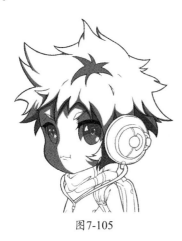

图7-105

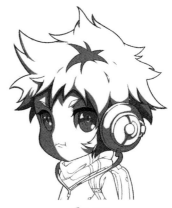

图7-106

09 绘制耳机的暗部阴影，加强耳机质感的体现，丰富画面明暗对比关系，如图7-107所示。

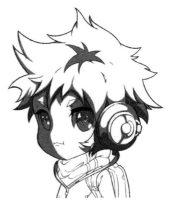

图7-107

10 完善人物围脖的浅色阴影，对围脖的阴影进行大面积平铺定位，如图7-108所示。

11 结合堆积褶皱的结构走向，添加一层深色阴影，加强明暗关系对比，如图7-109所示。

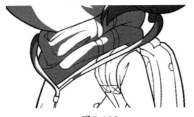

图7-108

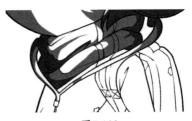

图7-109

12 绘制人物上半身衣服的浅色阴影，结合围脖光影设定，给予阴影形状一个设定，如图7-110所示。

13 绘制一层暗部阴影，根据褶皱走向进行小面积填充，凸显衣服的体积质感，如图7-111所示。

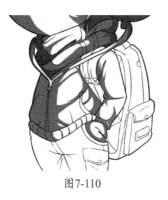

图7-110

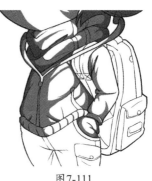

图7-111

14 完善背包的浅色阴影，大面积填充确定明暗比例关系，如图7-112所示。

15 加深背包的暗部阴影，丰富层次变化，拉大前后的空间对比关系，如图7-113所示。

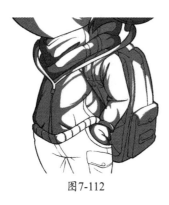

图7-112

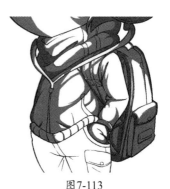

图7-113

16 绘制裤子的浅色阴影，结合整体光影设定和褶皱结构走向，对阴影进行大面积定位，如图7-114所示。

17 加深一层小面积的暗部阴影，拉开前后关系，加强对比，如图7-115所示。

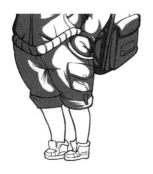

图7-114

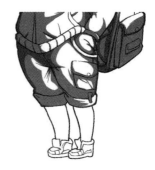

图7-115

18 填充腿部以及鞋子的浅色阴影，确定明暗部分的比例，如图 7-116 所示。

19 加深腿部以及鞋子的暗部阴影，增强前后的空间对比关系，如图 7-117 所示。

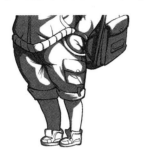

图7-116

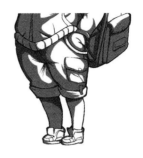

图7-117

20 整理画面最终效果如图 7-118 所示。

这个案例的难点在于人物的服装和装饰品的前后遮挡线条的连贯性，随着人体动作结构而转折。人物整体阴影的绘制较为复杂，大面积的明暗对比，体积感的体现会有点难度，注意结合线稿的结构走向以及线条之间的穿插关系进行阴影绘制即可。

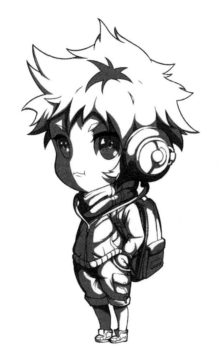

图7-118

7.2.4 小礼服绘制案例

小礼服以小裙装为基本款式，具有轻巧、舒适、自在的特点，合理的设计可以凸显人物的性格特点和气质。下面这个案例绘制的是一个身穿短款小礼服的可爱女生。

1 绘制动态

01 用线条勾勒出人物动态姿势，如图 7-119 所示。

02 在上一步的基础上，绘制人物外形，注意手势的动态定位，如图 7-120 所示。

03 擦除多余线条，细化人物动态，如图 7-121 所示。

Q版人物绘制技法

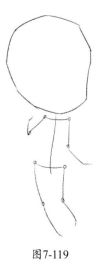

图7-119

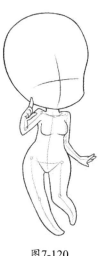

图7-120

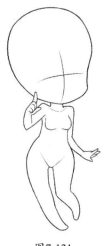

图7-121

2 绘制草图

01 大致勾勒出人物头发的外形轮廓，确定五官位置，如图 7-122 所示。

02 勾勒人物上半身的服饰外形，确定手臂和双手的动态姿势，注意前后的透视关系，如图 7-123 所示。

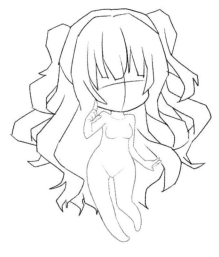

图7-122

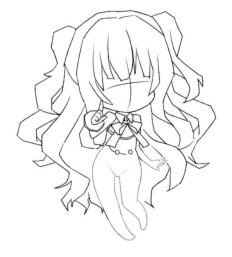

图7-123

03 结合人体动态，勾勒出人物裙子的大致外形，确定褶皱的动态走向，如图7-124所示。

04 完善腿部的动态姿势，穿插部分头发，丰富画面，如图7-125所示。

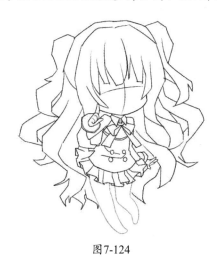

图7-124

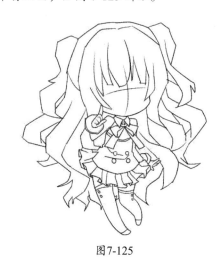

图7-125

3 细化线稿

01 观察人物头部刘海的动态走向，确定前后的层次穿插关系，如图7-126所示。

02 细化人物头部刘海的线稿，注意刘海和脸部的连接关系，如图7-127所示。

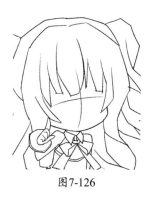

图7-126

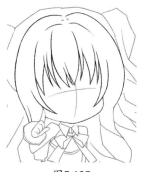

图7-127

03 绘制人物右边的眼睛，使其符合人物设定，注意眼睛的外形设定，确定眼睛和眉毛之间的距离，如图7-128所示。

04 根据人物右边的眼睛，结合前后的透视关系，完善五官的绘制，凸显人物的俏皮可爱，如图7-129所示。

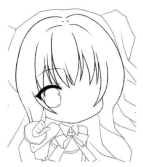

图7-128

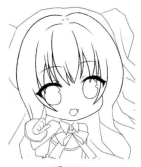

图7-129

05 接下来绘制人物的整体头发，观察人物草图设定，确定前后的遮挡关系，如图 7-130 所示。

06 详细绘制人物的头发，弧度要大，多穿插，凸显卷发的柔顺以及层次感，如图 7-131 所示。

Q版人物绘制技法

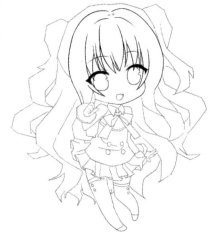

图7-130　　　　　　　　　图7-131

07 观察服饰领口的装饰，设计领口造型，如图 7-132 所示。

08 细化服饰领口的装饰，如图 7-133 所示。

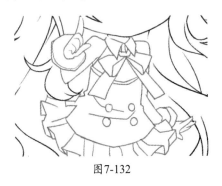 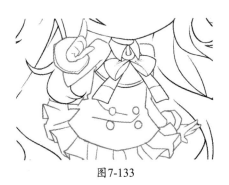

图7-132　　　　　　　　　图7-133

09 完善人物上半身的衣服的细节，添加纹理和褶皱，如图 7-134 所示。

10 根据手部动态和前后的穿插关系，绘制双手结构和手饰的外形细节，做到简单概括，如图 7-135 所示。

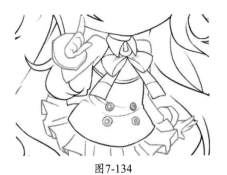 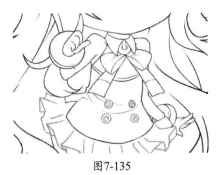

图7-134　　　　　　　　　图7-135

11 接下来绘制下半身的线稿细节,观察腿部动态和裙子的褶皱走向,对其进行定位,如图7-136所示。

12 完善裙子的线稿绘制,添加花纹,注意裙子和头发以及手部的前后关系,如图7-137所示。

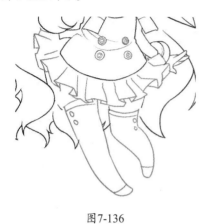

图7-136

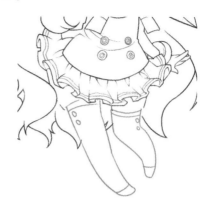

图7-137

13 完善腿部以及鞋子的细节,结合服装绘制鞋子,如图7-138所示。

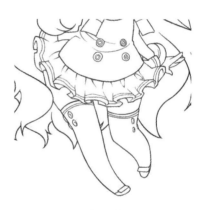

图7-138

14 整体调整线稿,统一协调透视关系,如图7-139所示。

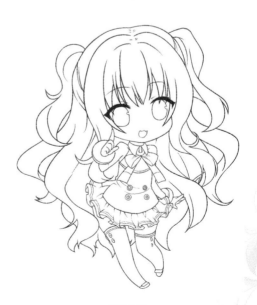

图7-139

4 阴影绘制

01 结合光源,填充头发刘海的暗部阴影,注意根据头发的走向确定暗部面积,如图7-140所示。

02 刻画五官阴影,绘制人物右边的眼睛明暗关系,注意瞳孔与瞳仁之间的对比,如图7-141所示。

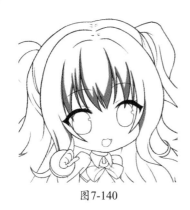

图7-140

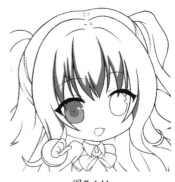

图7-141

03 结合右边的眼睛绘制,完善左边的眼睛的细节刻画,如图7-142所示。

04 根据光影效果,初步定位脸部的明暗色调,如图7-143所示。

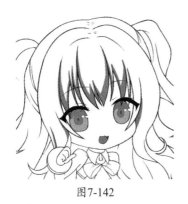

图7-142

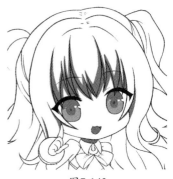

图7-143

05 加深一层阴影,在颈部进行大面积平铺,拉大空间层次关系,如图7-144所示。

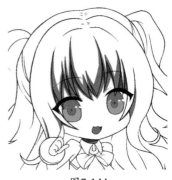

图7-144

06 完善整体头发暗部阴影，整体拉开前后空间感，背部用大面积定位，如图7-145所示。

07 再添加一层深色阴影，丰富层次感，增强画面感，如图7-146所示。

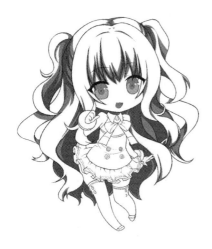

图7-145

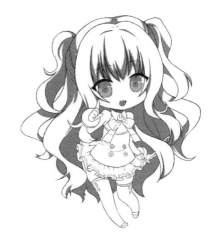

图7-146

08 给予人物颈部装饰一个浅色阴影定位，如图7-147所示。

09 加深一层暗部阴影，强调空间感的同时加强质感的体现，如图7-148所示。

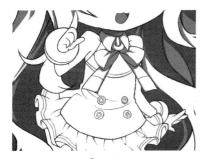

图7-147

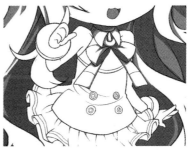

图7-148

10 结合颈部饰品，完善上半身衣服的阴影绘制，浅色阴影初步定位如图7-149所示。

11 在原有阴影的基础上加上深色阴影，深色阴影根据褶皱的走向以小面积分布，如图7-150所示。

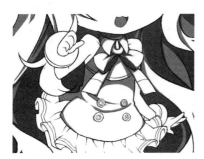

图7-149

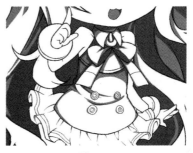

图7-150

12 绘制手饰的暗部阴影，根据整体进行大面积平铺，如图7-151所示。

13 结合手饰质感的体现，加深一层暗部阴影，拉开前后空间关系，如图7-152所示。

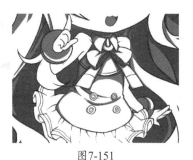

图7-151

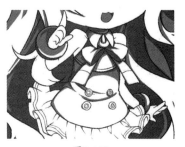

图7-152

14 绘制皮肤的浅色阴影，对皮肤的阴影进行初步的定位，如图7-153所示。

15 结合人物的形体结构，加深皮肤的阴影，丰富层次，如图7-154所示。

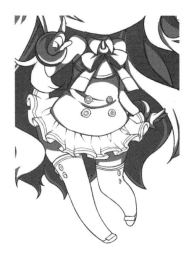

图7-153

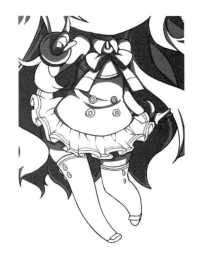

图7-154

16 绘制裙子的浅色阴影部分，根据光源，结合褶皱动态走向，进行简单的定位，如图7-155所示。

17 加一层暗部阴影，褶皱处添加少量即可，加强服装质感，丰富前后上下的层次关系，如图7-156所示。

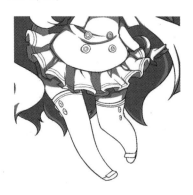

图7-155

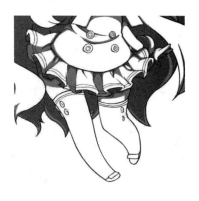

图7-156

18 绘制人物腿部的明暗关系，结合腿部动态绘制浅色阴影，如图 7-157 所示。

19 在腿部边缘小面积加深一层暗部阴影，凸显体积感，如图 7-158 所示。

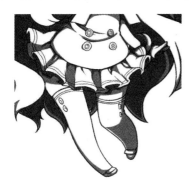

图7-157

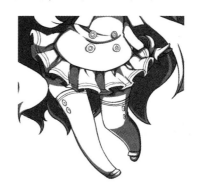

图7-158

20 整理画面，最终效果如图 7-159 所示。

这个女孩的难点绘制在于头发线条之间的穿插、层次感的体现，以及服饰的细节刻画。把握住人物动态以及光影关系的对比，绘制大面积阴影，加一些面积阴影辅助，就很容易体现出人物的设定。

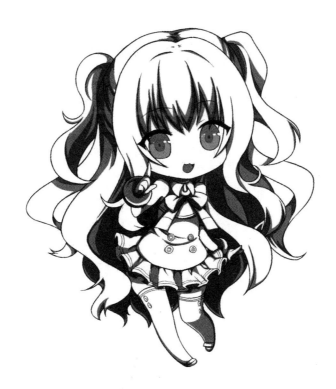

图7-159

Q版人物绘制技法

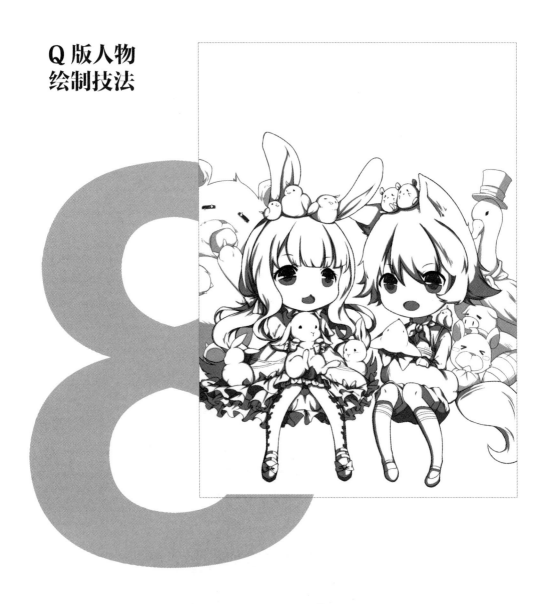

第8章 | Q版人物造型设计

通过前面几章的详细讲解，读者对于Q版人物的基本造型设计已经有了初步的理解，本章在之前的基础上，通过两个动态及服饰结构不同的Q版人物形象的案例，逐步讲解Q版人物线稿设计及明暗绘制的技法，同时为Q版人物色彩绘制做好前期的线稿设计。

Q版人物造型设计主要分为线稿设计和明暗色调的绘制两个阶段。

8.1　运动校服男孩造型设计

8.1.1　线稿设计

1　绘制动态

01 在线稿层单击 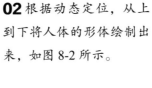 按钮新建一个图层，绘制人物动态，确定头身比例，如图8-1所示。

02 根据动态定位，从上到下将人体的形体绘制出来，如图8-2所示。

03 擦除多余线头，按从上至下的顺序细化人物头部、身体及四肢的动态结构，确定人物动态，如图8-3所示。

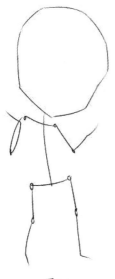

图8-1

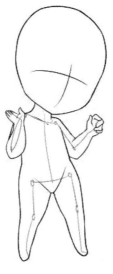

图8-2

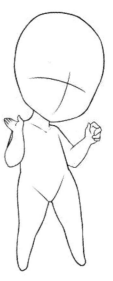

图8-3

2 绘制草图

01 单击 按钮，新建图层，运用硬笔刷刻画头发的大体轮廓线，用"十"字确定五官位置，如图8-4所示。

02 完善人物上半身内衫的外形轮廓，注意其和双臂之间的穿插关系，如图8-5所示。

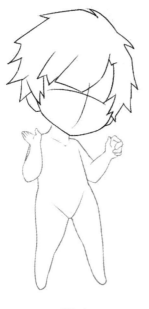

图8-4

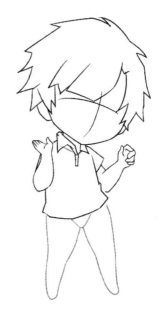

图8-5

03 完善人物腿部及脚部的绘制，把握左右脚的前后动态关系，如图8-6所示。

04 结合人体动态，勾勒出人物外套外形轮廓，注意衣服褶皱走向定位，如图8-7所示。

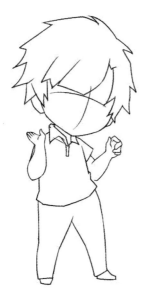

图8-6

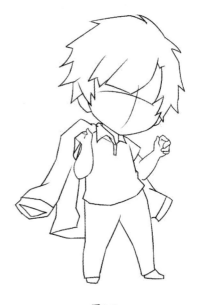

图8-7

3 细化线稿

01 根据之前确立的设定草图,观察人物头发的动态走向,如图8-8所示。

02 详细描绘出人物头发,结合人物的动态结构,处理线条之间的虚实,以及前后线段的穿插关系,如图8-9所示。

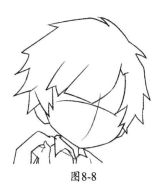

图8-8

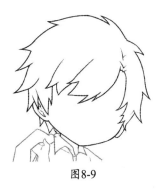

图8-9

03 结合Q版人物眼睛的结构造型特点,绘制人物右边的眼睛,注意眉毛以及眼角的动态走向,凸显人物性格,如图8-10所示。

04 结合右边的眼睛,完成左边的眼睛,同时画上鼻子和嘴巴,生动地表现出人物的神态,如图8-11所示。

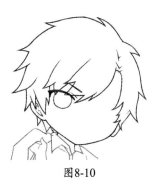

图8-10

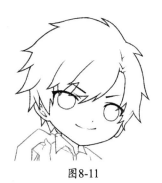

图8-11

05 根据之前对人物角色的设定草图,观察服装内衫和双臂之间穿插的细节,如图8-12所示。

06 结合人体动态,完善服装内衫的线稿绘制,因为校服都较为宽松,所以褶皱间的转折要大、穿插疏松适度,如图8-13所示。

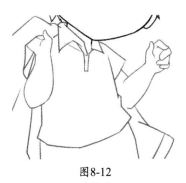

图8-12

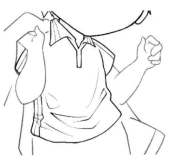

图8-13

07 完善双臂的线稿绘制，注意手势的刻画以及手臂和衣服间线条的衔接关系，如图8-14所示。

08 根据人物角色草图设定，观察校服外套的设计细节，对大小比例进行准确定位，如图8-15所示。

09 细化校服外套的线稿，整理外套和手部的前后空间关系，注意转折处的线条处理，凸显衣服质感，如图8-16所示。

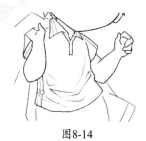

图8-14

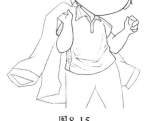

图8-15

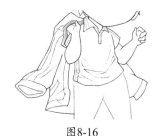

图8-16

10 根据人物角色草图设定，设计人物腿部以及脚部的造型设计细节，如图8-17所示。

11 对人物的腿部和脚部的结构造型进行仔细刻画，注意线条结构的虚实、透视结构造型的变化以及鞋子的透视关系，如图8-18所示。

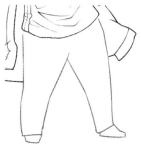

图8-17

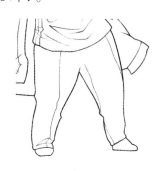

图8-18

12 完善腿部线稿，整体调整并擦除多余草图，如图8-19所示。

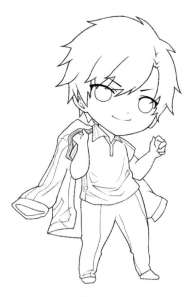

图8-19

8.1.2 明暗色调的绘制

01 绘制头发阴影，耳朵后面背光，绘制面积要大，以拉大空间层次，如图8-20所示。

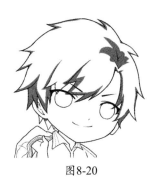

图8-20

02 加深一层暗部阴影，要简洁概括，注意结合头发的动态走向整体绘制，如图8-21所示。

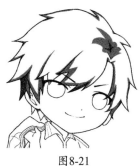

图8-21

03 根据光源绘制右眼的光影，注意瞳孔与瞳仁之间的颜色深浅关系，如图8-22所示。

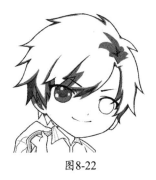

图8-22

04 结合右边眼睛的光影，完善左边眼睛与脖子的光影绘制，注意受光亮部的位置，如图8-23所示。

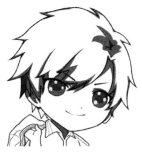

图8-23

05 给脖子加上一层暗部阴影，拉大前后空间对比关系，如图8-24所示。

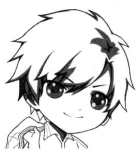

图8-24

06 绘制皮肤的浅色阴影，对人物皮肤阴影进行准确的定位，如图 8-25 所示。

07 加深皮肤阴影，注意结构的转折变化，加强明暗的对比关系，如图 8-26 所示。

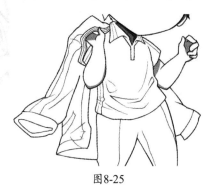

图 8-25

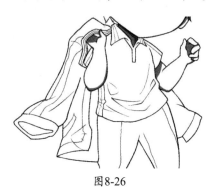

图 8-26

08 根据光源，完善上半身校服内衫的浅色阴影，对衣服的阴影进行初步定位，如图 8-27 所示。

09 加深上半身校服内衫的阴影，注意转折部分细节的刻画，凸显衣服质感，如图 8-28 所示。

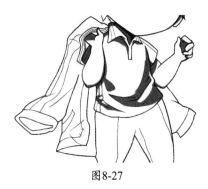

图 8-27

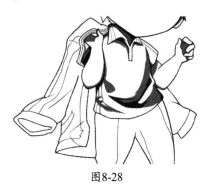

图 8-28

10 绘制外套的浅色阴影，根据光源，对阴影进行大面积定位，注意褶皱处暗部的处理，如图 8-29 所示。

11 绘制外套的深色阴影，丰富明暗层次关系、增强外套体积感，如图 8-30 所示。

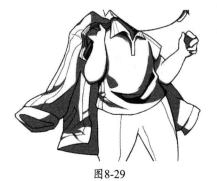

图 8-29

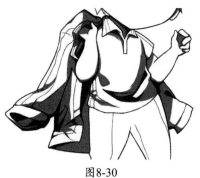

图 8-30

12 确定腿部和脚部的阴影面积，注意臀胯处的褶皱转折变化，大面积进行明暗对比，如图8-31所示。

13 加深腿部和脚部的阴影，体现腿部和脚部的质感，注意转折以及堆压处的暗部填充，如图8-32所示。

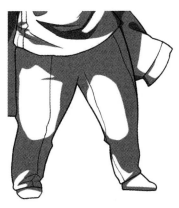

图8-31

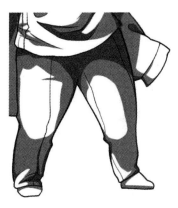

图8-32

14 整理画面，最终效果如图8-33所示。

　　这个案例的难点在于人物的服饰的明暗关系对比以及衣服质感的表现，特别是校服整体的层次穿插关系变化。

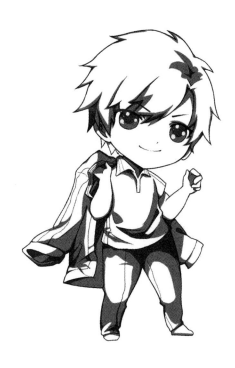

图8-33

8.2 兔耳女孩造型设计

8.2.1 线稿设计

Q版人物绘制技法

1 绘制动态

01 用线条将人物的大概动态表现出来，面部的朝向要明确，如图8-34所示。

02 将人物的身体勾勒出来，处理好每个部分的动态结构，对五官位置进行定位，如图8-35所示。

03 用干净利落的线条完善整个人体动态，擦除多余线条，如图8-36所示。

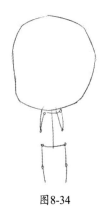
图8-34

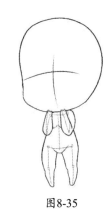
图8-35

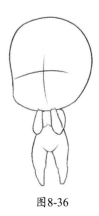
图8-36

2 绘制草图

01 结合头部结构运用硬笔刷绘制出刘海的大致轮廓，确定头发的大致走向，如图8-37所示。

02 完善头部装饰物和兔耳的外形轮廓，注意发带和头发之间的穿插关系，如图8-38所示。

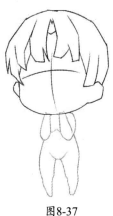
图8-37

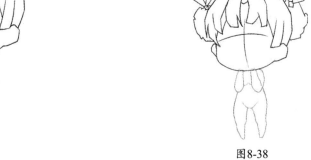
图8-38

03 完善双马尾辫的动态外形轮廓，注意头发层次的分配，如图8-39所示。

04 大致勾勒出人物上半身外形轮廓，注意双臂的位置以及姿态，如图8-40所示。

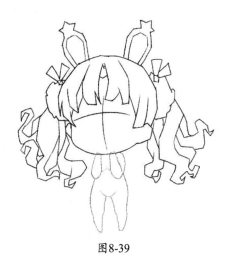

图8-39

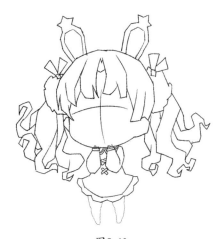

图8-40

05 完善腿部外形，注意左右脚的前后透视关系，如图8-41所示。

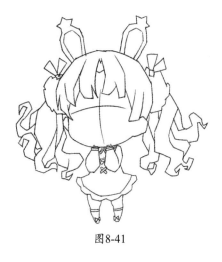

图8-41

3 细化线稿

01 结合之前的人物草图设定，确定头发走向动态和前后层次关系，如图8-42所示。

02 详细绘制刘海和脸部外形，注意两者之间的穿插关系，表现出刘海的饱满，如图8-43所示。

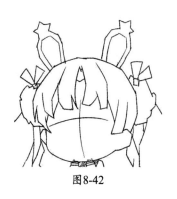

图8-42

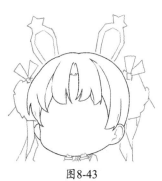

图8-43

03 根据人物设定,细化右边的眼睛,短眉、水灵的眯眯眼,让人觉得可爱,如图8-44所示。

04 结合右边的眼睛结构,完善左边的眼睛结构和嘴巴的细化,如图8-45所示。

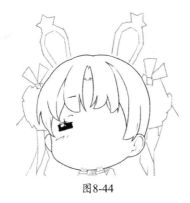

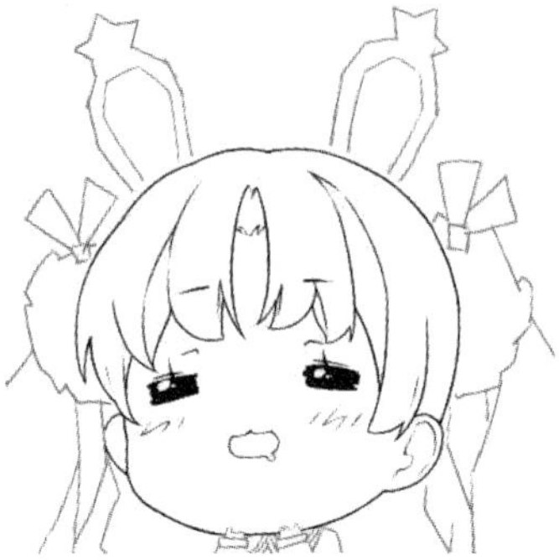

图8-44

图8-45

05 完善人物角色的兔耳和发饰的细节,为增添趣味性,加上小圆圈的花纹作为装饰,注意前后透视关系,如图8-46所示。

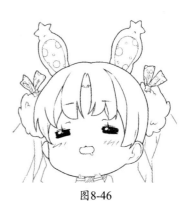

图8-46

06 结合之前的大致结构图,观察双马尾辫与头饰之间的穿插关系,如图8-47所示。

07 详细绘制双马尾辫的造型,设定上为大长卷发,因此选用弧度较大的线条,给头发添加层次感的同时使人物动态更加生动,如图8-48所示。

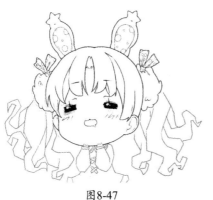

图8-47

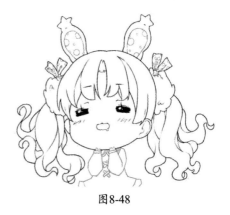

图8-48

08 根据人物草图设定，观察人物上半身服饰细节以及服饰和双臂之间的前后位置的设定，如图8-49所示。

09 结合双臂动态姿势，细化上半身衣服结构，添加少许花样，完善手部姿势和裙子的细节，注意褶皱转折变化，如图8-50所示。

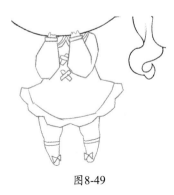

图8-49

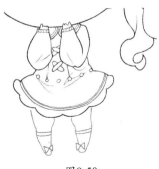

图8-50

10 绘制腿部及袜子，注意脚部线条结构的虚实、袜子和腿部的衔接关系，绘制腿部装饰物的外型，如图8-51所示。

11 结合整体造型设计特点，完善尾巴的造型设计，注意前后的遮挡关系，如图8-52所示。

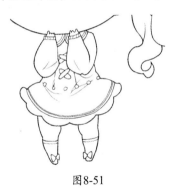

图8-51

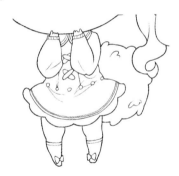

图8-52

12 进行整体调整、擦除多余草图，把握好人物各个部分之间的透视关系及线段的前后穿插关系，如图8-53所示。

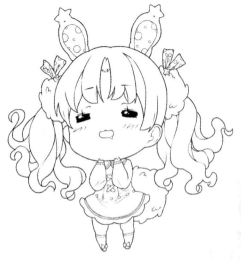

图8-53

8.2.2 明暗色调的绘制

01 根据光源，结合头发丝的走向对头发刘海部分的阴影处进行填充，如图8-54所示。

02 加深一层暗部阴影，拉开空间层次，注意发丝间的阴影穿插关系，如图8-55所示。

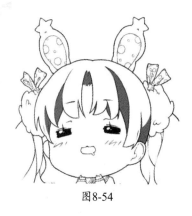

图8-54

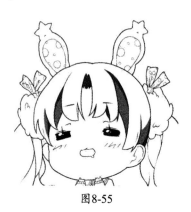

图8-55

03 结合光源和发丝走向，完善人物脸部皮肤的明暗关系绘制，如图8-56所示。

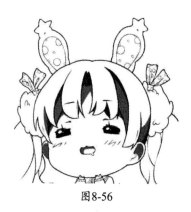

图8-56

04 结合头发的明暗关系，填充发饰的浅色阴影，如图8-57所示。

05 加深发饰阴影，表现发饰质感，增强空间对比关系，如图8-58所示。

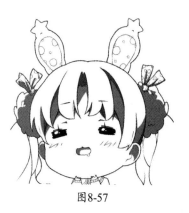

图8-57

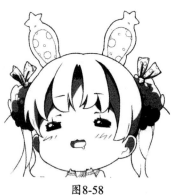

图8-58

06 绘制兔耳的浅色阴影，给兔耳的基础色调的明暗关系一个定位，如图8-59所示。

07 给兔耳的装饰花纹绘制一个体现质感的暗部阴影，使得阴影更加丰富，如图8-60所示。

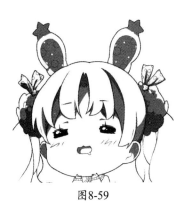

图8-59

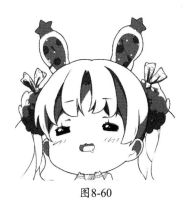

图8-60

08 绘制双马尾辫的浅色阴影，结合光源以及发丝走向给双马尾辫的暗部阴影进行定位，如图8-61所示。

09 对双马尾辫的阴影进行加深，注意线稿转折部分的层次变化，丰富层次关系，如图8-62所示。

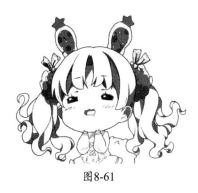

图8-61

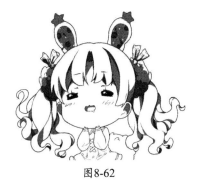

图8-62

10 绘制人物角色上半身衣服的浅色阴影，注意衣袖和裙子蓬起来的转折穿插的阴影，如图8-63所示。

11 加深一层暗部阴影，注意手臂与衣服之间的阴影处理手法，如图8-64所示。

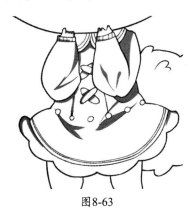

图8-63

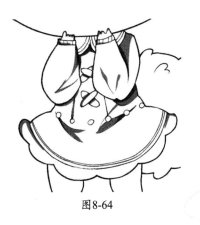

图8-64

12 结合裙子的动态变化，对腿部以及脚部的阴影进行定位，如图 8-65 所示。

13 绘制深色阴影，凸显质感，拉大空间对比，如图 8-66 所示。

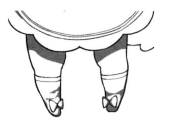

图8-65

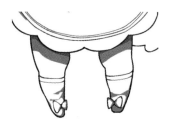

图8-66

14 结合臀部动态以及前后光源变化效果，绘制兔子尾巴的浅色阴影部分，注意体积感的体现，如图 8-67 所示。

15 加深兔子尾巴的暗部阴影，根据动态走向，添加少量的阴影即可，增强前后的明暗对比关系，如图 8-68 所示。

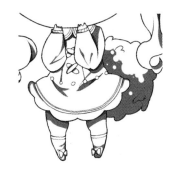

图8-67

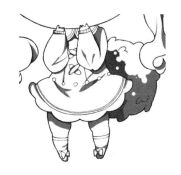

图8-68

16 整理画面，最终效果如图 8-69 所示。

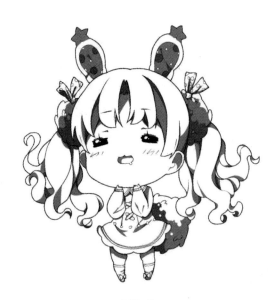

图8-69

8.3 猫少女造型设计

8.3.1 线稿设计

1 绘制动态

01 用线条将人物造型的动态简单勾勒出来，注意人物头颈肩的动态姿势，如图8-70所示。

02 将人物的身体结构勾勒出来，注意身体四肢的动态变化，同时对五官位置进行定位，如图8-71所示。

03 擦除多余线条，用流畅的线条完善整个人体的动态，如图8-72所示。

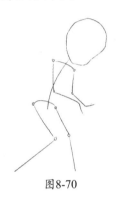

图8-70

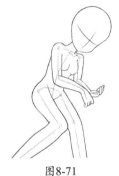

图8-71

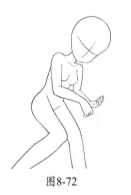

图8-72

2 绘制草图

01 绘制刘海的大致轮廓，要结合人物的头部结构，绘制的时候要确定好头发的大致走向，如图8-73所示。

02 绘制人物头发的轮廓以及翅膀，注意头发和头发之间的穿插关系，如图8-74所示。

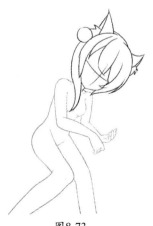

图8-73

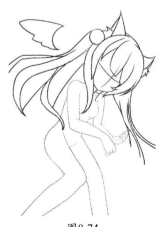

图8-74

03 初步绘制人物手中的玩偶，注意玩偶与人物之间的前后遮挡关系，如图8-75所示。

04 绘制人物肩膀处的服饰，注意人物右臂环抱玩偶的姿势并对服饰进行定位，如图8-76所示。

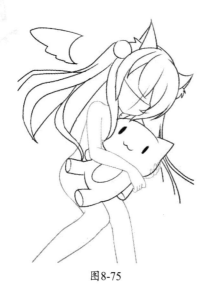

图8-75

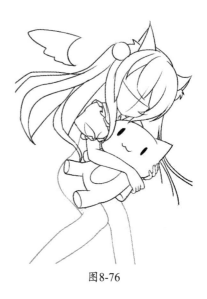

图8-76

05 绘制人物的蝴蝶结以及人物的长尾巴，弯曲的尾巴可以表现出人物的可爱活泼，如图8-77所示。

06 完善腿部以及裙摆的外形，注意左右脚的前后透视关系，如图8-78所示。

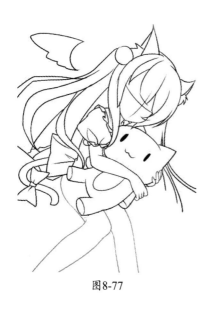

图8-77

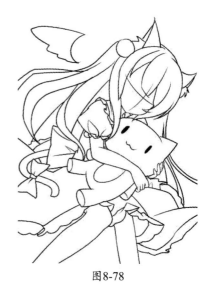

图8-78

3 细化线稿

01 结合人物草图设定，观察人物的刘海部分，如图8-79所示。

02 绘制人物刘海的头发走向并确定前后层次关系，如图8-80所示。

03 绘制人物的猫耳朵，注意猫耳与头发之间的穿插关系，如图8-81所示。

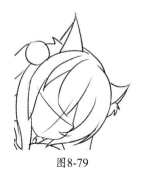

图8-79

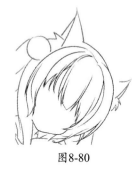

图8-80

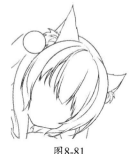

图8-81

04 绘制人物右眼，注意添加人物的长睫毛来凸显人物的熟睡状态，如图8-82所示。

05 绘制人物的左眼以及微闭的嘴部，注意眼睛要结合右部的眼睛来绘制，左右对称，如图8-83所示。

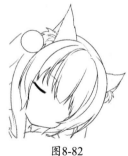

图8-82

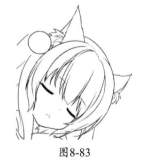

图8-83

06 完善人物耳朵的细节绘制，注意猫耳的前后透视关系，如图8-84所示。

07 详细绘制长发的造型，用弧度较大的线条来绘制人物的长发，增加头发层次感并让头发的动态更加完善，如图8-85所示。

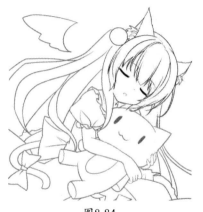

图8-84

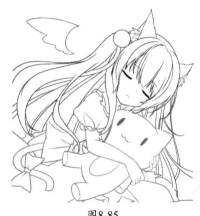

图8-85

08 绘制人物怀中的玩偶。绘制的时候要注意人物与玩偶之间的空间关系以及手臂与玩偶之间的遮挡关系，如图8-86所示。

09 绘制人物肩部的衣服以及手臂的细节。注意绘制手臂时线条之间的衔接关系，如图8-87所示。

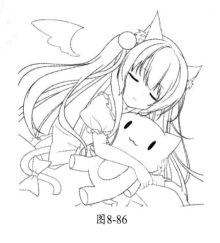

图8-86

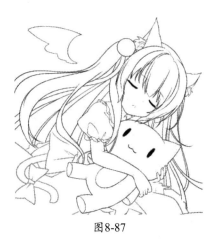

图8-87

10 观察对人物裙子的设定，准备接下来对裙摆以及腿部进行细节的绘制，如图8-88所示。

11 绘制人物裙子的蝴蝶结以及有蝴蝶结的尾巴。在细化蝴蝶结的时候要注意蝴蝶结中线条之间的虚实变化，如图8-89所示。

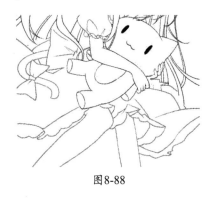

图8-88

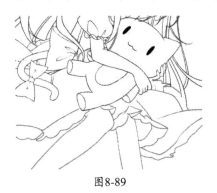

图8-89

12 绘制人物的裙摆以及腿部。绘制人物裙子的时候要注意运用线条的虚实变化来表现褶皱转折变化。绘制腿部的时候要用正确的线条来突出腿部的结构，如图8-90所示。

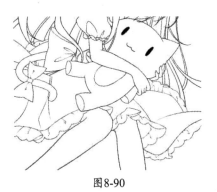

图8-90

13 对画面进行整体调整。绘制的时候注意线条的虚实变化以及正确处理好人物各个结构之间的衔接,如图8-91所示。

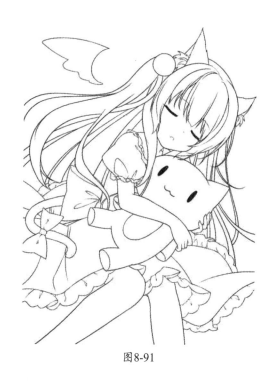

图8-91

8.3.2 明暗色调的绘制

01 确定光源,结合光源对头发右部刘海进行阴影填充,如图8-92所示。

02 绘制左边刘海的阴影和头部的阴影。注意光源对头部阴影的影响,如图8-93所示。

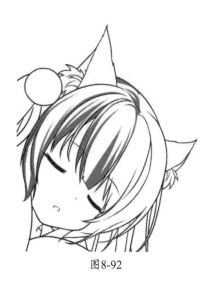

图8-92

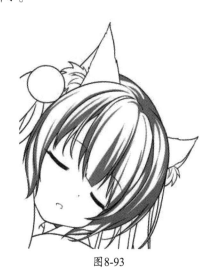

图8-93

03 根据光源位置，完善人物耳朵的明暗关系，注意在画装饰物阴影的时候要按照光源对物体结构的影响进行绘制，如图8-94所示。

04 对人物的头发以及耳朵加深一层暗部阴影，暗部阴影的绘制能够增加头部的体积感，让头部更加立体，如图8-95所示。

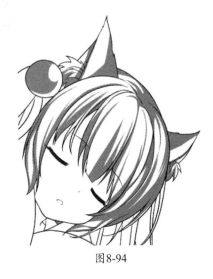

图8-94

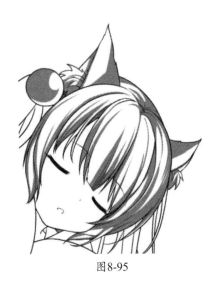

图8-95

05 绘制人物脸部与脖子处的阴影。结合光源对人物脖子处的影响来绘制明暗关系，注意光源下头发在脸部的投影，如图8-96所示。

06 加深阴影，暗部阴影的绘制能够丰富阴影的层次，如图8-97所示。

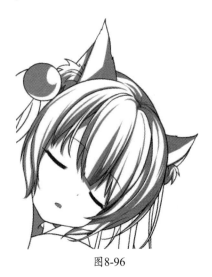

图8-96

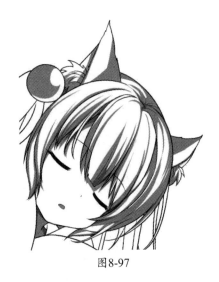

图8-97

07 绘制四肢的浅色阴影，对手臂以及腿部浅色阴影进行定位，如图 8-98 所示。

08 给四肢的暗部加深一层体现质感的暗部阴影，使得阴影更加丰富，如图 8-99 所示。

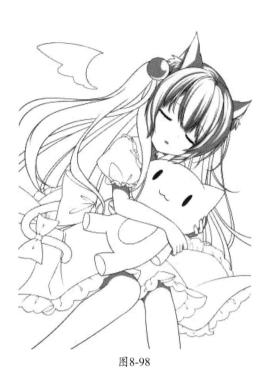

图8-98

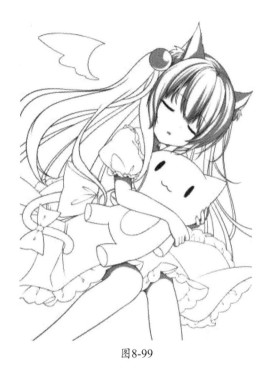

图8-99

09 绘制长发的浅色阴影，结合光源对头发的阴影进行定位，注意阴影在头发转折处的处理，如图 8-100 所示。

10 对长发的阴影进行加深，注意在处理头发暗部阴影的时候要注意把控好头发的体积感，如图 8-101 所示。

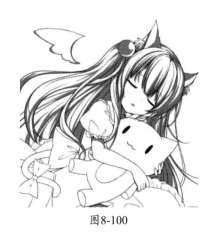

图8-100

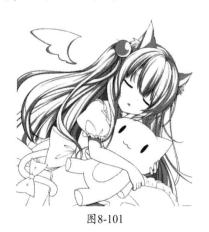

图8-101

11 绘制人物怀中玩偶的浅色阴影，在处理的时候要注意人物手臂在玩偶上的投影，如图8-102所示。

12 绘制玩偶的暗部阴影，绘制的时候要注意周围环境对玩偶阴影的影响，如图8-103所示。

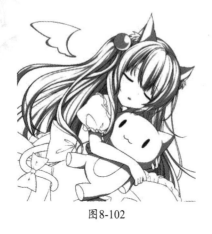

图8-102

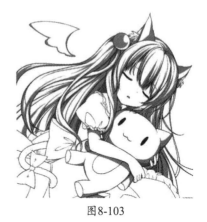

图8-103

13 绘制人物尾巴以及蝴蝶结的浅色阴影，注意蝴蝶结上褶皱处阴影的处理，此处的阴影可以增加蝴蝶结的立体感，如图8-104所示。

14 绘制尾巴以及蝴蝶结的深色阴影，暗部阴影的位置在物体的交界处，如图8-105所示。

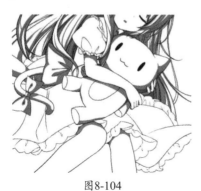

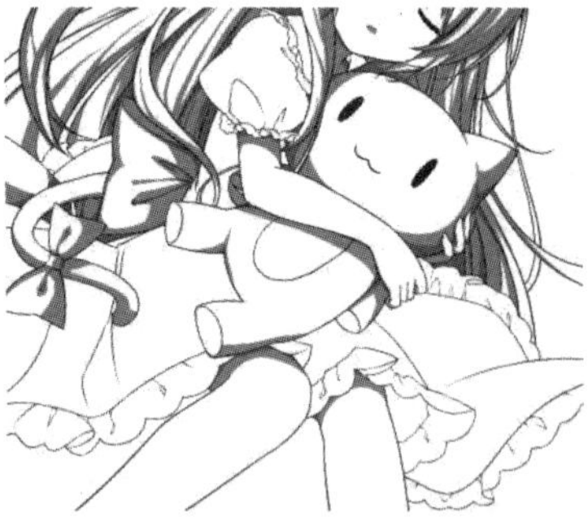

图8-104

图8-105

15 绘制裙边的浅色阴影，注意绘制的时候要根据裙边的结构来绘制，如图8-106所示。

16 绘制裙边的深色阴影，绘制的时候注意光源以及周围环境对裙边暗部阴影的影响，如图8-107所示。

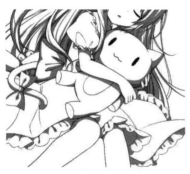

图8-106

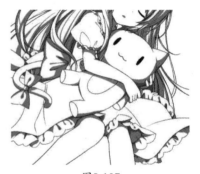

图8-107

17 绘制人物裙子的浅色阴影，用阴影来凸显裙子的体积感，如图8-108所示。

18 绘制人物裙子的深色阴影，根据裙子的走向添加少量的阴影，增强裙子的明暗关系，如图8-109所示。

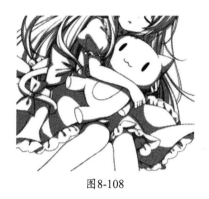

图8-108

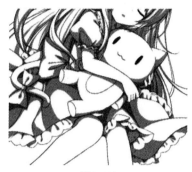

图8-109

19 整理画面，最终效果如图8-110所示。

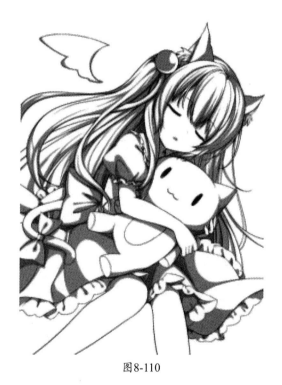

图8-110

8.4 情景绘画案例

　　情景画是将个别物体与其他物体相配合，表现一定情景的绘画形式。设计时需要根据主题内容，把互相关联的各个形象恰当地安排在画面上，形成一幅完整的情景画，以此来表达一定的主题思想。

8.4.1 情景画分析

可爱的动物受到多数人的喜爱,它们天真无害的萌态,具有治愈的效果。这次所选的情景画线稿,是一幅萌宠大集合的插画。之前我们学习过各种人物角色的设计,所以在其中我们插入两个动物的拟人状态为画面主体,狐狸和兔子是两种不同的动物,安排在一起更具有趣味性,错落参差的小动物填满画面,同时突出主体,萌意十足,如图8-111所示。

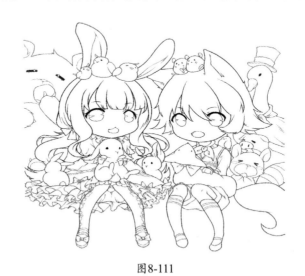

图8-111

8.4.2 明暗色调的绘制

1 兔少女的明暗色调绘制

01 根据光源,结合头发的动态走向,绘制人物头部右边暗部阴影,如图8-112所示。

02 结合右边头发暗部阴影的绘制,完成左边头发的暗部阴影绘制,如图8-113所示。

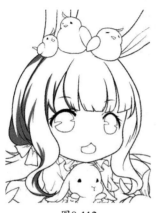

图8-112

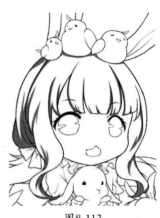

图8-113

03 在原有阴影的基础上，加深一层暗部阴影，加大明暗层次关系，凸显光源对阴影的影响，如图8-114所示。

04 绘制右边眼睛的明暗关系，注意瞳孔与瞳仁之间的明暗对比，如图8-115所示。

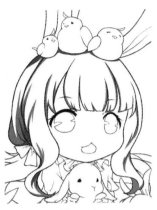

图8-114

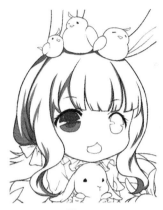

图8-115

05 结合右边眼睛的阴影绘制，完善左边眼睛以及嘴巴的阴影绘制，简单概括即可，如图8-116所示。

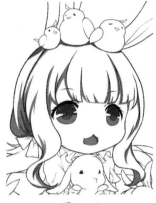

图8-116

06 填充双马尾辫的浅色阴影，结合头发的明暗关系，给予阴影一个简单的定位，如图8-117所示。

07 加深双马尾辫的阴影，贴合整体效果的过渡，表现头发的质感，如图8-118所示。

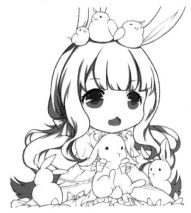

图8-117

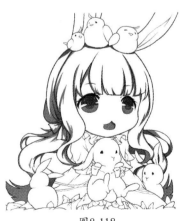

图8-118

08 继续细化头部三只小鸡仔的明暗关系，结合光源，初步进行浅色阴影的定位，如图8-119所示。

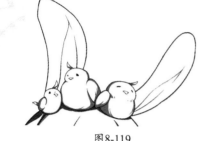

图8-119

09 绘制耳朵的阴影，结合线稿的转折变化，凸显皮毛的质感表现，如图8-120所示。

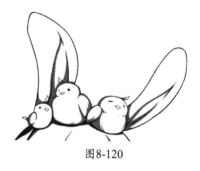

图8-120

10 结合动物基本色的明暗关系变化，完善三只兔子的浅色阴影填充，如图8-121所示。

11 绘制三只兔子的深色阴影，体现动物皮毛质感，加强明暗关系对比，如图8-122所示。

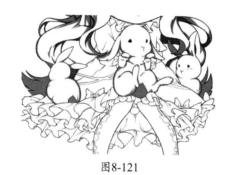

图8-121

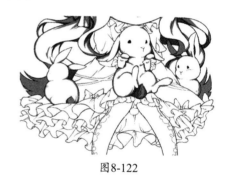

图8-122

12 绘制连衣裙上半部分的浅色阴影，结合光源和头部的上下遮挡关系，给予阴影一个定位，如图8-123所示。

13 加深连衣裙上半部分的阴影，注意褶皱阴影的转折变化，拉开空间对比，如图8-124所示。

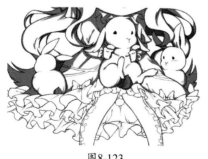

图8-123

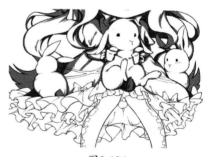

图8-124

14 结合胸前衣服的浅色阴影，确定蕾丝边褶皱阴影定位，如图 8-125 所示。

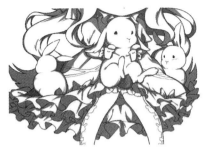

图8-125

15 添加一层深色阴影，丰富层次感，注意褶皱处的转折变化，如图 8-126 所示。

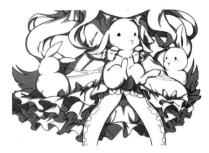

图8-126

16 完善人物腿部和脚部的浅色阴影，注意鞋子质感的体现，如图 8-127 所示。

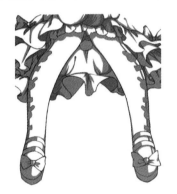

图8-127

17 加一层人物腿部和脚部的暗部阴影，丰富明暗关系的变化，如图 8-128 所示。

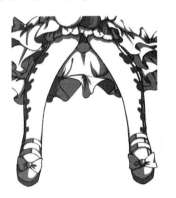

图8-128

18 整理画面，兔少女最终明暗效果如图 8-129 所示。

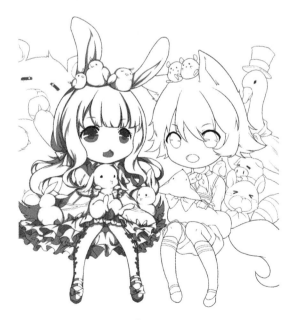

图8-129

2 狐少女的明暗色调绘制

01 确定光源，绘制出人物右边头发的阴影，进行阴影的初步定位，如图8-130所示。

02 完善人物左边头发的暗部阴影，注意左右阴影的协调统一，如图8-131所示。

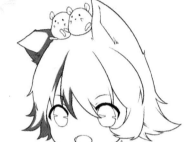

图8-130

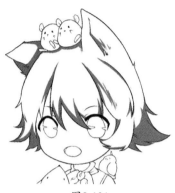

图8-131

03 在原有阴影基础上增加一层暗部阴影，拉大头发的层次关系，增强空间感，如图 8-132 所示。

04 绘制人物右边眼睛的光影关系，注意瞳孔与瞳仁之间的颜色深浅变化，如图8-133所示。

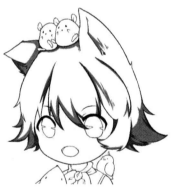

图8-132

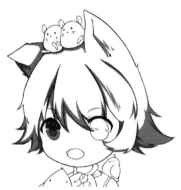

图8-133

05 结合右边眼睛的光影绘制，完善左边眼睛与嘴巴的光影绘制，注意明暗的比例关系，如图8-134所示。

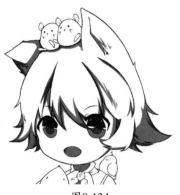

图8-134

06 细化头部两只小仓鼠的明暗色调，结合光源，初步定位浅色阴影，如图8-135所示。

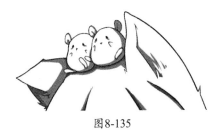

图8-135

07 在原有基础上加深一层阴影，结合整体拉开前后的空间对比关系，如图8-136所示。

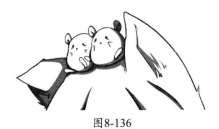

图8-136

08 绘制人物肩膀上小鸟的浅色阴影，如图8-137所示。

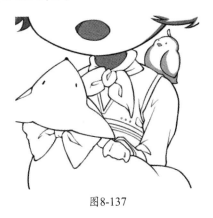

图8-137

09 结合整体明暗空间关系，加深浅色阴影，如图8-138所示。

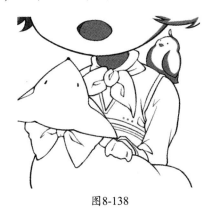

图8-138

10 绘制顶光效果，大面积定位颈部装饰物的浅色阴影，结合饰物质感以及缠绕的走向进行定位，如图8-139所示。

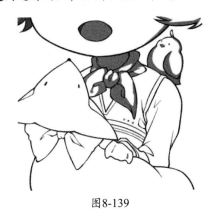

图8-139

11 加深一层暗部阴影，丰富明暗关系，注意褶皱转折处位置的阴影走向，如图8-140所示。

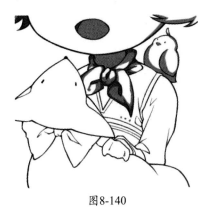

图8-140

12 绘制人物上半身衣服的浅色阴影，如图 8-141 所示。

13 绘制人物上半身衣服的深色阴影，形成强烈的层次变化，注意转折处质感的表现，如图 8-142 所示。

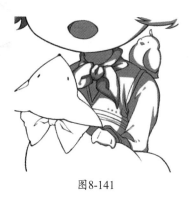

图 8-141

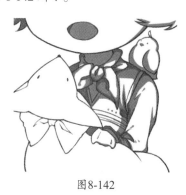

图 8-142

14 结合仓鼠和小鸟的明暗关系，绘制狐狸的浅色阴影，如图 8-143 所示。

15 结合狐狸动态走向，根据整体明暗关系，加深一层暗部阴影，如图 8-144 所示。

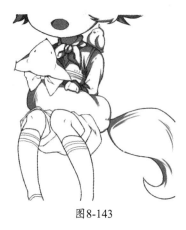

图 8-143

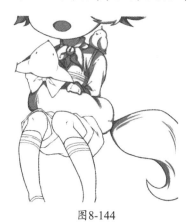

图 8-144

16 结合颈部饰品的明暗绘制，对狐狸脖子处的蝴蝶结饰品的阴影进行定位，如图 8-145 所示。

17 绘制浅色阴影，结合上下前后的空间关系，丰富层次，如图 8-146 所示。

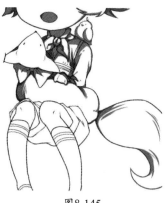

图 8-145

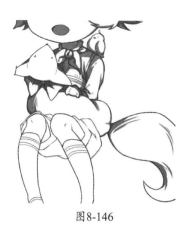

图 8-146

18 结合光源以及腿部动态，绘制人物腿部皮肤的浅色阴影，如图8-147所示。

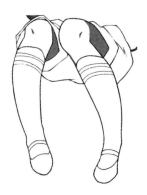

图8-147

19 再加一层暗部阴影，增强前后的明暗对比关系，如图8-148所示。

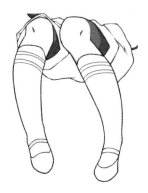

图8-148

20 结合臀部动态以及光源变化，绘制裤子的浅色阴影，给暗部阴影定位，如图8-149所示。

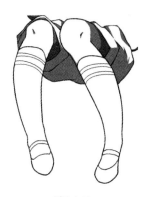

图8-149

21 加深裤子的暗部阴影，注意裤子质感，根据动态走向在遮挡物下面进行大面积的填充，如图8-150所示。

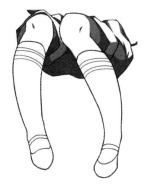

图8-150

22 绘制人物腿部浅色阴影，结合腿部动态，给阴影一个简单的定位，如图8-151所示。

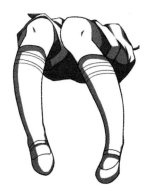

图8-151

23 在原有阴影基础上加深一层暗部阴影，结合动态走向，加强层次感，从整体上丰富下半身的造型设计，如图8-152所示。

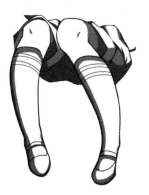

图8-152

24 整理画面，狐少女最终明暗效果如图8-153所示。

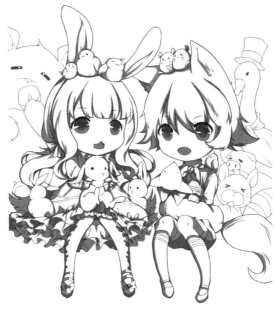

图8-153

3 背景萌宠的明暗色调绘制

在一幅完整的画面中，背景是衬托主体事物的，如果处理不好也会影响主体的表现，干扰观众对兴趣点的认同。所以我们在认真对待主体的同时也要注意对背景的处理。

整理画面，绘制处于背景中萌宠的浅色阴影，突出主体，表现出强烈的前后空间对比关系，最终效果如图8-154所示。

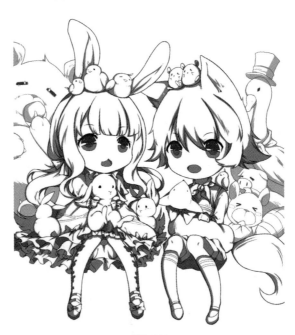

图8-154

Q版人物
绘制技法

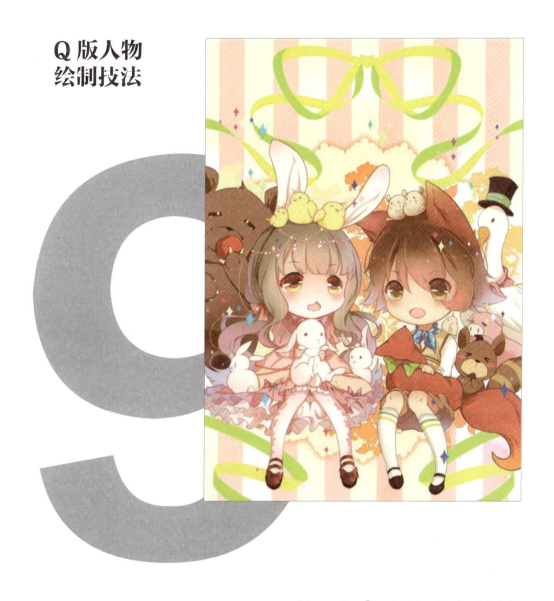

第9章 | 人物上色技法

本章主要向读者介绍Q版人物的上色技法，通过两个Q版人物和一个情景画的上色案例，全程图解Q版人物上色的过程，希望读者可以熟练掌握本章内容，举一反三，绘制出更多、更漂亮、更可爱的Q版人物。

9.1 上色技法基础知识

色彩是绘画的重要艺术语言，也是一种重要的表现手段和必要的条件，在绘画中色彩有着独特的视觉效果，用它来塑造人物、描绘景物，可以起到引人入胜、增强作品艺术感染力的作用。巧妙地运用色彩，能给美术作品增加光彩，给人的印象更强烈、更深刻，塑造的艺术形象，能够更真实、更准确和更鲜明地表现生活和反映现实，因而也就更富有吸引力和艺术感染力。

色彩，可分为无彩色和有彩色两大类。前者如黑、白、灰，后者如红、黄、蓝等七彩。有彩色就是具备光谱上的某种或某些色相，统称为彩调。与此相反，无彩色就没有彩调。无彩色有明有暗，表现为白、黑，也称色调。有彩色表现很复杂，但可以用三组特征值来确定：其一是彩调，也就是色相；其二是明暗，也就是明度；其三是色强，也就是纯度、彩度。明度、彩度确定色彩的状态，与色相合称为色彩的三属性。

9.1.1 三原色

自然界的色彩十分复杂，我们必须学会用种类有限的颜料调成丰富多样的色彩，为此，我们要了解颜料混合调配的规律。颜料中最基本的三种色为红色、黄色和蓝色，色彩学上称它们为三原色，又叫第一次色。一般在绘画上所指三原色的红是曙红、黄是柠黄、蓝是湖蓝。用不同的比例混合三原色就可以调配出我们想要的各种色彩。

光的三原色以RGB来表示，是由红、绿、蓝三种颜色的英文首字母而来，是所有色彩显示的基本构成元素。RGB强度均为100%时混合颜色为白色，强度均为0时颜色为黑色。这种加色法原理广泛运用于电视机、监视器等主动发光的产品。

颜料的三原色以CMY来表示，是由青色、品红、黄色的英文首字母而来，是印刷色彩中常用的三原色。在印刷的过程中会添加黑色，黑色以字母K表示，在印刷中使用的颜色为CMYK四色。这种减色法原理被广泛应用于各种被动发光的场合。RGB三原色合成图和CMYK三原色合成图如图9-1所示。

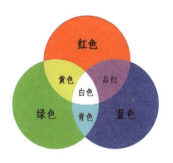 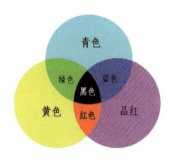

图9-1

9.1.2 补色和同色

补色也称互补色，而余色则称强度比色。两种颜色等量混合后呈黑灰色，那么这两种颜色一定互为补色。色环的任何直径两端相对之色都称为互补色。在色环中，不仅红与黑是补色关系，一切在对角线90度以内包括的色，比如黄绿、绿、蓝绿三色，都能够与红色构成补色关系。

一种特定的色彩只有一种补色，有些作品画面色彩单调，这是由于画面中的色彩布局不能满足视觉补色的平衡要求而造成的。补色的调和搭配可以产生华丽、跳跃、浓郁的审美感觉，然而倘若补色以高纯度、高明度等面积搭配，会产生比对比色组更强烈的刺激感，使人的视觉感到疲劳而无法接受。

同色即是一种渐变得来的相近的一系列颜色。

同色调的画面和补色调正好相反，同色调的画面会显得很柔和，并且让画面显得很唯美梦幻，但如果色彩掌握力度不够，画面就会显得很灰，主题不突出。

用互补色对比绘制出的色彩能够让整个画面更加清晰，冲击力更强，人物的气势也会显得更加凌厉，但如果对颜色的掌控力度不够，画面则会显得花和乱。

补色与同色色环如图9-2所示。

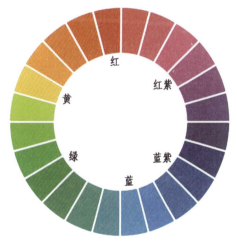

图9-2

9.1.3 冷色调和暖色调的对比

冷暖是色彩结合环境变化而产生的一种视觉色彩倾向，也是一幅画面构成的基调，它可以细致地表现出色彩的变化，如图9-3（a）所示。要生动地运用色彩表现对象，就要掌握色彩冷暖的对比度。任何画面都有冷暖对比，一幅画面无论哪种色彩对比都可以说是冷暖对比的特殊形式。通过对比，冷的更显冷，暖的更显暖，画面的色彩层次也就拉开了。要想使某一暖色更暖，就要用更冷的冷色调去衬托它。

运用冷暖色对比，两色应当有主次之分，并以不同的明度和纯度加以调节。但色彩的冷暖不是绝对的，而是相比较而言的。因为色彩不是孤立的，要在色彩的相互关系中，才能准确地表现出对象。也可以说，色彩离开了相互关系就无所谓冷暖，也无所谓正确与否了。

如果一幅画面没有对比，就会失去表现力。因为，颜料色总比不上自然色彩那么鲜艳，与自然色彩有着很大的差距，我们不能为了表现鲜明的对象，处处都把最鲜艳的颜色涂上去。只要我们灵活恰当地运用色彩对比，突出主要部分，减弱次要部分，就可以达到用色少而色彩丰富的艺术效果。但乱用对比、不分主次强弱，则会使画面喧宾夺主，杂乱无章。

位于冷暖不同背景上的同一色彩，看上去感觉在冷色背景部分偏暖，在暖色背景部分则偏冷，这是冷暖对比产生的感觉上的差异。

我们观察色彩，一定要将对象、光源和环境三者作为不可分割的整体来观察、比较，只有这样才能正确地找到物体的色彩关系。因为我们所指的物体的色彩，也就是物体本身的固有色，它本身就是物体在一定的光源、环境下所呈现出来的色彩，所以了解物体在光源中产生的明暗关系的变化是我们绘制色彩必须要掌握的知识。

物体在光源下会明确地呈现明暗两面，在明暗交接的地方也会形成灰面过渡。通常在暗部会因为环境色出现反光，在光源的照射下，由于物体本身结构的遮挡还会形成阴影，阴影可以说是暗部的衍生，如图9-3（b）所示。

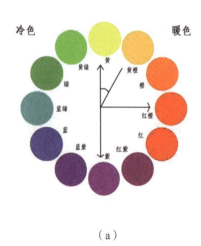

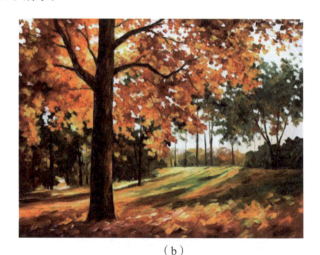

（a） （b）

图9-3

9.2 运动校服男孩上色案例

在人物设计中,学生装是很常见的服装设计,颜色上简洁干净。下面这个身穿运动校服的男孩,是以冷暖色调对比为主的漫画形象,校服以红白为暖色,校裤和发色偏向深绿色。

1 整体底色填充

01 观察线稿,检查线条是否闭合,结合人物角色的造型设计对所需色彩进行一定的分配定位,如图9-4所示。

02 绘制人物皮肤底色。可选取偏牙黄色的灰白色作为皮肤底色,用魔棒选取皮肤区域后用油漆桶进行填充,如图9-5所示。

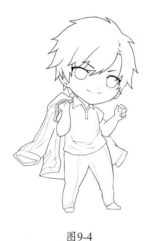

图9-4

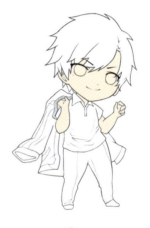

图9-5

03 绘制人物眼睛的底色。选取眼睛范围,用深橄榄绿进行填充,如图9-6所示。

04 绘制人物头发的底色。选取偏向深绿色的颜色进行填充,确定画面基调,如图9-7所示。

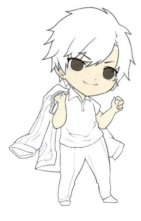

图9-6

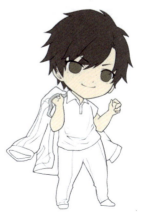

图9-7

05 绘制人物外套底色。主要以白为底，加上红色条纹装饰，让人物显得更具活力，如图9-8所示。

06 绘制人物短袖衫底色。结合外套的固有色进行填充，如图9-9所示。

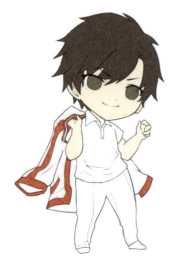

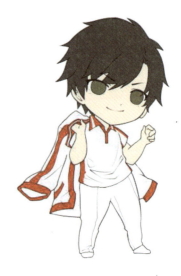

图9-8

图9-9

07 绘制人物下半身底色。选取深绿色为校裤底色，选取中性色——灰紫色为鞋子底色，协调画面色彩比例，如图9-10所示。

08 整理画面。人物固有色绘制完成，确定整个画面的色彩比例对比，红白相间的校服显得少年朝气蓬勃，深色的头发和校裤，沉淀整个画面重心，如图9-11所示。

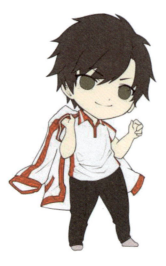

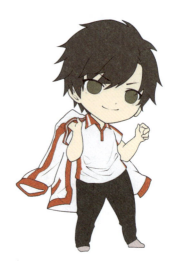

图9-10

图9-11

2 细节刻画

01 皮肤的深入刻画。在原有颜色的基础上,选择稍重的颜色为暗部色,用硬笔刷绘制并确定整个皮肤中亮部与暗部的比例;再选取明黄色,用软笔刷柔和反光部位与部分明暗交界处,增加皮肤的透明感,同时增强前后层次感,如图9-12所示。

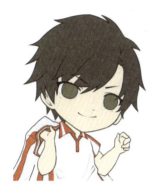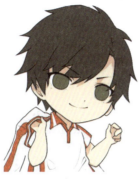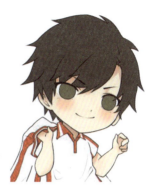

图9-12

02 眼睛的深入刻画。先确定瞳孔和瞳仁之间的关系,瞳孔颜色较深,用深一点的褐绿色绘制;瞳孔的颜色较浅,用浅一点的绿色绘制;再选取淡黄色,用软笔刷绘制出眼睛的受光部位,并绘制高光,如图9-13所示。

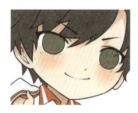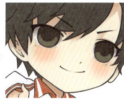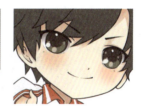

图9-13

03 头发以深绿色为基础色、以深橄榄绿为暗部色,结合光源变化,根据头发的造型特点,用硬笔刷绘制整个头发中暗部的比例,如图9-14所示。

04 头发暗部的深入刻画。吸取灰黄色,绘制头发亮部,增加环境色的感染力,增强前后层次感;为靠近光源的刘海加上少许高光,增强头发的质感,如图9-15所示。

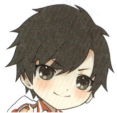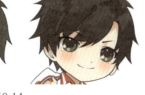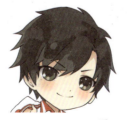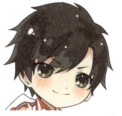

图9-14　　　　　　　　　图9-15

05 校服内衫的深入刻画。因为校服为红白基调，白色是没有暗部色的，为协调画面，选取红灰色作为运动校服内衫的暗部色，根据光源变化，用硬笔刷绘制校服内衫的明暗色彩层次变化，如图9-16所示。

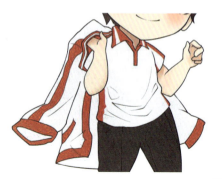
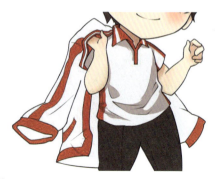

图9-16

06 校服外套的深入刻画。结合校服内衬的绘画方式，根据光影关系进行暗部深入刻画，运用软笔刷增加反光和环境色的渲染，加强衣服质感，如图9-17所示。

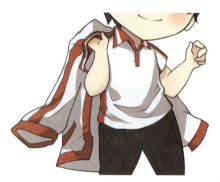
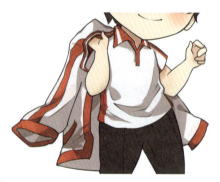

图9-17

07 运动裤暗部的深入刻画。深绿色为运动裤的基础色，墨绿色为暗部色，根据光源变化，用硬笔刷绘制运动裤的明暗色彩层次，添加亮部块面，增强体积感，如图9-18所示。

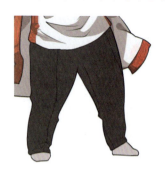
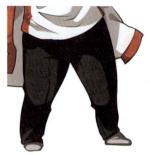
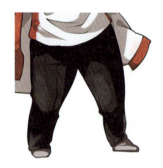

图9-18

08 整体色彩调整。根据角色的整体色彩设计进行各个部分的明暗、冷暖及虚实关系的调整。改变线稿颜色，使线稿与人物角色的色彩更好地融合在一起，如图 9-19 所示。

09 添加背景，更好地衬托人物的色彩关系，使画面完整，如图 9-20 所示。

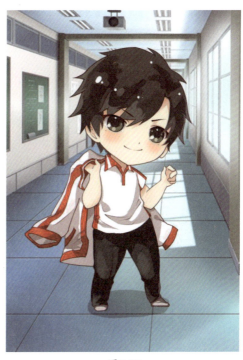

图9-20

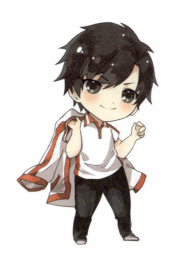

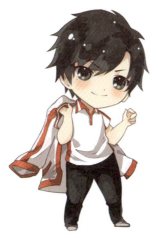

图9-19

9.3 猫少女上色案例

　　睡梦中的猫少女就是以黑猫为原型，设计出来的拟人状态，这是一个以冷色调为主的Q版人物造型，猫耳、可爱的蓬蓬裙、酣睡造型等特点表现出女孩的可爱。整体色彩上以蓝色系为主。

1 整体底色填充

01 观察线稿，检查线条是否闭合，结合人物角色的造型设计对所需色彩进行一定的分配定位，如图9-21所示。

02 绘制人物皮肤底色。根据人物设定，选取偏明黄的白色为皮肤固有色进行填充，如图9-22所示。

Q版人物绘制技法

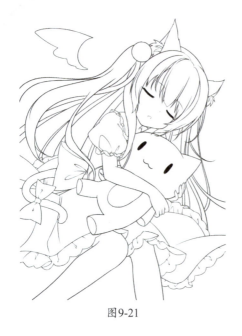

图9-21

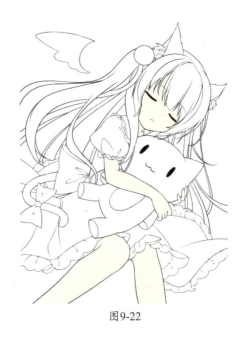

图9-22

03 绘制人物头发的底色。结合整体，对头发进行选取并用水蓝色进行填充，如图9-23所示。

04 绘制人物猫耳和猫尾巴底色。为协调整体画面，结合人物设定，选用偏紫的黑色为其固有色，如图9-24所示。

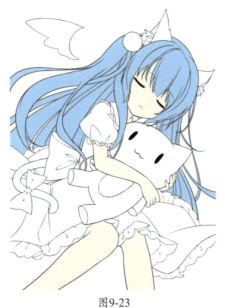

图9-23

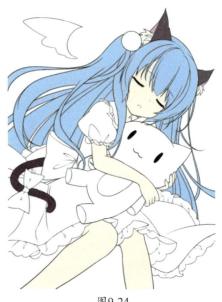

图9-24

05 绘制人物发饰和小翅膀底色。可选取浅蓝色，用魔棒选取选区并进行填充，如图9-25所示。

06 绘制猫咪玩偶的底色。结合整体，选用灰蓝色为底色进行绘制，玩偶肚子和四肢底部填充偏黄的白色，打破画面，如图9-26所示。

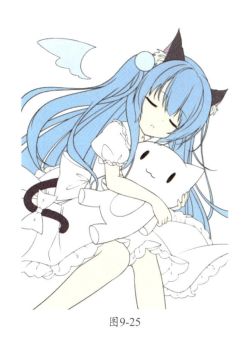

图9-25

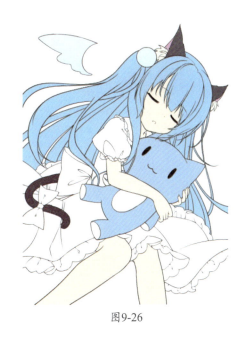

图9-26

07 绘制人物连衣裙底色。结合发饰的固有色，选用偏紫的浅蓝色进行填充，压下整个画面重心，如图9-27所示。

08 绘制人物连衣裙腰带底色。为丰富画面、沉淀重心，选用偏蓝色的紫灰色进行填充，如图9-28所示。

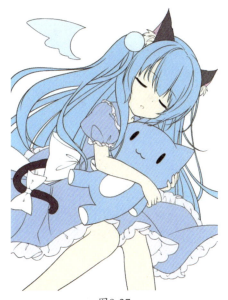

图9-27

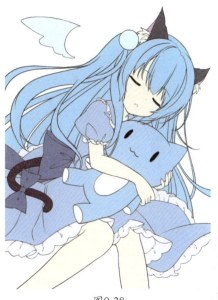

图9-28

09 整理画面。人物固有色绘制完成，确定整个画面的色彩比例，以蓝色为主色调的发色以及服装彰显女孩的可爱，深色的腰带和猫耳、猫尾巴沉淀整个画面重心，如图9-29所示。

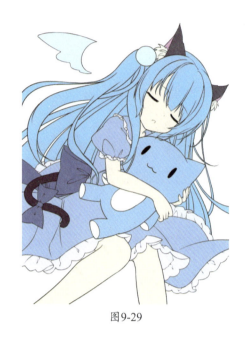

图9-29

2 细节刻画

01 皮肤的深入刻画。根据光源，选择浅橘色为暗部色、深橘色为加深色，用硬笔刷确定整个皮肤中亮部与暗部的比例，再用软笔刷增加过渡、反光以及环境色，注意手臂和腿部的质感体现，如图9-30所示。

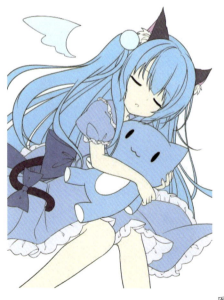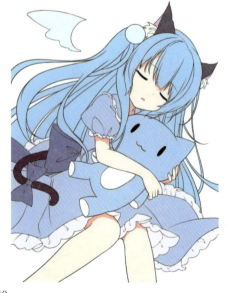

图9-30

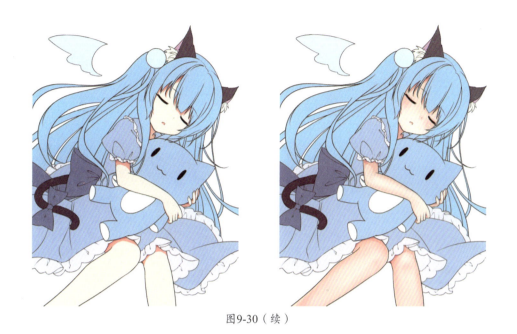

图9-30（续）

02 猫耳朵的深入刻画。设定暗紫色为暗部色，用软笔刷表现出质感即可，加上少许紫粉色的环境色进行渲染，如图 9-31 所示。

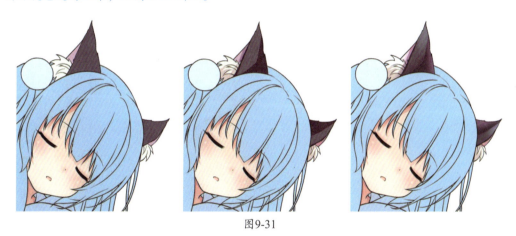

图9-31

03 发饰的深入刻画。用紫灰色画出暗部色，再用软笔刷过渡，表现出珠子的质感，最后用头发的蓝色进行反光色渲染，增强质感体现，如图 9-32 所示。

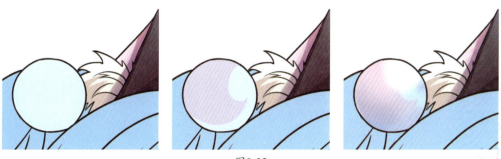

图9-32

04 头发的深入刻画。头发以水蓝色为基础色，选择稍暗的颜色为暗部色，深蓝色为小面积暗部色，结合光源变化，根据头发动态走向用硬笔刷进行绘制，增强头发空间质感；发尾用浅紫色、刘海用橘色进行渲染，表现头发质感以及光效，如图9-33所示。

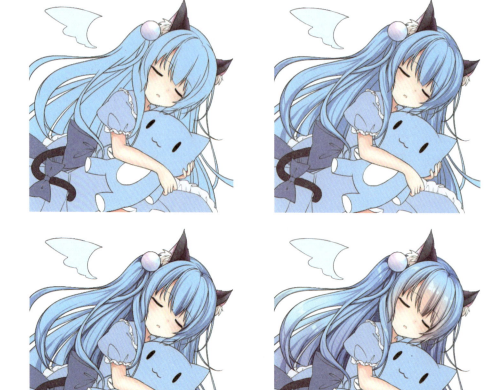

图9-33

05 小翅膀的深入刻画。装饰物是为了突出主题，所以不需要太刻意的细化，加一层暗部，再结合光源，用软笔刷根据整体环境色进行过渡即可，如图9-34所示。

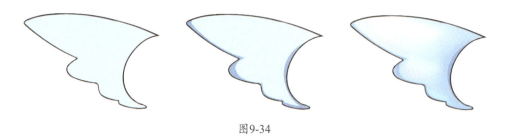

图9-34

06 猫咪玩偶的深入刻画。根据光影效果和人物之间的遮挡关系，用硬笔刷绘制玩偶的明暗色彩层次变化，以少许环境色进行渲染，体现布偶质感即可，使画面显得更加灵动，如图9-35所示。

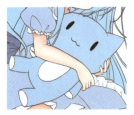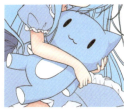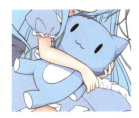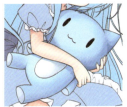

图9-35

07 连衣裙的深入刻画。选取偏紫的浅蓝色作为暗部色，用深蓝色加强空间质感体现，根据光源变化，用硬笔刷绘制上身服饰的明暗色彩层次变化，再用软笔刷对亮部及暗部过渡面进行反光和混色，加入少许暖色，增强通透感，如图9-36所示。

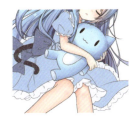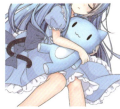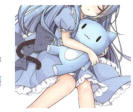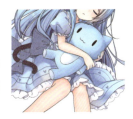

图9-36

08 腰带的深入刻画。用硬笔刷绘制腰带的明暗色彩层次变化，用软笔刷对明暗交界进行过渡，用少许暖色渲染，注意蝴蝶结布质质感的体现，如图9-37所示。

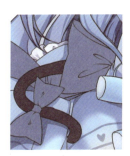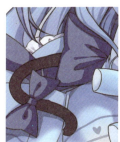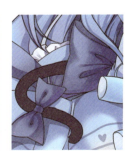

图9-37

09 猫尾巴的深入刻画。选取暗紫色为暗部色，结合光影关系变化，用硬笔刷绘制猫尾巴的明暗色彩层次变化，再用软笔刷增加反光和环境色的渲染，加强猫尾巴质感，如图9-38所示。

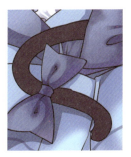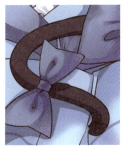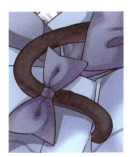

图9-38

10 整体调整。根据睡梦中猫少女的整体色彩设计,进行各个部分的明暗、冷暖及虚实关系的调整。改变线稿颜色,使线稿与人物角色的色彩更好地融合在一起,如图9-39所示。

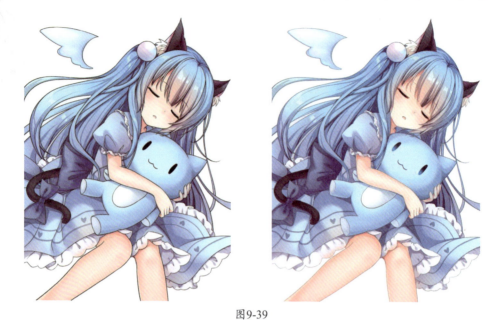

图9-39

11 添加背景,以更好地衬托人物的色彩关系,如图9-40所示。

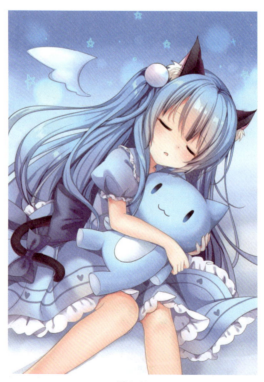

图9-40

9.4 情景画上色案例

下面的这个萌宠大集合是一幅以暖色调为主的情景画,根据第 8 章对其的理解和分析,服饰色彩以粉色系、黄色系为主,红色系为辅。画面表现出和谐温馨、可爱暖萌的效果。

1 整体底色填充

01 观察线稿,检查线条是否闭合,结合人物角色的造型设计对所需色彩进行一定的分配定位,如图 9-41 所示。

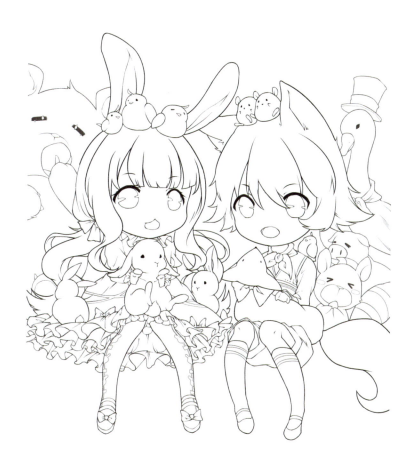

图9-41

02 绘制兔少女皮肤底色。根据人物设定，选择偏白的橘黄色作为皮肤的底色进行填充，如图9-42所示。

03 绘制兔少女五官的底色。选取眼睛和嘴巴的范围，用橘黄色和浅粉色进行填充，如图9-43所示。

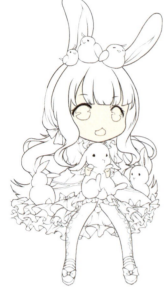

图9-42

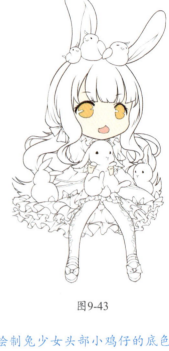

图9-43

04 绘制兔少女头发以及发饰的底色。选取浅土黄色为头发的底色进行填充，发饰选用粉色，如图9-44所示。

05 绘制兔少女头部小鸡仔的底色。选用明黄色进行填充，用橘黄色填充嘴巴部位，如图9-45所示。

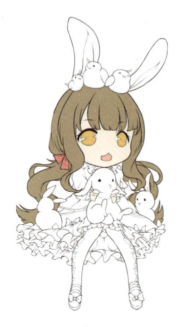

图9-44

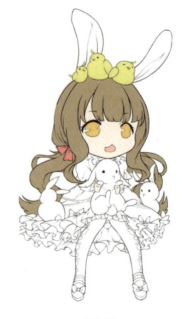

图9-45

06 绘制兔少女的耳朵底色。选用浅黄色进行填充，如图9-46所示。

07 绘制兔少女连衣裙的底色。根据人物色彩设定，采用橘粉色来大面积填充连衣裙，如图9-47所示。

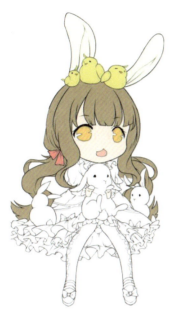

图9-46

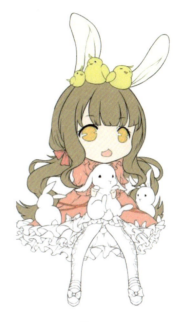

图9-47

08 绘制连衣裙第一层蕾丝边底色。单色会显得单调，所以蕾丝边采用粉色，产生渐变效果，丰富层次感，如图9-48所示。

09 绘制连衣裙第二层蕾丝边底色。选取浅粉色填充，拉大色彩的空间层次感，如图9-49所示。

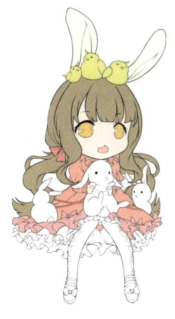

图9-48

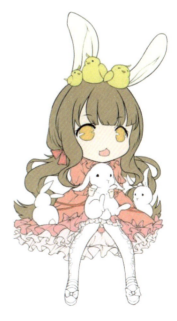

图9-49

10 绘制兔少女裤袜底色。选用和兔耳相近的浅黄色，上下呼应，彩色统一协调，如图9-50所示。

11 绘制兔少女鞋子底色。因为整体色彩过于明亮，需要一个深色来沉淀重心，所以选用深红色进行填充，如图9-51所示。

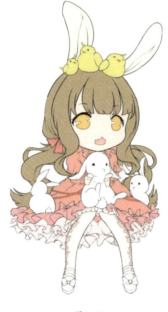

图9-50

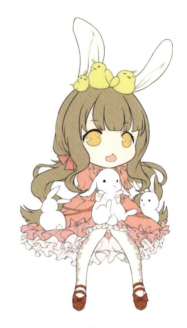

图9-51

12 绘制怀中兔子底色。结合整体视觉效果和色彩设定，选用偏橘的浅黄色进行填充，使上中下都有色彩上的呼应，如图9-52所示。

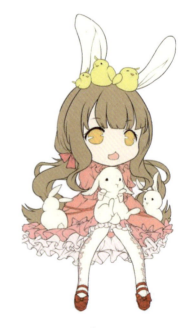

图9-52

13 整理画面。兔少女的固有色绘制完成，粉嫩为主的服饰凸显少女的可爱。初步确定整体色彩画风，为后面狐少女的色彩填充做铺垫，如图9-53所示。

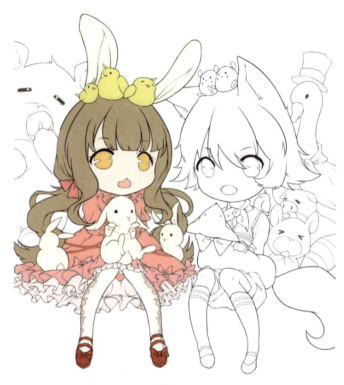

图9-53

14 绘制狐少女皮肤底色。根据整体色调和人物的设定，选取偏橘色的黄色为底色进行填充，如图9-54所示。

15 绘制狐少女眼睛底色。根据人物设定，选取灰橘色为底色进行填充，如图9-55所示。

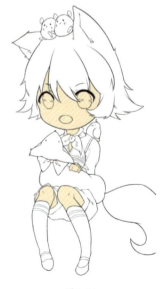

图9-54

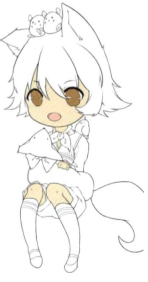

图9-55

16 绘制狐少女头发的底色。和兔少女发色形成对比，选取棕色为底色进行填充，如图 9-56 所示。

17 绘制头上仓鼠和肩上小鸟的底色。选用和皮肤相近的偏橘的浅黄色，协调上中下浅色比例，如图 9-57 所示。

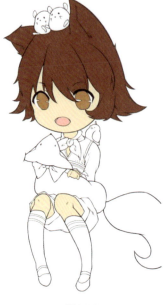

图9-56

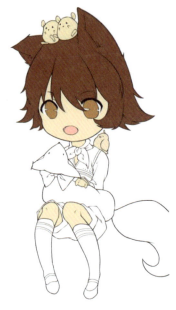

图9-57

18 绘制狐狸的底色。设定为火狐狸，符合整体画风暖色调的设定，采用橘红色为底色进行填充，如图 9-58 所示。

19 绘制狐狸领结装饰的底色。为协调画面色彩，采用草绿色填充，凸显狐狸毛发的亮丽，如图 9-59 所示。

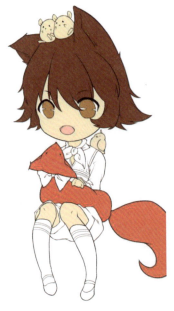

图9-58

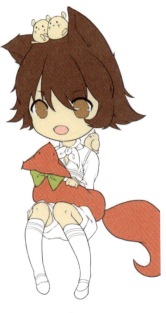

图9-59

20 绘制狐少女领带底色。画风变暖，用冷色调来中和，所以采用蓝色为底色，注意和狐狸领结草绿色的饱和度要统一，如图 9-60 所示。

21 绘制狐少女上半身衣服底色。为凸显和狐狸之间的前后关系，采用浅色调为底色，如图 9-61 所示。

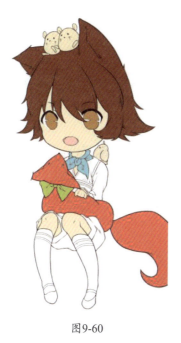

图9-60

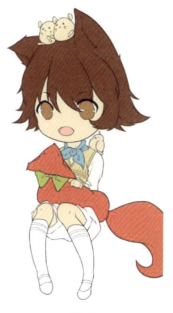

图9-61

22 绘制狐少女裤子底色。结合上衣的色调以及服饰设定，采用棕色填充，协调人物重心，如图 9-62 所示。

23 绘制狐少女腿部长袜的底色。结合狐少女人设，采用黄、绿条纹长袜，显得休闲且充满活力，如图 9-63 所示。

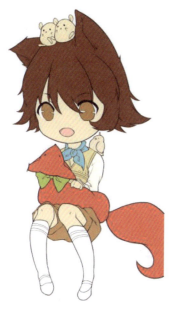

图9-62

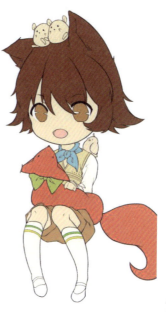

图9-63

24 绘制狐少女鞋子底色。为协调整体色彩比例，在不改变色调设定的基础下，用深棕色进行填充，沉淀画面重心，让画面不单调乏味，如图9-64所示。

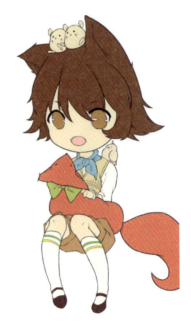

图9-64

25 整理画面。狐少女的固有色绘制完成，中性服饰的风格、复古式的色调表现富有元气、活力满满，如图9-65所示。

26 绘制背景的底色。根据各个动物本身色调的参考，结合整体画面色调的设定，用暖色色调进行填充，如图9-66所示。

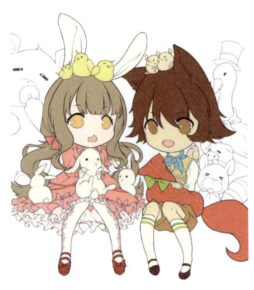

图9-65

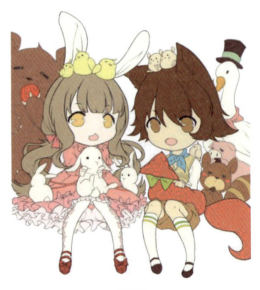

图9-66

2 兔少女色彩的细节刻画

01 皮肤的深入刻画。根据光源，选择粉橘色为暗部色，用硬笔刷以小面积的方式对明暗比例进行绘制，再用软笔刷加深腮红，并对明暗边界线进行过渡、加入环境色，如图9-67所示。

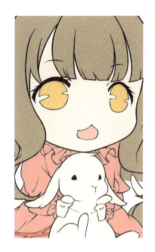
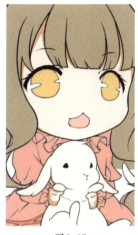
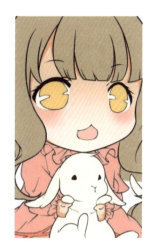

图9-67

02 眼睛的深入刻画。瞳孔颜色较深，用深褐色绘制；瞳孔的颜色较浅，用橘黄色绘制。再选取亮橘色，用软笔刷绘制出眼睛的受光部位，并点上高光，高光白色偏蓝，如图9-68所示。

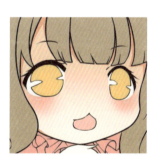
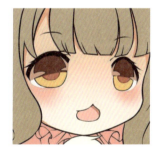
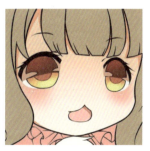
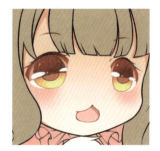

图9-68

03 头发的深入刻画。选取比发色稍深的颜色为暗部色，根据光源变化，结合硬笔刷和软笔刷，增加高光、反光以及环境色的渲染，体现头发质感。加上粉色闪亮的发饰，增强少女感，如图 9-69 所示。

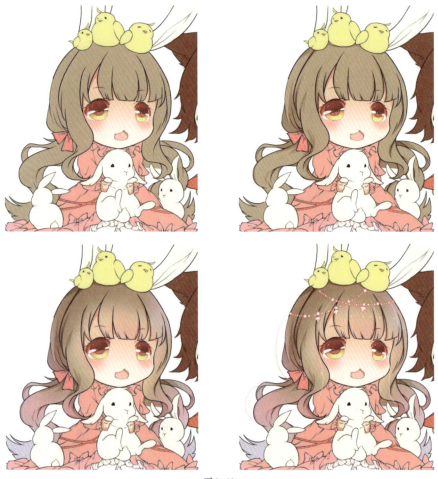

图9-69

04 发带的深入刻画。选暗粉色作为暗部色，用硬笔刷绘制明暗色彩范围，再用软笔刷进行过渡、增加反光，补上暖黄的环境色，如图 9-70 所示。

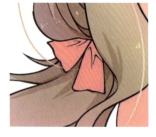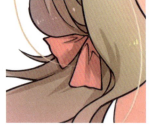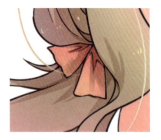

图9-70

05 头部小鸡和兔耳的深入刻画。确定明暗比例,结合固有色选取饱和度高的暖色调作为暗部色进行填充,兔耳尖用喷枪稍微上点粉色,如图9-71所示。

06 三只兔子的深入刻画。采用浅粉色为暗部色,根据动物毛发的走向用硬笔刷绘制小面积暗部阴影,再用软笔刷过渡、增添裙子给予的反光色,如图9-72所示。

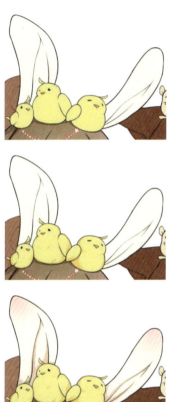

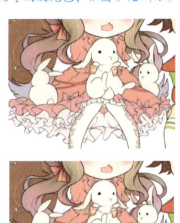

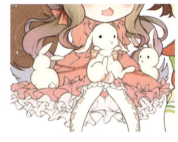

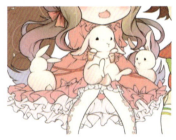

图9-71

图9-72

07 连衣裙的深入刻画。用硬笔刷绘制上身服饰的明暗色彩,再选浅黄色用软笔刷进行过渡、反光以及环境色的渲染,增强裙子的蓬感,如图9-73所示。

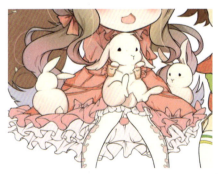
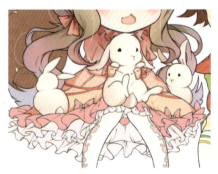

图9-73

08 第一层蕾丝边的深入刻画。根据连衣裙的绘制效果，结合光源变化，用硬笔刷绘制明暗色，注意根据蕾丝边的起伏动态进行分布，再用软笔刷进行过渡。吸取浅紫色进行反光，如图9-74所示。

09 第二层蕾丝边的深入刻画。根据第一层蕾丝边的画法进行绘制，加强对比即可，如图9-75所示。

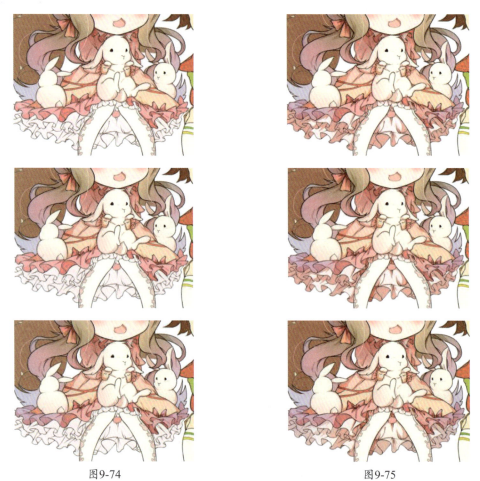

图9-74　　　　　　　　　　图9-75

10 裤袜的深入刻画。加强、协调画面色调，吸取裙子粉色为暗补色，用硬笔刷绘制出明暗后，再用软笔刷进行过渡、增加反光和环境色，加深花纹，如图9-76所示。

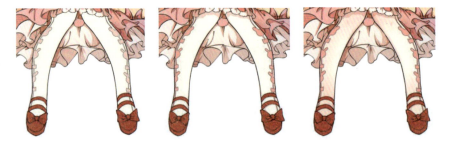

图9-76

11 鞋子的深入刻画。在原有的固有色上，选取深色为暗部色，用硬笔刷绘制出大致的明暗关系，再用深红色进行小面积填充，凸显体积感，点上浅黄色高光，表现质感，如图9-77所示。

12 兔少女整体调整。根据兔少女角色的整体色调设定，对各个部分的明暗、冷暖对比，以及虚实对比进行初步调整，确定整体画面的绘制手法，为后面狐少女的色彩细化做铺垫，如图9-78所示。

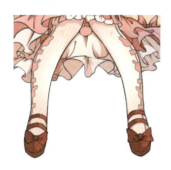

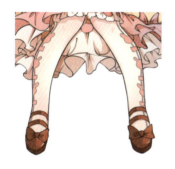

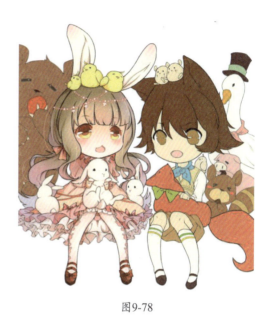

图9-78

图9-77

3 狐少女色彩的细节刻画

01 皮肤的深入刻画。结合兔少女的绘制手法，选取橘粉色为暗部色，用硬笔刷进行小面积绘制，确定明暗关系比例，再用软笔刷过渡、抹上腮红，如图9-79所示。

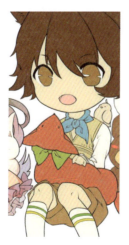 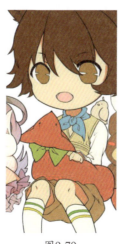 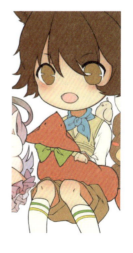

图9-79

02 眼睛的深入刻画。选取棕色为暗部色,黄色为亮部色,确定明暗关系比例进行填充,再用软笔刷进行过渡、渲染,点上白偏蓝的高光,凸显眼睛闪闪有神的质感,如图9-80所示。

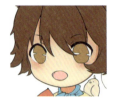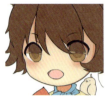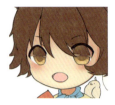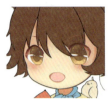

图9-80

03 头发的深入刻画。选用软笔刷渲染出狐狸耳朵的色调,在耳朵尖加上黄色过渡,丰富层次,再将软硬笔刷结合,小面积绘制头发暗部后,进行渲染过渡,加上环境色的反光,如图9-81所示。

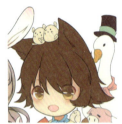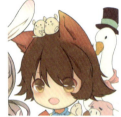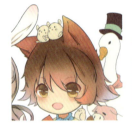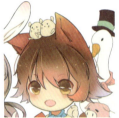

图9-81

04 仓鼠的深入刻画。选取土黄色为暗部色,用硬笔刷绘制明暗色彩比例,再用软笔刷进行过渡,增加橘粉色的环境反光色,柔和画面,如图9-82所示。

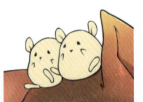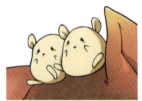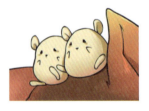

图9-82

05 狐狸的深入刻画。狐狸本身固有色过于显眼,所以小面积填充灰橘色作为暗部色,突出体积感以及毛发质感即可,衬托出主体。尾巴用软笔刷填充黄色进行过渡,和人物狐狸耳朵相呼应,如图9-83所示。

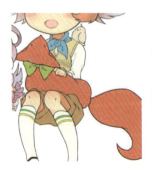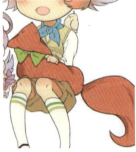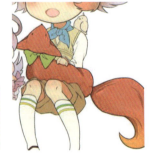

图9-83

06 狐狸领结的深入刻画。为单调的领结加上花纹，增添趣味性，用互补的明黄色作为花纹底色，再在原有底色的基础上用稍深的颜色进行暗部绘制，增加体积感，如图9-84所示。

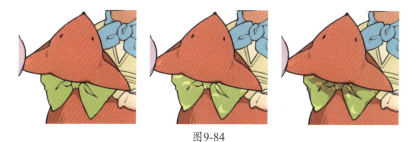

图9-84

07 肩膀上小鸟的深入刻画。选取贴近上衣色调的颜色为暗部色，用硬笔刷绘制明暗色彩比例，因为小鸟所占比例小，所以表现出动物毛发质感即可，如图9-85所示。

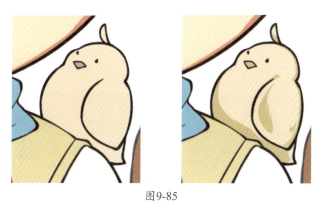

图9-85

08 人物领结的深入刻画。结合狐狸领结的绘制手法进行细化，用浅蓝色绘制简单的花纹，再根据领结褶皱的动态走向和质感的体现，确定暗部比例，用深蓝色进行绘制，如图9-86所示。

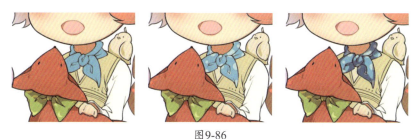

图9-86

09 上衣的深入刻画。用较深的深棕色对上衣条纹进行填充，增强装饰感，再用偏暖的色调对暗部进行绘制，如图9-87所示。

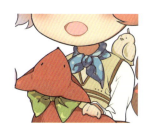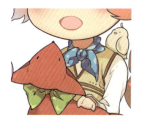

图9-87

10 短裤的深入刻画。选取深棕色，用硬笔刷大面积绘制暗部，根据褶皱分布，再用软笔刷过渡小面积暗部，多增加反光和环境色，如图9-88所示。

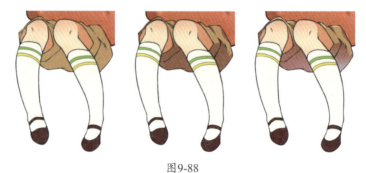

图9-88

11 长袜的深入刻画。结合硬笔刷和软笔刷，确定明暗关系比例大小，对长袜进行体积的体现和过渡色彩的绘制，注意结合腿部动态，如图9-89所示。

12 鞋子的深入刻画。结合长袜的暗部分布，选取饱和度很低的深棕色为暗部色，用硬笔刷绘制出大致的明暗关系比例，凸显体积感，点上浅橘色高光，表现质感，如图9-90所示。

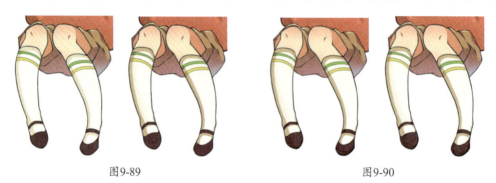

图9-89　　　　　　　　　　　图9-90

13 狐少女整体调整。根据狐少女角色的整体色调设定，对各个部分的明暗、冷暖对比以及虚实对比进行调整，注意和兔少女之间的色调要协调、统一，如图9-91所示。

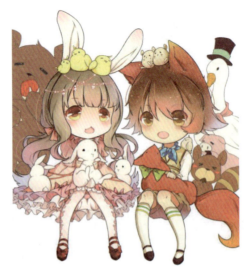

图9-91

4 背景中各个动物的细节刻画

背景是突出主体、丰富画面的存在，所以简单概括即可。

01 右边熊的深入刻画。参考原有固有色，在此基础上选取较深的颜色为暗部色，根据光源变化，用硬笔刷确定暗部面积形状，细化动物毛发质感，再用软笔刷在遮挡部位进行简单的过渡，丰富空间层次感，如图9-92所示。

02 左边鸭子的深入刻画。在原有固有色的基础上选取较深颜色为暗部色，根据光源的影响以及质感体现的需求进行暗部绘制，遮挡部分可大面积填充，如图9-93所示。

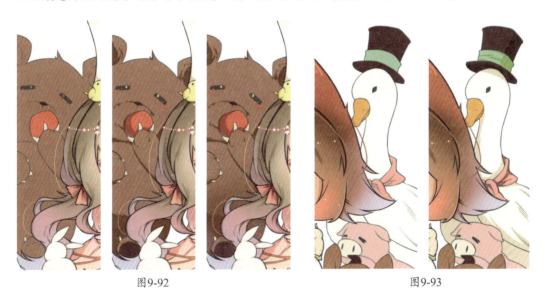

图9-92　　　　　　　　　　　图9-93

03 左边小猪和狸猫的深入刻画。结合之前的其他动物的明暗绘制手法，参考光源，进行暗部和小面积亮部的绘制，注意前后的空间关系对比，如图9-94所示。

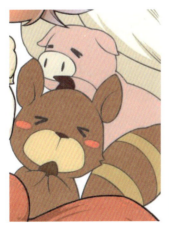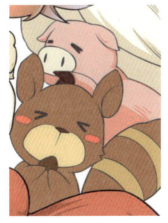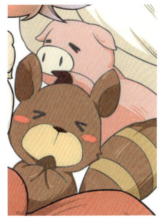

图9-94

04 整体调整。根据整体色彩设计进行各个部分的明暗、冷暖及虚实关系的调整，改变线稿颜色，使线稿与人物角色的色彩更好地融合在一起，如图 9-95 所示。

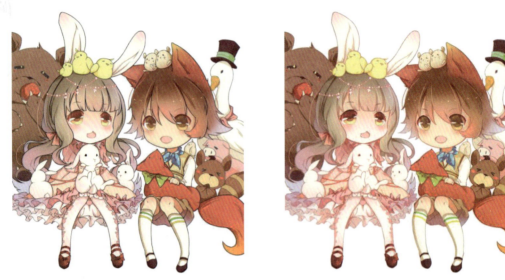

图9-95

05 添加背景，更好地衬托人物的色彩关系，如图 9-96 所示。

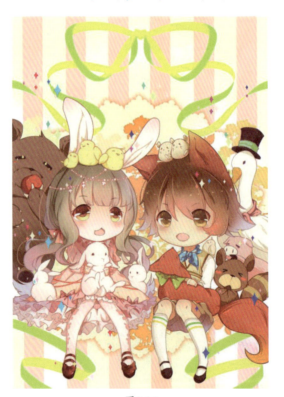

图9-96